KB158678

처음 읽는 맹자

맹자(孟子) 지음 | 홍승직 옮김

행성B

| 옮긴이의 말 |

《맹자孟子》는 2300여년 전 중국 전국시대를 풍미했던 철학가이자 정치가였던 맹자의 어록이다. 맹자의 이름은 가軻, 자는 자여子輿이다. 맹자는 전국시대 추鄒나라 사람이다. 공자와 더불어 유가 학파를 대표하는 인물이다. 후대에는 공자와 더불어 공맹으로 불렸다. 공자는 성인聖人으로 추대되고 맹자는 아성亞聖으로 추대되었다. 중국을 비롯한 동양에서 유가 사상이 정치와 윤리의 주요 사상으로 자리 잡으면서 《맹자》는 공자의 어록인 《논어》와 함께 고전 중의 고전이 되었다.

《사기史記》 열전에 맹자가 공자의 손자인 자사子思의 문인으로부터 배웠다고 기록돼 있으나, 더 자세한 사항은 알 수 없다. 맹자는 공자를 매우 추앙했는데, "인류가 생긴 이래 공자보다 훌륭한 인물은 없다"고 했고, "내가 바라는 것이 있다면 공자를 배우는 것이다"고 할 정도였다. 맹자의 부친에 대해서는 별다른 자료나 언급이 없어서 알 길이 없다. 다만 《한시외전韓詩外傳》《열녀전列女傳》《삼자경三字經》 등에 '맹모삼천孟母三遷'과 관련된 짤

막한 말이 있어, 맹자의 어머니가 자녀 교육에 매우 열성적이었다는 이야기가 전해질 뿐이다.

맹자는 20여 년 동안 제齊나라·송宋나라·등滕나라·위魏나라·노魯나라 등을 다니며 유세했다. 무력으로 영토를 넓히려는 패도가 횡행하던 시대에 공자의 사상을 이어받아 덕으로 사람들을 감화시켜 인의仁義를 실천하는 정치, 즉 왕도 정치를 주장했다. 또한 맹자는 철저한 민본주의자였다. 백성을 첫손가락으로 뽑았으며, 왕답지 못한 왕은 왕이 아니라 보통 사람에 불과할 뿐이라고 주장하여 봉기와 반란의 단서를 제공하기도 했다. 따라서 지배층은 그를 달가워하지 않았고, 그로 인해《맹자》는 한때 금서로 지정되었다. 맹자의 왕도 정치는 당시 현실 정치판에서는 외면당했지만, 훗날 정치 제도·경제 정책 등 여러 방면에 반영되었고 폭넓게 논의되었다. 특히 백성을 귀하게 여기는 민본사상은 정치사상의 질을 높였다.

한편, 맹자는 사람은 누구나 선한 본성을 타고났다는 성선설性善說에 입각해 인간의 본성을 탐구했으며, 순자의 성악설性惡說과 함께 중국 철학사에 중요한 쟁점을 남겼다.

오늘날 전해지는《맹자》는 양혜왕, 공손추, 등문공, 이루, 만장, 고자, 진심 등 7편이 상하로 나뉘어 총 14편으로 구성되어 있다. 각 편의 이름에 특별한 의미가 있진 않고, 각 편의 첫마디 말에서 두세 글자를 취한 것이다.

《맹자》의 첫 편은 기원전 320년, 맹자가 등나라를 떠나 양梁나라로 가서 혜왕惠王을 만나는 것으로 시작된다. 따라서《맹자》는 시간 순서로 편집되지는 않은 것으로 보인다. 당시 양나라는 원래 위나라였으나, 영토 분쟁에서 밀리면서 수도를 대량(大梁: 지금의 하남성 개봉開封)으로 옮긴 이후 양나라로 불렸다. 춘추시대 대국 진晉나라가 한韓·위魏·조趙 셋으로 갈라졌는데, 그중 하나가 위나라였다. 진나라가 이렇게 세 나라로 갈라지면서 전국시대가 시작되었다.

양나라 혜왕은 자기 나라를 진나라로 부르기도 했는데, 천하를 호령했던 진나라의 영광을 되찾고 싶어서였다. 혜왕이 맹자를 만났을 때 "어르신께서 천 리 길을 멀다 하지 않고 오셨으니, 우리나라에 이익이 있게 해 주실 수 있겠지요?"라고 하자, 맹자는 "왕께서는 왜 이익만 추구하려고 하십니까? 오직 인仁과 의義가 있을 뿐입니다"고 질타했다. 이처럼 맹자는 상대가 누구든지 관계없이 자기주장을 설파했다.

《맹자》에 담긴 말은 강물처럼 도도하고 거침없는 웅변이다. 고금의 독자들이《맹자》에서 불굴의 의지와 용기를 얻는 이유다.《맹자》는 앞으로도 변함없이 인생의 지침서로 가치를 발휘할 것이다. 그리고 우리가 살아가면서 가장 중요하게 여겨야 할 가치가 뭔지 고민할 때 좋은 길잡이가 되어 줄 것이다. 왜냐하면 맹자는 모든 운영의 주체인 '인간'을 고려해야 한다고 시종일관 역설하기 때문이다.

《맹자》는 송나라 때부터 다시 중시되기 시작하였고, 이후《논어》그리고《예기》로부터 독립한《대학》《중용》과 더불어 사서四書의 대열에 오르게 되었다.《맹자》는 내용뿐 아니라 문장도 빼어나 한문을 공부하고 싶을 때 기초 교재로도 손꼽혔다.

37년 전, 역자는《대학》과《맹자》를 통해서 한문의 길에 들어

셨다. 그 시절 마음을 되짚으면서 이제 막 한문에 입문할 독자들을 위해 하나하나 쉬운 우리말로 옮기려고 노력했다.

정치에 뜻을 둔 사람, 경영에 뜻을 둔 사람, 취업에 뜻을 둔 사람, 학문에 뜻을 둔 사람, 큰일을 앞두고 벅찬 기대와 포부에 가슴 부풀어 있는 사람, 매사가 잘 안 풀려 실의와 절망에 기가 꺾여 고개 숙이고 있는 사람 등 누구에게든《맹자》일독을 권한다.

마지막으로 이 책이 세상에 나오기까지 많은 관심과 협조, 지원을 아끼지 않은 행성B 임태주 대표님을 비롯한 여러 분께 감사한 마음을 전한다.

2018년 5월 홍승직

| 차 례 |

제1편

양혜왕 상

(梁惠王)

01

맹자가 양나라 혜왕惠王을 만났다. 혜왕이 말했다.

"어르신께서 천 리 길을 멀다 하지 않고 오셨으니, 우리나라에 이익이 있게 해 주실 수 있겠지요?"

맹자가 대답했다.

"왕께서는 왜 이익만 추구하려고 하십니까? 오직 인仁과 의義가 있을 뿐입니다. 왕께서 '어떻게 하면 우리나라에 이익이 있을까'라고 하신다면, 대부大夫 역시 '어떻게 하면 우리 봉지封地에 이익이 있을까'라고 할 것이요, 일반 서생과 백성들은 '어떻게 하면 내게 이익이 있을까'라고 할 것입니다. 그러면 위아래가 앞다퉈 이익을 추구하게 되고, 국가가 위험해집니다.

전차 만 대를 보유하고 있는 국가에서 임금을 죽이는 자는 틀림없이 전차 천 대를 보유하고 있는 제후 중에서 나오고, 전차 천 대를 보유하고 있는 국가에서 제후를 죽이는 자는 틀림없이 전차 백 대를 보유하고 있는 대부 중에서 나올 것입니다. 전차 만 대를 보유하고 있는 국가에서 제후는 전차 천 대를 가지고, 전차 천 대를 보유하고 있는 국가에서 대부는 전차 백 대를 가지니, 대부의 재물이 적다고 할 수 없습니다. 그러나 공적인 정의를 뒤로 미루고 사적인 이익을 우선시하면 서로 빼앗지 않고는 만족하지 않을 것입니다. 인仁을 추구하는 사람이 부모를 버린 적은 없었으며, 의義를 추구하는 사람이 군주를 소홀히 한 적은 없었습니다. 마찬가지로 왕께서도 인과 의를 추구하시면 됩니다. 왜 꼭 이익을 추구하려고 하십니까?"

○ 양나라 혜왕은 바로 위魏나라 혜왕이다. 이름은 앵罃이고, 혜惠는 시호이다. 혜왕은 기원전 370년 위나라 무후武侯 격擊을 계승하여 즉위했고, 기원전 362년 구 도읍지 안읍(安邑: 지금의 산서 하현夏縣)에서 대량(大梁: 지금의 하남 개봉開封)으로 천도했다. 이때부터 위나라를 양梁나라로 불렀다.

맹자는 전국시대에 활약했다. 당시 각 나라의 외교, 전략, 웅변, 책략 등을 담아 전해지는 고전이《전국책戰國策》이다.《전국책》은 춘추시대 강대국이었던 진晉나라가 한·위·조 세 나라로 분열되는 때부터 이야기가 시작된다. 이 책에서 다룬 시대라는 뜻에서, 책 이름을 빌려 '전국시대'라고 부르게 되었다. 마찬가지로 '춘추시대'는《춘추》에서 다루는 시대라는 뜻으로 붙인 명칭이다.

주周나라는 수도 위치에 따라서 서주西周시대와 동주東周시대로 구분되는데, 동주시대가 춘추시대와 전국시대에 해당한다. 혹자는 춘추시대만 동주시대로 보고, 전국시대에 들어서면서 주나라는 사실상 망했다고 보기도 한다.

실권이 있든 없든 이 당시에 천하 질서는 주나라 제도를 기반으로 했다. 천명을 받아서 천하를 다스리는 주인공을 천자天子라고 하고, 천자의 명을 받아 천하 각 국가를 다스리는 자를 제후諸侯라고 하고, 천하 각국에서 제후의 정치를 보좌하는 자를 대부라고 했다. 제후의 영역을 '국國'이라고 했고, 대부가 다스리는 영역을 '가家'라고 했다. 이와 같이 '천자－제후－대부' 귀족 등급이 천하를 통치하는 종법적 봉건제도가 주나라의 기본 체제이다. 제후 작위에도 공公, 후侯, 백伯, 자子, 남男 등 다섯 등급을 두었다. 사후에 이들을 부를 때는 시호에 작위를 붙여서 '-공', '-후', '-백', '-

자', '-남' 등으로 불렸다. 이와 같은 공작, 후작, 백작, 자작, 남작 등 작위의 호칭은 춘추시대까지 엄격하게 지켜졌다. 하지만 이후에 패권을 차지한 제후는 범칭으로 '-왕王'이라고 부르게 되었다. 춘추시대 강성했던 제후국 진나라가 한·위·조 세 대부에 의해 세 나라로 분리되는 것이 전국시대의 시작이라고 앞에서 말했다. 당시 양나라 즉, 위나라는 신흥 강대국이었다.

제후가 통치하는 '국'은 상징적으로 '천하'의 10분의 1 규모이고, 대부가 통치하는 '가'는 '국'의 10분의 1로 간주했다. 이를 또한 전쟁 때 동원 가능한 전차 규모로 구분하여, '만승萬乘', '천승千乘', '백승百乘' 등으로 부르기도 했다.

양나라 혜왕을 비롯한 전국시대 당시 각국 군주(제후)들은 이익 추구를 통해 국력을 키우는 데 힘을 쏟았다. 그러나 맹자는 인간의 기본적 양심인 '인仁'과 '의義'를 회복하는 것이 더 중요하다고 여겼다.

孟子見梁惠王. 王曰:"叟不遠千里而來, 亦將有以利吾國乎?"
맹자견양혜왕 왕왈 수불원천리이래 역장유이리오국호

孟子對曰:"王何必曰利? 亦有仁義而已矣. 王曰,'何以利吾國?', 大夫曰,
맹자대왈 왕하필왈리 역유인의이이의 왕왈 하이리오국 대부왈

'何以利吾家?', 士庶人曰,'何以利吾身?', 上下交征利而國危矣. 萬乘之國,
하이리오가 사서인왈 하이리오신 상하교정리이국위의 만승지국

弑其君者, 必千乘之家; 千乘之國, 弑其君者, 必百乘之家. 萬取千焉,
시기군자 필천승지가 천승지국 시기군자 필백승지가 만취천언

千取百焉, 不爲不多矣. 苟爲後義而先利, 不奪不饜. 未有仁而遺其親者也,
천취백언 불위부다의 구위후의이선리 불탈불염 미유인이유기친자야

未有義而後其君者也. 王亦曰仁義而已矣, 何必曰利?"
미유의이후기군자야 왕역왈인의이이의 하필왈리

02

맹자가 양나라 혜왕을 만났다. 왕은 연못가에 서서 고니, 기러기, 고라니, 사슴 등 온갖 날짐승과 들짐승을 돌아보면서 말했다.

"현자들도 이런 것을 즐깁니까?"

맹자가 대답했다.

"현자가 되고 나서 이런 것을 즐길 수 있습니다. 현자가 아니면 이런 것이 있어도 즐기지 못합니다. 《시경詩經》의 시에서 '영대를 짓기 시작하여, 설계하고 건설했네. 온 백성이 달려들어, 며칠 안 되어 완성했네. 서두르지 말라 해도, 온 백성이 달려왔네. 영유靈囿 계신 우리 대왕, 고니 사슴 느긋하네. 고니 사슴 깨끗하고, 백조들은 새하얗네. 영소 계신 우리 대왕, 아 물고기 튀어 올라'라고 했습니다.

문왕文王은 백성의 힘을 동원해 누대를 쌓고 연못을 조성했지만, 백성들은 즐거워하면서 누대를 영대라고 부르고, 연못을 영소라고 부르며 그 안에 고라니, 사슴, 불고기, 자라가 있는 것을 즐거워했습니다. 옛날 사람들은 백성과 함께 즐거워했기 때문에 즐거울 수 있었던 것입니다.

《서경書經》의 〈탕서湯誓〉에 '이놈의 태양은 언제 없어지나? 내 차라리 너와 함께 죽으리라'라고 노래한 구절이 있습니다. 만약에 백성이 차라리 임금과 함께 모두 망하기를 원한다면, 누대니 연못이니 날짐승이니 들짐승이니 하는 것이 있다 해도 설마 혼자 즐길 수 있겠습니까?"

○ 양나라 혜왕은 동물원 겸 사냥터인 전용 정원에서 맹자를 만나서 정원을 자랑하려고 했다. 그러자 맹자는 진정한 군주는 이런 것을 혼자서 즐기지 않고, 백성과 함께 즐긴다고 말해 혜왕을 깨우치려고 했다. 여기서 '여민해락與民偕樂'이라고 한 원문이 나중에는 '여민동락與民同樂', '여민락與民樂' 등으로 쓰이게 된다.
전설적인 성군 문왕과 전설적인 폭군 걸왕桀王의 예를 들어 '여민동락'의 취지를 설명했다. 문왕은 누대, 정원, 연못 등을 조성하면서 백성의 노역을 동원했는데, 백성은 마치 자기 일처럼 기꺼이 참여했으며 누대, 정원, 연못 등을 모두 '영靈'을 붙여 부르면서 찬양했다는 말이다. 반면에 걸왕은 자신을 하늘의 태양과 같다고 했지만, 백성은 차라리 태양이 없어져 함께 망하기를 바랄 정도로 폭정에 시달렸다는 이야기다.
민심을 얻느냐 얻지 못하느냐 여부는 '여민동락'에 달려 있음을 강조한 내용이다.
〈탕서〉는《서경》의 한 편명으로, 상商나라 탕왕湯王이 하夏나라 걸왕을 정벌할 때 맹세한 말이 실려 있다.

孟子見梁惠王. 王立於沼上, 顧鴻雁麋鹿, 曰: "賢者亦樂此乎?" 孟子對曰:
맹자견양혜왕 왕입어소상 고홍안미록 왈 현자역락차호 맹자대왈

"賢者而後樂此, 不賢者, 雖有此, 不樂也. 詩云: '經始靈臺, 經之營之, 庶民攻之,
현자이후락차 불현자 수유차 불락야 시운 경시영대 경지영지 서민공지

不日成之. 經始勿亟, 庶民子來. 王在靈囿, 麀鹿攸伏, 麀鹿濯濯, 白鳥鶴鶴.
불일성지 경시물극 서민자래 왕재영유 우록유복 우록탁탁 백조학학

王在靈沼, 於牣魚躍.' 文王以民力爲臺爲沼, 而民歡樂之, 謂其臺曰靈臺,
왕재영소 오인어약 문왕이민력위대위소 이민환락지 위기대왈영대

謂其沼曰靈沼, 樂其有麋鹿魚鼈. 古之人與民偕樂, 故能樂也. 湯誓曰:
위기소왈영소 낙기유미록어별 고지인여민해락 고능락야 탕서왈

'時日害喪, 予及女偕亡.' 民欲與之偕亡, 雖有臺池鳥獸, 豈能獨樂哉?"
시일할상 여급여해망 민욕여지해망 수유대지조수 기능독락재

03

양나라 혜왕이 말했다.

"과인은 국가에 대해서 마음을 다 쏟고 있습니다. 하내河內 지방에 흉년이 들면 하내 주민을 하동河東으로 옮기게 하고, 하동의 양식을 하내로 공급합니다. 마찬가지로 하동 지방에 흉년이 들어도 그렇게 합니다. 이웃 나라의 정치를 살펴보면, 과인처럼 백성을 위하여 마음을 쓰는 지도자가 없습니다. 그런데 이웃 나라의 백성은 줄어들지 않고 과인의 백성은 늘어나지 않습니다. 이것은 무슨 까닭입니까?"

맹자가 대답했다.

"왕께서 전쟁을 좋아하시니, 제가 전쟁을 비유로 들겠습니다. 공격하라는 북소리가 둥둥 울려서 창칼을 맞부딪치며 싸우다가, 갑옷을 내던지고 무기를 질질 끌며 뒤로 돌아 도망가는데, 어떤 병사는 백 보를 도망가다가 멈추었고, 어떤 병사는 오십 보를 도망가다가 멈추었습니다. 오십 보 도망간 병사가 백 보 도망간 병사를 비웃으면 되겠습니까?"

왕이 말했다.

"안 됩니다. 백 보를 도망가지 않았을 뿐, 마찬가지입니다."

맹자가 말했다.

"대왕께서 이 이치를 아신다면 이웃 나라보다 백성이 많아지기를 바라시면 안 됩니다. 농민이 씨 뿌리고 밭을 갈고 수확하는 계절에 농사를 방해하지 않는다면, 양식을 이루 다 먹을 수 없을 것입니다. 촘촘한 그물로 연못에 들어가 물고기를 잡지 않는다면, 물고기를 이루 다 먹을 수 없을 것입니다. 나무를 베는 데 일정한 기간이 있다면, 목재를 이루 다 쓸 수 없을 것입니다. 양식과 물고기를 다 먹을 수 없고, 목재를 다 쓸 수 없으면, 백성들이 살아 있는 사람 부양하고 죽은 사람 장사 지내는 데 아무 여한이 없게 되는 것입니다. 이것이 바로 왕도王道의 시작입니다.

오 무畝 넓이 집안 뜰에 뽕나무를 심고 가꾼다면, 오십 세 이상 사람들이 모두 비단옷을 입을 수 있습니다. 닭, 개, 돼지 등 가축이 번식 때를 잃지 않도록 잘 키운다면, 칠십 세 이상 사람들이 모두 고기를 먹을 수 있습니다. 백 무 넓이 경작지의 농사를 방해하지 않는다면, 여러 가정이 배불리 먹을 수 있습니다. 학교를 잘 운영해서 효도와 우애의 도리를 반복해 가르치면, 머리 희끗희끗한 노인이 길에서 무거운 물건을 이고 지고 다니지 않을 것입니다. 칠십 세가 넘은 노인이 입을 비단옷이 있고, 먹을 고기가 있고, 일반 백성들이 굶주리지 않고 얼어 죽지 않게 하고도 진정한 왕이 되지 못한 경우는 이제껏 없었습니다.

그런데 지금은 부귀한 집안의 개와 돼지가 백성의 양식을 먹어버리는데, 제지하지 않습니다. 길에는 굶어 죽는 사람이 있는데, 창고를 열어 도와주려고 하지 않습니다. 백성이 죽어도 '이것은 내 죄가 아니야, 흉년 때문이야'라고 말합니다. 이런 식이라면 칼로 사람을 죽이고 도리어 내가 죽인 게 아니라 칼이 죽인 것이라고 하는 것과 무엇이 다릅니까? 왕께서 흉년에 죄를 돌리지 않으시면 다른 나라 백성들도 달려와 의탁할 것입니다."

○ 양나라(위나라) 영역은 지금의 산서성 일부로, 하내는 하남과

마주한 황하 북쪽 일대이고, 하동은 섬서와 마주한 황하 동쪽 일대이다.

우리가 흔히 '오십 보 백 보'라고 하는 고사성어의 출전이 《맹자》의 이 부분이다. 즉, 전장에서 싸우다가 도망을 치는데 오십 보 도망친 병사와 백 보 도망친 병사는 도망을 쳤다는 점에서는 같아서 누가 누구를 비웃을 수도 비난할 수도 없다는 말이다.

가구별로 택지 오 무와 농지 백 무를 제공하는 것과 나이 쉰 이상의 노인이 모두 비단옷을 입고 나이 일흔 이상의 노인이 모두 고기를 먹을 수 있어야 한다는 것은 경제와 복지에 대한 맹자의 대표 주장으로 거론된다.

梁惠王曰: "寡人之於國也, 盡心焉耳矣. 何內凶, 則移其民於河東,
양혜왕왈 과인지어국야 진심언이의 하내흉 즉이기민어하동

移其粟於河內. 河東凶亦然. 察鄰國之政, 無如寡人之用心者.
이기속어하내 하동흉역연 찰인국지정 무여과인지용심자

鄰國之民不加少, 寡人之民不加多, 何也?"
인국지민불가소 과인지민불가다 하야

孟子對曰: "王好戰, 請以戰喩. 塡然鼓之, 兵刃旣接, 棄甲曳兵而走.
맹자대왈 왕호전 청이전유 전연고지 병인기접 기갑예병이주

或百步而後止, 或五十步而後止. 以五十步笑百步, 則何如?"
혹백보이후지 혹오십보이후지 이오십보소백보 즉하여

曰: "不可; 直不百步耳, 是亦走也."
왈 불가 직불백보이 시역주야

曰: "王如知此, 則無望民之多於鄰國也. 不違農時, 穀不可勝食也;
왈 왕여지차 즉무망민지다어인국야 불위농시 곡불가승식야

數罟不入洿池, 漁鼈不可勝食也; 斧斤以時入山林, 材木不可勝用也.
촉고불입오지 어별불가승식야 부근이시입산림 재목불가승용야

穀與漁鼈不可勝食, 材木不可勝用, 是使民養生喪死無憾也. 養生喪死無憾,
곡여어별불가승식 재목불가승용 시사민양생상사무감야 양생상사무감

王道之始也. 五畝之宅, 樹之以桑, 五十者可以衣帛矣. 鷄豚狗彘之畜,
왕도지시야 오무지택 수지이상 오십자가이의백의 계돈구체지축

無失其時, 七十者可以食肉矣. 百畝之田, 勿奪其時, 數口之家可以無飢矣.
무실기시 칠십자가이식육의 백무지전 물탈기시 수구지가가이무기의

謹庠序之教, 申之以孝悌之義, 頒白者不負戴於道路矣. 七十者衣帛食肉,
근상서지교 신지이효제지의 반백자불부대어도로의 칠십자의백식육

黎民不飢不寒, 然而不王者, 未之有也. 狗彘食人食而不知檢,
여민불기불한 연이불왕자 미지유야 구체식인식이부지검

塗有餓莩而不知發; 人死, 則曰, '非我也, 歲也'. 是何異於刺人而殺之, 曰,
도유아표이부지발 인사 즉왈 비아야 세야 시하이어자인이살지 왈

'非我也, 兵也. 王無罪歲, 斯天下之民至焉."
비아야 병야 왕무죄세 사천하지민지언

04

양나라 혜왕이 말했다.

"과인은 마음을 가다듬고 가르침을 듣고자 합니다."

맹자가 물었다.

"나무 몽둥이로 사람을 때려죽이는 것과 칼로 사람을 찔러 죽이는 것은 무슨 차이가 있습니까?"

왕이 말했다.

"아무런 차이가 없습니다."

맹자가 물었다.

"사람을 칼로 찔러 죽이는 것과 사람을 정치로 죽이는 것은 무슨 차이가 있습니까?"

왕이 말했다.

"아무런 차이가 없습니다."

맹자가 말했다.

"현재 왕의 주방에는 기름진 고기가 있고 왕의 마구간에는 건장한 말이 있는데, 백성들은 굶주린 기색이 있고 야외에는 굶어 죽은 시체가 있습니다. 이것은 윗자리에 있는 사람이 금수를 몰아다가 사람을 잡아먹게 한 것과 같습니다. 사람들은 짐승이 서로 잡아먹는 것도 싫어합니다. 그런데 백성의 부모 노릇을 하는 관리로서 정치를 맡아보면서 금수를 몰아다가 사람을 잡아먹게 한다면, 어찌 백성의 부모라고 할 수 있겠습니까?

공자께서는 '처음으로 나무 인형과 흙 인형을 만들어 순장시킨 사람은 자손이 끊어져 후대가 단절될 것이다'라고 말씀하신

적이 있습니다. 나무 인형과 흙 인형은 사람 모양을 아주 닮았는데, 이를 순장했기 때문입니다. 하물며 어찌 백성을 굶어 죽게 할 수 있단 말입니까?"

○ 인형 이야기는 순장 풍습을 말한 것이다. 처음에는 실제 사람을 순장했다가, 이후에 나무나 흙으로 인형을 만들어 순장하는 풍습으로 바뀌게 되었다. 공자는 인형을 순장하는 풍습마저 비인간적이라고 비판했다. 하물며 실제 사람을 죽게 하는 통치자의 그릇된 정치가 있어서는 안 된다는 것이 맹자의 말이다.

梁惠王曰: "寡人願安承教."
양혜왕왈 과인원안승교

孟子對曰: "殺人以梃與刃, 有以異乎?"
맹자대왈 살인이정여인 유이이호

曰: "無以異也."
왈 무이이야

"以刃與政, 有以異乎?"
이인여정 유이이호

曰: "無以異也."
왈 무이이야

曰: "庖有肥肉, 廐有肥馬, 民有飢色, 野有餓莩, 此率獸而食人也. 獸相食,
왈 포유비육 구유비마 민유기색 야유아표 차솔수이식인야 수상식

且人惡之; 爲民父母, 行政, 不免於率獸而食人, 惡在其爲民父母也? 仲尼曰:
차인오지 위민부모 행정 불면어솔수이식인 오재기위민부모야 중니왈

'始作俑者, 其無後乎!' 爲其象人而用之也. 如之何其使斯民飢而死也?"
시작용자 기무후호 위기상인이용지야 여지하기사사민기이사야

05

양나라 혜왕이 말했다.

"천하에 진나라보다 강한 나라는 없었다는 것을 어르신께서도 잘 알고 계실 것입니다. 그런데 과인에 이르러 동쪽에서 제齊나라와 싸웠다가 패배해 큰아들이 희생되었고, 서쪽에서 진나라에 패배하여 하서河西 땅 칠백 리를 잃었고, 남쪽에서 초楚나라에 성 여덟 개를 빼앗겼습니다. 과인은 이것을 커다란 치욕이라 생각하고, 전사자들을 위하여 설욕하고자 합니다. 어떻게 해야 되겠습니까?"

맹자가 대답했다.

"가로 세로 각각 겨우 백 리 정도의 작은 나라로도 천하가 따르게 할 수 있습니다. 왕께서 백성들에게 어진 정치를 펼쳐서 형벌을 감면하고 부세를 경감하고, 밭을 깊이 갈고 정성 들여 김을 매게 하고, 젊은 사람들이 한가할 때는 효제와 충신을 가르쳐서 집에서는 부형을 받들어 봉양하게 하고, 조정에 나가서는 윗사람을 존경하게 한다면, 나무 몽둥이만 들고서라도 튼튼한 갑옷을 입고 예리한 창칼을 가진 진나라와 초나라 군대를 공격하게 할 수 있을 것입니다.

그런데 진나라나 초나라는 (아무 때나 병사를 징발하고 노역을 징발하여) 백성의 생산 시기를 침탈해 밭 갈고 씨 뿌려 부모를 봉양할 수 없게 하며, 부모는 굶주리며 얼어 죽게 하고, 형제와 처자들을 사방으로 흩어지게 하고 있습니다.

저들은 백성을 고통의 심연에 빠지게 했으니, 왕께서 가셔서 정벌하면 어느 누가 왕에게 저항하겠습니까? 그래서 예부터 전하는 말에도 '어진 사람은 천하에 적이 없다'고 했습니다. 왕께서는 제 말을 의심하지 마십시오"

○ '인자무적仁者無敵' 즉, '어진 사람은 천하에 적이 없다'는 유명한 말이 나왔던 부분이다. 여기서 양나라(위나라) 혜왕이 자국을 진나라라고 호칭한 것은 세 나라로 갈라지기 이전에 나라 이름으로 대신 지칭한 것이라고 볼 수 있다.

다른 강대국이 강성한 것은 각각 백성을 다그치고 핍박해서 이룬 것이기 때문에 만약 이와 달리 어진 정치를 펼치는 지도자가 나온다면 천하 만민이 환영하고 따를 것이라는 것이 맹자의 말이다.

梁惠王曰: "晉國, 天下莫强焉, 叟之所知也. 及寡人之身, 東敗於齊, 長子死焉;
양혜왕왈 진국 천하막강언 수지소지야 급과인지신 동패어제 장자사언

西喪地於秦七百里; 南辱於楚. 寡人恥之, 願比死者一洒之, 如之何則可?"
서상지어진칠백리 남욕어초 과인치지 원비사자일쇄지 여지하즉가

孟子對曰: "地方百里而可以王. 王如施仁政於民, 省刑罰,
맹자대왈 지방백리이가이왕 왕여시인정어민 생형별

薄稅斂, 深耕易耨; 壯者以暇日修其孝悌忠信, 入以事其父兄, 出以事其長上,
박세렴 심경이누 장자이가일수기효제충신 입이사기부형 출이사기장상

可使制梃以撻秦楚之堅甲利兵矣.
가사제정이달진초지견갑리병의

"彼奪其民時, 使不得耕耨以養其父母. 父母凍餓, 兄弟妻子離散.
피탈기민시 사부득경누이양기부모 부모동아 형제처자리산

彼陷溺其民, 王往而征之, 夫誰與王敵? 故曰: '仁者無敵.' 王請勿疑!"
피함닉기민 왕왕이정지 부수여왕적 고왈 인자무적 왕청물의

06

맹자가 양나라 양왕襄王을 만나고 나와서 사람들에게 말했다.

“멀리서 바라볼 때는 일국의 왕 같지 않았고, 가까이 다가가도 위엄이 있는 구석을 찾지 못했네. 그런데 갑자기 ‘천하는 어떻게 해야 안정될 수 있습니까?’라고 내게 물었네. 그래서 내가 ‘천하는 하나로 통일되어야 안정될 수 있습니다’라고 대답했다네.

다시 양왕이 ‘누가 천하를 통일할 수 있겠습니까?’라고 묻더군. 나는 ‘사람을 죽이는 것을 좋아하지 않는 왕이 천하를 통일할 수 있습니다’라고 말했네. 그러자 ‘그럼 누가 그 사람을 따르겠습니까?’라고 묻더군.

그래서 나는 이렇게 말했네. ‘천하의 사람 중 따르지 않을 사람이 없습니다. 벼의 싹을 알고 계십니까? 칠팔월 무렵이 되어 오랫동안 비가 내리지 않으면, 벼의 싹은 자연히 말라비틀어집니다. 한 무리 먹구름이 나타나서 주룩주룩 비가 내리기 시작하면, 싹은 즉시 무럭무럭 왕성하게 자랍니다. 이 단계가 되면 어느 누가 그것을 막을 수 있겠습니까? 지금 천하 각국의 군왕 중 사람 죽이기를 좋아하지 않는 사람이 없습니다. 만약 사람 죽이는 것을 좋아하지 않는 군왕이 있다면 천하 백성들이 모두 목을 길게 빼고 그에게 귀순하기를 원할 것입니다. 정말로 이와 같다면 백성들이 그에게 귀의하고, 그에게 귀순하는 것이 마치 물이 아래로 굽이쳐 흐르는 것과 같을 것이니, 어느 누가 막을 수 있겠습니까?’”

○ 양왕은 앞서 나온 혜왕의 아들이다. 맹자가 양왕을 만나고 나서 소감을 주위 사람에게 털어놓은 내용이다. 부왕 혜왕은 맹자를 만나자마자 자국에 이익을 가져다줄 수 있는지 물어봄으로써 왕도 정치 실현 가능성이 희박하다는 것을 보여 주었다. 그리고 그의 아들 양왕은 멀리서 보이는 외모부터 왕 같지 않았고, 실제로 만나서 대화를 나누어 봐도 왕으로서의 위엄이 보이지 않았다는 말이다. 왕으로서의 위엄이 보이지 않는 양왕일지라도 천하통일에 관심이 있었을 텐데, 올바른 정치를 펼쳐 백성이 따르게 하는 정도에는 관심이 없음을 힐난한 말이다.

孟子見梁襄王, 出, 語人曰: "望之不似人君, 就之而不見所畏焉. 卒然問曰:
맹자견양양왕 출 어인왈 망지불사인군 취지이불견소외언 졸연문왈

'天下惡乎定?' "吾對曰: '定於一.'
천하오호정 오대왈 정어일

"'孰能一之?' "對曰: '不嗜殺人者能一之.'
숙능일지 대왈 불기살인자능일지

"'孰能與之?' "對曰: '天下莫不與也. 王知夫苗乎?
숙능여지 대왈 천하막불여야 왕지부묘호

七八月之間旱, 則苗槁矣. 天油然作雲, 沛然下雨, 則苗浡然興之矣.
칠팔월지간한 즉묘고의 천유연작운 패연하우 즉묘발연흥지의

其如是, 孰能禦之? 今夫天下之人牧, 未有不嗜殺人者也. 如有不嗜殺人者,
기여시 숙능어지 금부천하지인목 미유불기살인자야 여유불기살인자

則天下之民皆引領而望之矣. 誠如是也, 民歸之, 由水之就下,
즉천하지민개인령이망지의 성여시야 민귀지 유수지취하

沛然孰能禦之?'"
패연숙능어지

07

제나라 선왕宣王이 물었다.

“제나라 환공桓公과 진나라 문공文公의 사적을 제게 들려주실 수 있겠습니까?”

맹자가 대답했다.

“공자 학설을 따르는 무리 중에는 제나라 환공과 진나라 문공의 사적을 언급하는 사람이 없습니다. 그래서 후대에 전해지는 것이 없어서 저도 들어 본 적이 없습니다. 제가 계속 말씀드리는 것을 원하신다면 왕도 정치에 대해 말씀을 올려 볼까요?”

선왕이 말했다.

“어떤 덕이 있어야 천하를 통일할 수 있습니까?”

맹자가 말했다.

“백성을 잘 보호하면서 왕 노릇을 하신다면, 천하 통일을 막을 수 있는 사람이 없을 것입니다.”

선왕이 물었다.

“과인과 같은 사람도 백성을 잘 보호할 수 있을까요?”

맹자가 말했다.

“가능합니다.”

선왕이 물었다.

“어떤 근거로 내가 가능하다는 것을 아십니까?”

맹자가 말했다.

“제가 호흘胡齕에게 들은 것이 있습니다. 왕께서 대전에 앉아 계시는데, 누군가 소를 끌고 대전 아래를 지나가고 있었다죠. 왕께서 보시고 '소를 끌고 어디로 가느냐?'라고 묻자, 그 사람은 '종鐘에 제사를 올리는 데 희생으로 쓰려고 합니다'라고 했고, 왕께서 '그 소를 놓아주어라! 소가 불쌍하게 부들부들 떠는 모습이 마치 죄가 없는데 도살장에 끌려가는 것 같아서, 내가 정말로 참을 수가 없구나'라고 말씀하셨고, 그 사람이 '그럼 종에 제사를 올리는 의식을 폐지합니까?'라고 묻자, 왕께서 '어떻게 폐지할 수 있겠느냐? 양으로 대신하도록 하라'라고 하셨다죠. 확실히 모르겠습니다만, 정말로 그런 적이 있었습니까?"

선왕이 말했다.

"있었습니다."

맹자가 말했다.

"그런 좋은 마음이면 천하를 통일할 수 있습니다. 백성들은 모두 왕께서 소가 아까워서 그랬다고 말하며 인색하다고 생각할지 모르지만, 왕께서는 차마 그대로 볼 수 없어서 그랬다는 것을 저는 잘 알고 있습니다."

선왕이 말했다.

"맞습니다. 그렇게 생각하는 백성이 분명히 있습니다. 그러나 제나라가 비록 동쪽에 치우친 작은 나라지만, 제가 소 한 마리를 어찌 아까워하겠습니까? 그 소가 무서워하며 부들부들 떠는 불쌍한 모습을 차마 볼 수 없어 양으로 대신하게 한 것입니다."

맹자가 말했다.

"백성들이 왕께서 인색하다고 여기는 것을 이상하게 생각할 필요가 없습니다. 백성들의 눈에는 작은 양으로 큰 소를 대신하니 인색하게 보일 수도 있겠지만, 왕의 깊은 뜻을 그들이 어찌 이해할 수 있겠습니까? 만약 죄가 없이 도살장에 끌려가는 것만 보면, 소를 잡는 것이나 양을 잡는 것이나 무슨 차이가 있겠습니까?"

선왕이 웃으며 말했다.

"이는 정말 저 자신조차도 무슨 심리인지 이해할 수 없습니다. 저는 재물이 아까워 양으로 소를 대신하게 한 것은 확실하게 아닙니다. 하지만 백성들이 제가 인색하다고 여기는 것도 당연할 수 있겠습니다."

맹자가 말했다.

"너무 마음 상하실 것 없습니다. 이것이 바로 인仁을 이루는 방법의 하나입니다. 그 이치는 바로 왕께서 그 소는 직접 보셨지만 양은 직접 보시지 않았다는 것에 있습니다. 군자는 날짐승과 들짐승이 살아 있는 것을 보았으면 그것들이 죽는 것을 차마 보지 못하고, 그것들이 슬피 울고 애처롭게 소리치는 것을 들었으면 그 고기를 차마 먹지 못합니다. 그래서 군자는 자기가 있는 곳으로부터 멀리 주방을 놓습니다."

선왕은 기분이 좋아져 말했다.

"'다른 사람 가진 마음, 내가 살펴 알아보네'라는 시가 있는데, 바로 선생님 경우를 말한 것이군요. 저는 단지 그렇게 행하기만 하였을 뿐, (왜 그렇게 한 것인지) 자신에게 묻고 또 물어도 이유가 마음에 와 닿지 않았습니다. 이제 선생님께서 말씀하시니 제 마음이 훤히 밝아졌습니다. 이런 마음이 왕도 정치에 부합된다는 말씀은 무슨 뜻입니까?"

맹자가 말했다.

"만약 어떤 사람이 왕에게 '제 힘은 삼천 근이나 무거운 것은 들어 올릴 수 있지만 깃털 하나는 들지 못하고, 제 시력은 가을에 새가 털갈이할 때 솜털은 분명히 알아볼 수 있지만 수레에 가득 실은 장작은 눈앞에 놓아도 볼 수 없습니다'라고 말한다면, 왕께서는 그 말을 믿으시겠습니까?"

선왕이 말했다.

"믿지 않습니다."

맹자가 말했다.

"지금 왕의 은혜가 동물에게까지 젖어 들게 하셨는데, 그 공이 백성에게는 미치게 하지 못하신다니, 도대체 무엇 때문입니까? 그렇다면 깃털 하나도 들지 못하는 것은 단지 힘을 쓰려고 하지 않기 때문이며, 수레 가득 실은 장작을 보지 못하는 것은 단지 눈을 쓰려고 하지 않기 때문이며, 백성이 안정된 생활을 얻지 못하는 것은 은혜를 베푸려고 하지 않기 때문입니다. 따라서 왕께서 왕도 정치를 행하시지 못한다고 하시는 것은 하지 않는 것일 뿐 할 수 없는 것이 아닙니다."

왕이 "하지 않는 것과 할 수 없는 것은 어떤 차이가 있습니까?"라고 물었다.

맹자가 답했다.

"태산泰山을 겨드랑이에 끼고 북해北海를 뛰어 건너는 것을 '나는 할 수 없다'고 말한다면, 이것은 정말로 할 수 없는 것입니다. 노인을 위해 나뭇가지를 꺾는 것을 '나는 할 수 없다'고 말한다면, 이는 하지 않는 것이지 할 수 없는 것이 아닙니다. 왕께서 행하시지 못한다고 하는 왕도 정치는 태산을 겨드랑이에 끼고 북해를 뛰어 건너는 종류에 속하는 것이 아니라 노인을 위해 나뭇가지를 꺾는 종류에 속하는 것입니다.

내 집안 어른을 존경하고, 이로부터 남의 집안 어른을 존경하는 것까지 미루어 넓히고, 내 집안 자녀를 사랑하고 보살피고, 이로부터 남의 집안 자녀를 사랑하고 보살피는 것으로 미루어 넓히면, 천하를 통일하는 것은 손바닥에 물건을 굴리는 것처럼 쉬울 것입니다.《시경》에서 '처자에게 잘 해주고, 형제에게 넓혀 가고, 다음으로 나라까지 넓혀 가네'라고 했습니다. 이는 이런 좋은 마음을 다른 것으로 확대하기만 하면 된다는 것을 말한 것입니다. 따라서 가까운 것으로부터 먼 것으로 은혜를 미루어 넓혀 간다면 천하를 안정시킬 수 있으며, 그렇지 않으면 자기 처자마저도 보호하지 못합니다. 옛날 성현이 일반 사람을 훨씬 뛰어넘었던 것은 다른 비결이 있는 것이 아니라, 단지 그들의 좋은 행위를 미루어 넓히는 것을 잘 했기 때문일 뿐입니다. 지금 왕의 은혜가 동물에게까지 젖어 들게 하셨는데 백성에게는 그 공이 이르지 않으니, 이는 무엇 때문입니까?

저울에 달아 보아야 가볍고 무거움을 알 수 있고, 자로 재 보아야 길고 짧음을 알 수 있습니다. 만물이 모두 이와 같은데, 사람의 마음은 더욱 그렇습니다. 왕께서는 잘 생각해 보십시오. 설마 전국의 군대를 동원해서 장군과 병사가 위험을 무릅쓰고 사지로 나가 다른 나라와 원한을 맺게 하셔야만 왕의 마음이 통쾌하다는 말씀입니까?"

선왕이 말했다.

"아닙니다. 제가 왜 그것을 통쾌해 하겠습니까? 제가 그렇게 하는 까닭은 저의 가장 큰 욕망을 만족시키려고 하기 때문일 따름입니다."

맹자가 "왕의 가장 큰 욕망은 무엇입니까? 제게 들려주실 수 있겠습니까?"라고 물었지만 선왕은 웃기만 할 뿐 말하지 않았다.

맹자가 말했다.

"기름지고 맛있는 음식은 풍족하지 않습니까? 가볍고 따뜻한 옷이 부족하십니까? 아름다운 볼거리가 충분하지 않습니까? 미묘한 음악이 부족하거나 아니면 시중드는 사람이 충분하지 않습니까? 왕의 신하들은 왕을 모시기에 모두 충분하니, 설마 왕께서는 정말 이런 것들 때문은 아니겠지요?"

선왕이 "아닙니다. 제가 그런 것들 때문에 그렇게 하려는 것이 아닙니다"라고 말했다.

맹자가 말했다.

"그렇다면 왕의 가장 큰 욕망을 알 수 있을 것 같습니다. 왕께서는 국토를 확장하고, 진나라 초나라 등이 모두 왕에게 조공을 바치게 하고, 천하의 맹주가 되어 사방 이민족을 안무하고 싶으신 거지요. 그러나 왕께서 지금처럼 하시는 것으로 그런 큰 욕망을 이루려고 하신다면 마치 나무 위에 올라가서 물고기를 잡으려고 하는 것과 같습니다."

왕이 "그렇게 심각합니까?"라고 묻자 맹자가 말했다.

"그보다 더 심할 수도 있습니다. 나무에 올라가 물고기를 잡으려고 하면, 비록 물고기를 잡지 못해도 나중에 화를 입는 일은 없습니다. 왕께서 지금처럼 하시는 방법으로 그런 큰 욕망을 이루려고 하신다면, 마음과 힘을 모두 다 쓴다 해도 (목적을 달성하지 못할 뿐만 아니라) 반드시 그 뒤에 따르는 화가 있을 것입니다."

선왕이 "그 근거를 제게 들려주실 수 있겠습니까?"라고 말하자 맹자가 "추鄒나라와 초나라가 싸운다고 가정하면 어느 나라가 이기리라고 왕께서는 생각하십니까?"라고 물었다. 왕은 "초나라가 이길 것입니다"라고 말했다.

맹자가 말했다.

"이를 통해 작은 것으로는 큰 것을 대적할 수 없으며, 적은 숫자로는 많은 숫자를 대적할 수 없으며, 약한 것으로는 강한 것을 대적할 수 없다는 것을 알 수 있습니다. 지금 해내에서 땅이 사방 천 리인 나라가 아홉으로, 제나라는 그중 하나입니다. 9분의 1의 역량으로 9분의 8을 대적하려고 하다니, 이는 추나라가 초나라를 대적하려고 하는 것과 무슨 차이가 있습니까? 왜 근본으로 돌아가지 않으십니까?

지금부터라도 왕께서 정치를 개혁해서 어진 덕을 베푸신다면 천하의 사대부들이 모두 제나라에 와서 관리가 되고 싶어 하고, 농부들이 모두 제나라에 와서 씨앗을 뿌리고 싶어 하고, 상인들이 모두 제나라에 와서 장사를 하고 싶어 하고, 여행객들도 모두 제나라로 길을 잡고 싶어 하고, 각국에서 자기 군주를 원망하는 백성이 모두 왕께 찾아와서 하소연하고 싶어 할 것입니다. 이와 같이 되면 어느 누가 막을 수 있겠습니까?"

선왕이 말했다.

"제 머리가 혼미하여 선생님께서 말씀하신 것을 제대로 이해할 수 없습니다. 선생님께서는 저의 뜻을 보필하고 분명하게 저를 가르쳐 주시길 원합니다. 제가 비록 영민하지는 못하다지만 시험해 볼 수는 있을 듯합니다."

맹자가 말했다.

"고정된 수입이 없어도 일정한 도덕관념과 행위 준칙을 유지하는 것은 오직 선비만이 할 수 있습니다. 일반 사람들은 고정된 수입이 없으면 일정한 도덕관념과 행위 준칙도 없습니다. 일정한 도덕관념과 행위 준칙이 없으면 해서는 안 될 일을 멋대로 저질러 법을 어기고 기강을 어지럽히며 무슨 일이라도 할 수 있습니다. 그들이 죄를 저지르기를 기다렸다가 처벌을 가하면, 이는 함정에 빠트리는 것과 같습니다. 어진 사람이 조정에 앉아 있으면서 백성을 함정에 빠뜨리는 일을 하는 경우가 어디 있습니까?

그러므로 영명한 군주는 백성들의 생업을 일으켜, 반드시 그들로 하여금 위로는 부모를 봉양하고 아래로는 처자식을 부양하는 데 충분하게 해주고, 풍년이 들면 입을 것과 먹을 것이 풍족하게 하고, 흉년이 들어도 굶어 죽는 것을 면하게 합니다. 그러한 연후에 그들이 선한 길을 가도록 이끄니 백성들도 아주 쉽게 따릅니다.

지금은 백성들의 생업을 일으킨다 하면서도 위로는 부모를 봉양하는 데 부족하고, 아래로는 처자식을 부양하는 데 부족하여 풍년이 들어도 간난과 고통이요, 흉년이 들면 죽음을 면치 못합니다. 이렇게 되면 백성들이 자기 목숨을 구하는 것도 제대로 하지 못할까 염려되는데, 어찌 예의를 공부할 겨를이 있겠습니까?

왕께서 만약 왕도 정치를 시행하려 하신다면, 왜 근본으로 돌아가지 않으십니까? 오 무 넓이 집안 뜰에 뽕나무를 심고 가꾼다면, 오십 세 이상 사람들이 모두 비단옷을 입을 수 있습니다. 닭, 개, 돼지 등 가축이 번식 때를 잃지 않도록 잘 키운다면, 칠십 세 이상 사람들이 모두 고기를 먹을 수 있습니다. 한 집 백 무 경작지 농사를 방해하지 않는다면, 여덟 식구 가정이 배불리 먹을 수 있습니다. 학교를 잘 운영해서 효도와 우애의 도리를 반복해 가르치면, 머리 희끗희끗한 노인이 길에서 무거운 물건을 이고 지고 다니지 않을 것입니다. 노인들은 입을 비단옷이 있고 먹을 고기가 있고, 일반 백성들은 굶주리지 않고 얼어 죽지 않고, 이러고도 진정한 왕이 되지 못한 경우는 이제껏 없었습니다."

○ 제나라 선왕과 주고받은 대화이다. 처음에 선왕은 제나라 환공과 진나라 문공에 관한 이야기를 듣고 싶어 했다. 이들은 춘추시대 제후였다. 주나라 질서가 쇠미해지면서 여러 나라로 갈라져 저마다 세력을 키우는 춘추시대가 시작되었다. 춘추시대에는 일정 기간 패권을 잡았던 강대한 제후가 번갈아 출현했으며, 그 중 다섯 제후를 '춘추오패'라고 한다. 제나라 환공과 진나라 문공은 춘추오패 중 하나였다. 제나라 선왕은 강력한 패권을 잡았던 이들의 행적을 듣고 싶어 한 것이다. 그런데 맹자는 오직 부국강병만을 추구했던 이들의 행적을 언급하고 싶지는 않았고, 그들의 행적은 전해지지 않는다고 대답했다.

여기서 맹자는 군비 확충과 영토 확장을 추구하려는 제나라 선왕을 설득해 인과 의를 실천하고 확충하여 천하의 사람이 감화를 받아서 따라오게 하는 왕도 정치를 실행하라고 했다. 제물이 되려고 끌려가는 소를 목격하고 불쌍히 여기는 마음이 있으면 인의의 정치를 실현할 자질이 충분히 갖추어진 것이므로, 못하는 것이 아니라 안 하는 것임을 역설한 것이다.

齊宣王問曰:“齊桓晉文之事可得聞乎?”
제선왕문왈 제환진문지사가득문호

孟子對曰:“仲尼之徒無道桓文之事者, 是以後世無傳焉, 臣未之聞也. 無以,
맹자대왈 중니지도무도환문지사자 시이후세무전언 신미지문야 무이

則王乎?”
즉왕호

曰:“德何如則可以王矣?”
왈 덕하여즉가이왕의

曰:“保民而王, 莫之能禦也.”
왈 보민이왕 막지능어야

曰:“若寡人者, 可以保民乎哉?”
왈 약과인자 가이보민호재

曰:“可.”
왈 가

曰:“何由知吾可也?”
왈 하유지오가야

曰:“臣聞之胡齕曰, 王坐於堂上, 有牽牛而過堂下者, 王見之, 曰:‘牛何之?’
왈 신문지호흘왈 왕좌어당상 유견우이과당하자 왕견지 왈 우하지

對曰:‘將以釁鐘.’ 王曰:‘舍之! 吾不忍其觳觫, 若無罪而就死地.’ 對曰:
대왈 장이흔종 왕왈 사지 오불인기곡속 약무죄이취사지 대왈

‘然則廢釁鐘與?’ 曰:‘何可廢也? 以羊易之!’ 不識有諸?”
연즉폐흔종여 왈 하가폐야 이양역지 불식유저

曰:“有之.”
왈 유지

曰:“是心足以王矣. 百姓皆以王爲愛也, 臣固知王之不忍也.”
왈 시심족이왕의 백성개이왕위애야 신고지왕지불인야

王曰:“然; 誠有百姓者. 齊國雖褊小, 吾何愛一牛? 卽不忍其觳觫,
왕왈 연 성유백성자 제국수편소 오하애일우 즉불인기곡속

若無罪而就死地, 故以羊易之也.”
약무죄이취사지 고이양역지야

曰:“王無異於百姓之以王爲愛也. 以小易大, 彼惡知之?
왈 왕무이어백성지이왕위애야 이소역대 피오지지

王若隱其無罪而就死地, 則牛羊何擇焉?”
왕약은기무죄이취사지 즉우양하택언

王笑曰:“是誠何心哉? 我非愛其財而易之以羊也. 宜乎百姓之謂我愛也.”
왕소왈 시성하심재 아비애기재이역지이양야 의호백성지위아애야

曰:“無傷也, 是乃仁術也, 見牛未見羊也. 君子之於禽獸也, 見其生,
왈 무상야 시내인술야 견우미견양야 군자지어금수야 견기생

不忍見其死; 聞其聲, 不忍食其肉. 是以君子遠庖廚也."
불인견기사 문기성 불인식기육 시이군자원포주야

王說曰: "詩云: '他人有心, 予忖度之.' 夫子之謂也. 夫我乃行之, 反而求之,
왕열왈 시운 타인유심 여촌탁지 부자지위야 부아내행지 반이구지

不得吾心. 夫子言之, 於我心有戚戚焉. 此心之所以合於王者, 何也?"
부득오심 부자언지 어아심유척척언 차심지소이합어왕자 하야

曰: "有復於王者曰: '吾力足以擧百鈞, 而不足以擧一羽; 明足以察秋毫之末,
왈 유복어왕자왈 오력족이거백균 이부족이거일우 명족이찰추호지말

而不見輿薪, 則王許之乎?"
이불견여신 즉왕허지호

曰: "否."
왈 부

"今恩足以及禽獸, 而功不至於百姓者, 獨何與? 然則一羽之不擧,
금은족이급금수 이공부지어백성자 독하여 연즉일우지불거

爲不用力焉; 輿薪之不見, 爲不用明焉; 百姓之不見保, 爲不用恩焉.
위불용력언 여신지불견 위불용명언 백성지불견보 위불용은언

故王之不王, 不爲也, 非不能也."
고왕지불왕 불위야 비불능야

曰: "不爲者與不能者之形, 何以異?"
왈 불위자여불능자지형 하이이

曰: "挾太山以超北海, 語人曰, '我不能.' 是誠不能也. 爲長者折枝, 語人曰,
왈 협태산이초북해 어인왈 아불능 시성불능야 위장자절지 어인왈

'我不能.' 是不爲也, 非不能也. 故王之不王, 非挾太山以超北海之類也;
아불능 시불위야 비불능야 고왕지불왕 비협태산이초북해지류야

王之不王, 是折枝之類也.
왕지불왕 시절지지류야

"老吾老,
로오로

以及人之老; 幼吾幼, 以及人之幼. 天下可運於掌. 詩云, '刑于寡妻, 至于兄弟,
이급인지로 유오유 이급인지유 천하가운어장 시운 형우과처 지우형제

以御于家邦.' 言擧斯心加諸彼而已. 故推恩足以保四海, 不推恩無以保妻子.
이어우가방 언거사심가저피이이 고추은족이보사해 불추은무이보처자

古之人所以大過人者, 無他焉, 善推其所爲而已矣. 今恩足以及禽獸,
고지인소이대과인자 무타언 선추기소위이이의 금은족이급금수

而功不至於百姓者, 獨何與?
이공부지어백성자 독하여

"權, 然後知輕重; 度, 然後知長短. 物皆然, 心爲甚. 王請度之!
권 연후지경중 탁 연후지장단 물개연 심위심 왕청탁지

"抑王興甲兵, 危士臣, 搆怨於諸侯, 然後快於心與?"
억왕흥갑병 위사신 구원어제후 연후쾌어심여

王曰: "否; 吾何快於是? 將以求吾所大欲也."
왕왈 부 오하쾌어시 장이구오소대욕야

曰: "王之所大欲可得聞與?"
왈 왕지소대욕가득문여

王笑而不言.
왕소이불언

曰: "爲肥甘不足於口與? 輕煖不足於體與? 抑爲采色不足視於目與?
왈 위비감부족어구여 경난부족어체여 억위채색부족시어목여

聲音不足聽於耳與? 便嬖不足使令於前與? 王之諸臣皆足以供之,
성음부족청어이여 편폐부족사령어전여 왕지제신개족이공지

而王豈爲是哉?"
이왕기위시재

曰: "否; 吾不爲是也."
왈 부 오불위시야

曰: "然則王之所大欲可知已, 欲辟土地, 朝秦楚, 莅中國而撫四夷也.
왈 연즉왕지소대욕가지이 욕벽토지 조진초 리중국이무사이야

以若所爲求若所欲, 猶緣木而求魚也."
이약소위구약소욕 유연목이구어야

王曰: "若是其甚與?"
왕왈 약시기심여

曰: "殆有甚焉. 緣木求魚, 雖不得魚, 無後災. 以若所爲求若所欲,
왈 태유심언 연목구어 수부득어 무후재 이약소위구약소욕

盡心力而爲之, 後必有災."
진심력이위지 후필유재

曰: "可得聞與?"
왈 가득문여

曰: "鄒人與楚人戰, 則王以爲孰勝?"
왈 추인여초인전 즉왕이위숙승

曰: "楚人勝."
왈 초인승

曰: "然則小固不可以敵大, 寡固不可以敵衆, 弱固不可以敵强.
왈 연즉소고불가이적대 과고불가이적중 약고불가이적강

海內之地方千里者九, 齊集有其一. 以一服八, 何以異於鄒敵楚哉?
해내지지방천리자구 제집유기일 이일복팔 하이이어추적초재

蓋亦反其本矣.
개역반기본의

今王發政施仁, 使天下仕者皆欲立於王之朝,
금왕발정시인 사천하사자개욕립어왕지조

耕者皆欲耕於王之野, 商賈皆欲藏於王之市, 行旅皆欲出於王之塗,
경자개욕경어왕지야 상고개욕장어왕지시 행려개욕출어왕지도

天下之欲疾其君者皆欲赴愬於王. 其若是, 孰能禦之?"
천하지욕질기군자개욕부소어왕 기약시 숙능어지

王曰: "吾惛, 不能進於是矣. 願夫子輔吾志, 明以敎我. 我雖不敏, 請嘗試之."
왕왈 오혼 불능진어시의 원부자보오지 명이교아 아수불민 청상시지

曰: "無恒產而有恒心者, 惟士爲能. 若民, 則無恒產, 因無恒心.
왈 무항산이유항심자 유사위능 약민 즉무항산 인무항심

苟無恒心, 放辟邪侈, 無不爲已. 及陷於罪, 然後從而刑之, 是罔民也,
구무항심 방벽사치 무불위이 급함어죄 연후종이형지 시망민야

焉有仁人在位罔民而可爲也? 是故明君制民之產, 必使仰足以事父母,
언유인인재위망민이가위야 시고명군제민지산 필사앙족이사부모

俯足以畜妻子, 樂歲終身飽, 凶年免於死亡; 然後驅而之善, 故民之從之也輕.
부족이축처자 락세종신포 흉년면어사망 연후구이지선 고민지종지야경

今也制民之產, 仰不足以事父母, 俯不足以畜妻子; 樂歲終身苦,
금야제민지산 앙부족이사부모 부부족이축처자 락세종신고

凶年不免於死亡. 此惟救死而恐不贍, 奚暇治禮義哉?
흉년불면어사망 차유구사이공불섬 해가치례의제

王欲行之, 則盍反其本矣: 吾畝之宅,
왕욕행지 즉합반기본의 오무지택

樹之以桑, 吾十者可以衣帛矣, 鷄豚狗彘之畜, 無失其時, 七十者可以食肉矣.
수지이상 오십자가이의백의 계돈구체지축 무실기시 칠십자가이식육의

百畝之田, 勿奪其時, 八口之家可以無飢矣. 謹庠序之敎, 申之以孝悌之義,
백무지전 물탈기시 팔구지가가이무기의 근상서지교 신지이효제지의

頒白者不負戴於道路矣. 老者衣帛食肉, 黎民不飢不寒, 然而不王者,
반백자불부대어도로의 로자의백식육 려민불기불한 연이불왕자

未之有也."
미지유야

제2편

양혜왕 하

(梁惠王)

01

제나라 신하 장포莊暴가 맹자를 찾아와 만나서 말했다.

"제가 왕의 부름을 받아서 만났더니, 왕께서 음악을 좋아하신다고 제게 말씀하셨습니다. 그런데 저는 어떻게 대답해야 할지 몰랐습니다." 장포가 이어서 말했다. "음악을 좋아하는 것은 어떻습니까?" 맹자는 "왕께서 음악을 매우 좋아하신다면, 제나라는 문제없을 것입니다"라고 말했다.

얼마 후, 맹자가 제나라 왕의 부름을 받아 만나서 말했다. "예전에 장 아무개라는 신하에게 음악을 좋아하신다고 말씀하셨다고 들었습니다. 그런 적 있으십니까?"

제나라 왕은 안색이 변하며 쑥스러워하면서 말했다. "저는 전통 음악을 좋아하는 것이 아니라, 그저 세속에서 유행하는 악곡을 좋아할 뿐입니다."

맹자가 "왕께서 음악을 매우 좋아하신다면, 제나라는 문제없을 것입니다. 현재 유행하는 음악도 전통 음악으로부터 온 것입니다"라고 말했다.

제나라 왕이 말했다.

"그 이치를 제게 들려주실 수 있겠습니까?"

맹자가 "혼자서 음악을 즐기시는 것과 다른 사람과 함께 음악을 즐기시는 것 중 어느 쪽이 더 즐겁습니까?" 묻자, 제나라 왕은 "다른 사람과 함께 즐기는 것이 더욱 즐겁지요"라고 말했다. 그러자 맹자가 다시 "몇몇 사람과 함께 음악을 즐기시는 것과 많은 사람과 함께 음악을 즐기시는 것 중 어느 쪽이 더 즐겁습니까?"라고 물었고, 제나라 왕은 "많은 사람과 함께 즐기는 것이 더욱 즐겁지요"라고 답했다.

맹자가 이어서 말했다.

"그렇다면 제가 왕께 음악을 즐기는 것에 대해 말씀을 드리겠습니다. 왕께서 지금 여기서 북을 치며 연주하는 음악을 즐기시는데, 백성들이 종소리, 북소리, 퉁소 소리, 피리 소리 등을 듣고, 모두 머리 아파하고 이맛살을 찌푸리며 서로에게 '우리 국왕께서 이렇게 음악을 좋아하시면서 왜 우리를 이토록 괴롭게 하는가! 부자 사이에도 만날 수 없고, 형제와 처자가 사방으로 흩어졌네!'라고 하고, 왕께서 지금 여기서 사냥을 하시는데, 백성들이 거마 소리를 듣고, 화려한 의장을 보고, 도리어 모두 머리 아파하며 이맛살을 찌푸리고, 서로에게 '우리 왕께서 이렇게 사냥을 좋아하시면서 왜 우리를 이토록 괴롭게 하는가! 부자 사이에도 만날 수 없고 형제와 처자가 사방으로 흩어졌네!'라고 한다면, 이는 다른 원인이 있는 것이 아닙니다. 왕께서 백성과 함께 즐기시지 않기 때문입니다.

왕께서 지금 여기서 북을 치며 연주하는 음악을 즐기시는데, 백성들이 종소리, 북소리, 퉁소 소리, 피리 소리 등을 듣고, 모두 눈썹을 펴고 웃는 눈으로 서로 말하기를 '우리 왕께서는 아주 건강하신가보다. 그렇지 않으면 어떻게 음악을 즐기실 수 있겠는가?'라고 하고, 왕께서 지금 여기서 사냥을 하시는데, 백성들이 거마 소리를 듣고, 화려한 의장을 보고, 모두 눈썹을 펴고 웃는 눈으로 서로 '우리 국왕께서는 아주 건강하신가 보다. 그렇지 않으면 어떻게 사냥을 하실 수 있겠는가?'라고 말한다면, 이는 다른 원인이 있는 것이 아닙니다. 왕께서 백성과 함께 즐기시기 때문입니다. 만약 왕께서 백성과 함께 즐기신다면, 천하가 귀의하여 따르게 할 수 있습니다."

○ 음악을 즐기는 것에 관해 말한 부분이다. 한자 '樂'은 쓰임에 따라 발음이 다양하다. 자주 쓰이는 것으로 세 가지를 들 수 있다. '즐겁다'로 쓰일 때는 '락'으로 읽는다. '음악'으로 쓰일 때는 '악'으로 읽는다. '좋아하다'로 쓰일 때는 '요로' 읽는다. 《맹자》의 이 부분에서 '樂'의 쓰임과 발음에 대해 논란이 많았다. 문맥이 순통하다면 어느 것을 적용해도 문제없다.

제나라 선왕은 음악을 즐겼지만 정통 아악이 아니라 당시 대중이 즐기는 대중음악을 즐겨 음악을 즐긴다고 당당하게 말하지 못했다. 이에 대해 맹자는 어떤 음악을 즐기는가보다 누구와 어떻게 즐기느냐가 중요하다고 말했다. 즉 왕이 무엇을 즐기든 혼자만 즐기는 것보다 대중과 함께 즐기는 것이 중요하다는 말이다.

莊暴見孟子, 曰:"暴見於王, 王語暴以好樂, 暴未有以對也." 曰:"好樂何如?"
장포견맹자 왈 포현어왕 왕어포이호악 포미유이대야 왈 호악하여

孟子曰:"王之好樂甚, 則齊國其庶幾乎?"
맹자왈 왕지호악심 즉제국기서기호

他日, 見於王曰:"王嘗語莊子以好樂 有諸?"
타일 견어왕왈 왕상어장자이호악 유저

王變乎色, 曰:"寡人非能好先王之樂也, 直好世俗之樂耳."
왕변호색 왈 과인비능호선왕지악야 직호세속지악이

曰:"王之好樂甚, 則齊其庶幾乎! 今之樂由古之樂也."
왈 왕지호악심 즉제기서기호 금지악유고지악야

曰:"可得聞與?"
왈 가득문여

曰:“獨樂樂, 與人樂樂, 孰樂?”
왈 독락악 여인락악 숙락

曰:“不若與人.”
왈 불약여인

曰:“與少樂樂, 與衆樂樂, 孰樂?”
왈 여소락악 여중락악 숙락

曰:“不若與衆.”
왈 불약여중

“臣請爲王言樂. 今王鼓樂於此, 百姓聞王鐘鼓支聲,
신청위왕언악 금왕고악어차 백성문왕종고지성

管籥之音, 擧疾首蹙頞而相告曰:‘吾王之好鼓樂, 夫何使我至於此極也?
관약지음 거질수축알이상고왈 오왕지호고악 부하사아지어차극야

父子不相見, 兄弟妻子離散.’ 今王田獵於此, 百姓聞王車馬之音, 見羽旄之美,
부자불상견 형제처자리산 금왕전렵어차 백성문왕거마지음 견우모지미

擧疾首蹙頞而相告曰,‘吾王之好田獵, 夫何使我至於此極也? 父子不相見,
거질수축알이상고왈 오왕지호전렵 부하사아지어차극야 부자불상견

兄弟妻子離散.’ 此無他, 不與民同樂也.
형제처자리산 차무타 불여민동락야

今王鼓樂於此, 百姓聞王鐘鼓之聲, 管籥之音, 擧欣欣然有喜色而相告曰:
금왕고악어차 백성문왕종고지성 관약지음 거흔흔연유희색이상고왈

‘吾王庶幾無疾病與, 何以能鼓樂也?’ 今王田獵於此, 百姓聞王車馬之音,
오왕서기무질병여 하이능고악야 금왕전렵어차 백성문왕거마지음

見羽旄之美, 擧欣欣然有喜色而相告曰:‘吾王庶幾無疾病與, 何以能田獵也?’
견우모지미 거흔흔연유희색이상고왈 오왕서기무질병여 하이능전렵야

此無他, 與民同樂也. 今王與百姓同樂, 則王矣.”
차무타 여민동락야 금왕여백성동락 즉왕의

02

제나라 선왕이 물었다.

"주나라 문왕의 사냥터는 가로와 세로가 각각 칠십 리였다고 들었습니다. 정말입니까?"

맹자가 대답했다.

"역사 서적에 그와 같은 기록이 있습니다" 선왕이 "정말로 그토록 컸습니까?"라고 묻자, 맹자는 "백성들은 오히려 너무 작다고 했습니다"라고 했다. 그러자 선왕이 "과인의 사냥터는 가로 세로 겨우 사십 리밖에 안되는데, 백성들은 오히려 너무 크다고 합니다. 왜 그럴까요?"

맹자가 답했다.

"문왕의 사냥터는 가로 세로 각 칠십 리였지만, 풀 베고 장작하는 사람들도 들어가게 하고, 꿩 잡고 토끼 잡는 사람들도 들어가게 해서 백성들과 함께 누렸습니다. 그러니 백성들이 너무 작다고 하는 것이 당연하지 않겠습니까? 제가 제나라에 오다가 국경에 도착했을 때, 제나라에서 가장 엄중한 금령이 무엇인지 확실히 물어보고 나서 들어왔습니다. 제가 듣자 하니 제나라 수도 교외 관문 안에 가로 세로 각 사십 리의 사냥터가 하나 있는데, 누구든 그 안에 있는 동물을 죽이면 살인죄를 범한 것과 똑같이 처형한다고 하였습니다. 그렇다면 이것은 사방 각 사십 리 땅이지만, 백성 입장에서는 나라 안에 함정을 파 놓은 것입니다. 백성들이 너무 크다고 하는 것 또한 당연하지 않습니까?"

○ 앞 장에 이어서 '여민동락'의 중요성을 말했다. 왕의 사냥터라지만 누구나 들어가 필요한 것을 채취할 수 있게 하면 아무리 넓어도 작다고 여기고, 아무도 들어가지 못하게 엄금하고 동물을 포획하면 엄벌에 처한다면 아무리 작아도 크다고 여기니, 왕의 사냥터 지정은 크기가 문제가 아니라 누가 함께 이용할 수 있느냐가 중요하다는 말이다.

齊宣王問曰: "文王之囿方七十里, 有諸?"
제선왕문왈 문왕지유방칠십리 유저

孟子對曰: "於傳有之."
맹자대왈 어전유지

曰: "若是其大乎?"
왈 약시기대호

曰: "民猶以爲小也."
왈 민유이위소야

曰: "寡人之囿方四十里, 民猶以爲大, 何也?"
왈 과인지유방사십리 민유이위대 하야

曰: "文王之囿方七十里, 芻蕘者往焉, 雉兎者往焉, 與民同之. 民以爲小,
왈 문왕지유방칠십리 추요자왕언 치토자왕언 여민동지 민이위소

不亦宜乎? 臣始至於境, 問國之大禁, 然後敢入. 臣聞郊關之內有囿方四十里,
불역의호 신시지어경 문국지대금 연후감입 신문교관지내유유방사십리

殺其麋鹿者如殺人之罪, 則是方四十里爲阱於國中. 民以爲大, 不亦宜乎?"
실기미록자여살인지죄 즉시방사십리위정어국중 민이위대 불역의호

03

제나라 선왕이 물었다.

"이웃 나라와 교류하는 데 원칙과 방식이 있습니까?"

맹자가 대답했다.

"있습니다. 오직 어진 사람만이 대국 신분이면서 소국에 복종하여 섬길 수 있습니다. 그래서 상나라 탕왕이 갈백葛伯에 복종해 섬겼고, 문왕이 곤이昆夷에 복종하여 섬겼습니다. 오직 지혜로운 사람만이 소국 신분으로 대국에 복종하여 섬길 수 있습니다. 그래서 태왕太王이 훈육獯鬻에 복종하여 섬겼고, 구천勾踐이 부차夫差에 복종하여 섬겼습니다.

대국 신분이면서 소국에 복종하여 섬기는 자는 천명을 즐기는 사람이요, 소국 신분으로 대국에 복종하여 섬기는 자는 천명을 두려워하는 사람입니다. 천명을 즐기는 사람은 천하를 안정시킬 수 있으며, 천명을 두려워하는 사람은 국가를 보호할 수 있습니다.《시경》의 시에서 '천명 위엄 두려워해, 시시각각 지킨다네'라고 노래했습니다.

선왕이 말했다.

"정말 훌륭한 말씀입니다! 제게 병통이 있습니다. 저는 용감한 것을 좋아합니다."

맹자가 대답했다.

"그렇다면 왕께서는 작은 용기를 좋아하지 마시기 바랍니다. 손으로 도검을 어루만지고 눈을 부라리며 '네가 어찌 감히 나를 당해 내겠느냐?'라고 하는 것은 보통 사람의 용기로, 한 사람만 대적할 수 있을 뿐입니다. 왕께서는 큰 용기를 지니시기 바랍니다.

《시경》의 시에서 '대왕께서 분노하여, 군대 출동 시키셔서, 거莒나라를 침략한 적군을 저지하여, 주나라 복 크게 하여, 천하에 보여 주었네'라고 했습니다. 이것은 문왕의 용기로, 문왕은 한 번 분노하여 천하의 백성을 안정시키셨습니다.

《서경》에서 말하기를 '하늘이 백성을 태어나게 하고, 군주를 세우고 스승을 세워서, 상제를 도와 백성을 보살피게 하였으니 사방에 죄가 있는지 없는지는 오직 내게 달렸거늘, 누가 감히 그 뜻을 어길 것인가?'라고 했습니다. 천하에서 한 사람이 횡행하는 것을 무왕은 부끄러워했습니다. 이것이 무왕의 용기입니다. 무왕은 한 번 분노하여 천하 백성을 안정시키셨습니다.

지금 왕께서도 역시 화를 내서 천하 백성이 안정된다면, 백성들은 왕께서 용기를 좋아하지 않으실까 염려할 따름입니다.

○ 탕왕과 갈백 이야기는《등문공 하》제5장에 자세히 나온다. 문왕이 곤이에게 복속했다는 것과 태왕이 훈육에게 복속했다는 것에 관해서는 더 자세한 이야기가 전해지지 않는다. 월나라 구천과 오나라 부차 이야기는 와신상담臥薪嘗膽, 오월동주吳越同舟 이야기로 유명하다.

제나라 선왕이 용기를 좋아한다고 말하자, 맹자는 화를 내는 것을 예로 들어 진정한 용기가 무엇인지 말하였다. 문왕은 화를 내서 군대를 동원했지만 침략군을 저지하여 백성을 보호하기 위한 것이었다. 또한 무왕은 폭군이 백성을 괴롭히는 것에 분노해 폭군을 몰아냄으로써 백성을 안정시켰으니, 진정한 용기는 천하와 백성을 위해 부려야 한다는 말이다.

齊宣王問曰:"交隣國有道乎?"
제선왕문왈 교린국유도호

孟子對曰:"有. 惟仁者爲能以大事小, 是故湯事葛, 文王事昆夷.
맹자대왈 유 유인자위능이대사소 시고탕사갈 문왕사곤이

惟智者爲能以小事大, 故太王事獯鬻, 勾踐事吳. 以大事小者, 樂天者也;
유지자위능이소사대 고태왕사훈육 구천사오 이대사소자 락천자야

以小事大者, 畏天者也. 樂天者保天下, 畏天者保其國. 詩云:'畏天之威,
이소사대자 외천자야 락천자보천하 외천자보기국 시운 외천지위

于時保之.'"
우시보지

王曰:"大哉言矣! 寡人有疾, 寡人好勇."
왕왈 대재언의 과인유질 과인호용

對曰:"王請無好小勇. 夫撫劍疾視曰, '彼惡敢當我哉!' 此匹夫之勇,
대왈 왕청무호소용 부무검질시왈 피오감당아재 차필부지용

敵一人者也. 王請大之!
적일인자야 왕청대지

"詩云:'王赫斯怒, 爰整其旅, 以遏徂莒, 以篤周祜, 以對于天下',
시운 왕혁사노 원정기려 이알조거 이독주호 이대우천하

此文王之勇也. 文王一怒而安天下之民.
차문왕지용야 문왕일노이안천하지민

"書曰:'天降下民, 作之君, 作之師, 惟曰其助上帝寵之.
서왈 천강하민 작지군 작지사 유왈기조상제총지

四方有罪無罪惟我在, 天下曷敢有越厥志?' 一人衡行於天下, 武王恥之,
사방유죄무죄유아재 천하갈감유월궐지 일인횡행어천하 무왕치지

此武王之勇也. 而武王亦一怒而安天下之民. 今王亦一怒而安天下之民,
차무왕지용야 이무왕역일노이안천하지민 금왕역일노이안천하지민

民惟恐王之好不勇也."
민유공왕지호불용야

04

제나라 선왕이 별장인 설궁雪宮에서 맹자를 만났다.

선왕이 "현자賢者도 이렇게 별궁을 짓고 찾아다니는 즐거움이 있습니까?"라고 묻자, 맹자가 대답했다.

"있습니다. 만약 사람들이 이런 즐거움을 얻지 못한다면 국왕을 원망할 것입니다. 이런 즐거움을 얻지 못했다고 해서 국왕을 원망하는 것은 옳지 못합니다. 그러나 한 나라의 주인이 되어 즐거움이 있으면서 백성들과 함께 누리지 않는 것 역시 옳지 못한 것입니다.

백성들의 즐거움을 자신의 즐거움으로 삼으면 백성들도 국왕의 즐거움을 자신의 즐거움으로 삼을 것이요, 백성들의 근심을 자신의 근심으로 삼으면 백성들도 국왕의 근심을 자신의 근심으로 삼을 것입니다. 천하의 사람들과 함께 즐거워하고 함께 근심하고, 이렇게 하고서도 천하가 귀의하여 따르게 하지 못한 경우는 이제껏 없었습니다.

옛날에 제나라 경공景公이 안자晏子에게 물었습니다. '내가 전부轉附, 조무朝儛 두 산에 가서 유람하고, 이어서 해안을 따라 남쪽으로 가서 낭야琅邪까지 가고 싶습니다. 내가 어떻게 하면 과거 성현 군주의 순유巡遊와 비견될 수 있습니까?'

그러자 안자가 대답했습니다. '잘 물으셨습니다. 천자가 제후의 국가에 가는 것을 순수巡狩라고 합니다. 순수는 각 제후가 지키는 강토를 순시한다는 뜻입니다. 제후가 조정에 가서 천자를 만나는 것을 술직述職이라고 합니다. 술직은 그 직책 내의 일을 보고한다는 뜻입니다. 일과 연계되지 않은 것이 없었습니다. 봄에 밭 갈고 씨 뿌리는 것을 살펴 빈궁한 농가에 보조를 해줍니다. 가을에 수확 상황을 살펴보고, 양식이 부족한 농가를 보조해줍니다. 하나라 속담에 '우리 왕이 유람하지 않으시면 나 어떻게 휴식할까? 우리 왕이 오지 않으시면 나 어떻게 도움을 받을까? 유람 하나하나 순시 하나하나, 제후 법도 되기 충분하네'라고 했습니다. 그런데 지금은 그렇지 않습니다.

국왕이 한번 순시를 나가면 군대를 일으키고 무리를 동원하고, 가는 곳마다 식량을 준비하고 쌀을 옮겨 갑니다. 굶주린 사람은 먹을 것을 얻지 못하고, 고생한 사람은 휴식을 얻지 못합니다. 이를 갈고 눈 흘기며 원성이 길에 깔려, 사람들은 무슨 일을 저지르려고 합니다. 하늘의 뜻을 어기고 백성을 학대하고, 대대적으로 먹고 마시며 흐르는 물처럼 음식을 낭비하고, '유연황망流連荒亡'하여, 제후들이 모두 이 때문에 근심하게 만듭니다.

'유연황망'이란, 물결 따라 내려가며 즐기느라 돌아올 걸 잊은 것을 '유流'라고 하고, 물결을 거슬러 올라가며 즐기느라 돌아올 걸 잊은 것을 '연連'이라고 하고, 지칠 줄 모르고 동물을 쫓아다니며 사냥하는 것을 '황荒'이라고 하고, 절제할 줄 모르고 술을 마시는 것을 '망亡'이라고 합니다. 옛날 성현 군주들은 이렇게 '유연流連'하면서 즐기거나 '황망荒亡'하는 행실이 없었습니다. 왕께서 어떻게 하실지 스스로 결정하십시오'

경공은 매우 기뻐하면서, 도성에서 준비를 마치고, 도성을 나서서 교외에서 머물면서, 자금과 양식을 내어 빈궁한 자들을 구제했습니다. 또한 경공은 음악을 관장하는 태사를 불러서 '나를 위해 군주와 신하가 함께 즐길 음악을 지으라'고 했습니다. 그 음악이 바로 치초徵招, 각초角招 곡조 음악입니다. 그 가사에 '왕의 잘못 지적하는 것이 무슨 허물인가?'라는 내용이 있으니, 왕의 잘못 지적하는 것은 왕을 좋아하는 것입니다."

○ 순수와 술직에 대해서 말한 내용이다. 원래 천자가 다니면서 제후 영지를 시찰하는 것을 순수라고 하고, 제후가 천자에게 가서 마치 업무 보고하듯 하는 것을 술직이라고 했다. 순수든 술직이든 제왕이 근거지를 떠나 행차하는 것이라는 점에서는 같다. 그래서 제왕이 밖에 나가 행차할 때 어떻게 하는지를 보고 성군 여부를 알 수 있다는 말이다.

진정한 성군이라면 이렇게 밖에 나가 다니는 기회를 시정과 민심을 현장에서 살펴보는 기회로 삼아서 민원을 해결하고 정치를 보조하는 것에 힘써야 한다는 말이다. 다니는 곳마다 물자와 인력을 징발하고 동원해 백성을 괴롭히고 권위와 위엄만 내세우면 진정한 지도자라고 할 수 없다는 말이다.

음악을 담당하는 악관樂官의 우두머리로서 '大師'는 '태사'로 읽는다. 음악의 5음 중 하나를 일컫는 '徵'는 '치'로 읽는다.

齊宣王見孟子於雪宮. 王曰: "賢者亦有此樂乎?"
제선왕견맹자어설궁 왕왈 현자역유차락호

孟子對曰: "有. 人不得, 則非其上矣. 不得而非其上者, 非也;
맹자대왈 유 인부득 즉비기상의 부득이비기상자 비야

爲民上而不與民同樂者, 亦非也. 樂民之樂者, 民亦樂其樂; 憂民之憂者,
위민상이불여민동락자 역비야 락민지락자 민역락기락 우민지우자

民亦憂其憂. 樂以天下, 憂以天下, 然而不王者, 未之有也.
민역우기우 락이천하 우이천하 연이불왕자 미지유야

昔者齊景公問於晏子曰:‘吾欲觀於轉附朝儛, 遵海而南, 放於琅邪,
석자제경공문어안자왈 오욕관어전부조무 준해이남 방어랑야

吾何脩而可以比於先王觀也?’
오하수이가이비어선왕관야

晏子對曰,‘善哉問也! 天子適諸侯曰巡狩. 巡狩者, 巡所守也.
안자대왈 선재문야 천자적제후왈순수 순수자 순소수야

諸侯朝於天子曰述職. 述職者, 述所職也. 無非事者. 春省耕而補不足,
제후조어천자왈술직 술직자 술소직야 무비사자 춘성경이보부족

秋省斂而助不給. 夏諺曰:‘吾王不遊, 吾何以休? 吾王不豫, 吾何以助?
추성렴이조불급 하언왈 오왕불유 오하이휴 오왕불예 오하이조

一遊一豫, 爲諸侯度?’ 今也不然: 師行而糧食, 飢者弗食, 勞者弗息. 睊睊胥讒,
일유일예 위제후도 금야불연 사행이량식 기자불식 로자불식 견견서참

民乃作慝. 方命虐民, 飮食若流. 流連荒亡, 爲諸侯憂. 從流下而忘反謂之流,
민내작특 방명학민 음식약류 류련황망 위제후우 종류하이망반위지류

從流上而忘反謂之連, 從獸無厭謂之荒, 樂酒無厭謂之亡. 先王無流連之樂,
종류상이망반위지련 종수무염위지황 락주무염위지망 선왕무류련지락

荒亡之行. 惟君所行也.’
황망지행 유군소행야

景公悅, 大戒於國, 出舍於郊. 於是始興發補不足. 召大師曰:
경공열 대계어국 출사어교 어시시흥발보부족 소태사왈

‘爲我作君臣相說之樂!’ 蓋徵招角招是也. 其詩曰,‘畜君何尤?’ 畜君者,
위아작군신상열지악 개치초각초시야 기시왈 축군하우 축군자

好君也.”
호군야

05

제나라 선왕이 물었다.

“사람들이 모두 제게 명당을 헐어버리라고 건의합니다. 헐까요, 말까요?”

맹자가 대답했다.

“명당이 무엇입니까? 도덕을 지니고 천하를 통일할 수 있었던 왕의 전당입니다. 왕께서 만약 왕도 정치를 실행하려 하신다면, 허물지 마십시오.”

왕이 “왕도 정치에 대하여 제게 들려주실 수 있겠습니까?”라고 하자, 맹자가 대답했다.

“예전에 주나라 문왕이 기岐를 다스릴 때, 농민에게는 9분의 1을 거두었고, 관리에게는 대대로 봉록을 주었고, 관문과 시장에서는 검사만 할 뿐 세금을 징수하지 않았고, 누구라도 호수에 가서 통발을 놓고 물고기를 잡아도 금지하지 않았으며, 죄인에게는 형벌이 본인에게만 미칠 뿐 처자식까지 연좌해 처벌하지 않았습니다. 처를 잃은 노인을 환부鰥夫라고 하고, 남편을 잃은 나이든 여인을 과부라고 하고, 자녀가 없는 노인을 독인獨人이라고 하고, 부모가 죽은 어린이를 고아라고 합니다. 이 네 부류 사람들은 사회에서 빈궁하고 고통받는 이들로 의지할 곳 없는 사람들입니다. 주나라 문왕은 어진 정치를 실행하면서 이들을 가장 먼저 고려했습니다. 《시경》의 시에서 ‘부자들은 괜찮지만, 홀로 있는 사람들은 애처롭기 짝이 없네’라고 했습니다.”

선왕이 “참 좋은 말씀입니다”라고 말했다. 그러자 맹자는 “왕께서 좋다는 것을 아신다면, 왜 실행하지 않으십니까?"라고 물었다. 선왕이 "과인에게는 병통이 있습니다. 과인은 재물을 좋아합니다."라고 말했다.

맹자가 대답했다.

"예전에 공류公劉 역시 재물을 좋아하셨습니다. 《시경》의 시에서 '밖에 가득 창고 가득, 말린 양식 쌓여 가는데, 자루 가득 포대 가득, 빛이 되어 모여드네. 활과 화살 당겨 놓고, 창과 방패 치켜들고, 자 먼 길을 떠난다네'라고 했습니다.

그러므로 집에 남은 사람에게는 마당과 창고에 쌓인 곡식이 있고, 행군하는 사람에게는 자루와 포대에 건량이 있고, 이래야만 군대를 이끌고 전진할 수 있습니다. 왕께서 재물을 좋아하더라도 백성과 함께 할 수 있다면, 왕도 정치 실행해 천하를 통일하는 데 무엇이 어렵겠습니까?"

왕이 또 말했다.

"제게는 병통이 있습니다. 저는 여자를 좋아합니다."

맹자가 대답했다.

"예전에 태왕도 여자를 좋아하시어, 왕비를 너무나 사랑했습니다. 《시경》의 시에서 '고공단보古公亶父께서 이른 아침 말 달려서, 서쪽 강가를 따라 기산岐山 아래 이르셨네. 부인 강씨 데리고와, 머물 곳을 정하였네'라고 했습니다.

그 당시에 안으로는 남편을 찾지 못한 노처녀가 없었고, 밖으로는 아내를 찾지 못한 노총각도 없었습니다. 왕께서 만약 여자를 좋아하시더라도 백성과 함께 할 수 있다면, 왕도 정치를 실행해 천하를 통일하는 데 무슨 어려움이 있겠습니까?"

○ 명당은 천자가 제후를 만나기 위해서 설치한 건물이라는 설도 있고, 천자의 태묘太廟라는 설도 있다.
농민으로부터 수입의 9분의 1을 세금으로 걷는다는 것은 맹자가 주장한 정전제井田制를 말한 것이다.
'아내를 잃은 노인, 남편을 잃은 여인, 자녀가 없는 노인, 부모가 죽은 아이', 이 네 부류를 환과독고鰥寡獨孤로 지칭하여, 정치하는 자가 가장 시급하게 돌봐야 할 대상임을 주장했다.
제나라 선왕이 스스로 병통이라고 여기면서 재물과 아름다운 여인을 좋아한다고 고백한 것에 대해 맹자는 혼자만 즐기고 추구하려고 하지 말고 모든 백성이 똑같이 누리도록 한다면 병통이 아니라 오히려 성군의 자질이 될 것이라고 역설했다.

齊宣王問曰: "人皆謂我毁明堂, 毁諸? 已乎?"
제선왕문왈 인개위아훼명당 훼저 이호

孟子對曰: "夫明堂者, 王者之堂也. 王欲行王政, 則勿毁之矣."
맹자대왈 부명당자 왕자지당야 왕욕행왕정 즉물훼지의

王曰: "王政可得聞與?"
왕왈 왕정가득문여

對曰: "昔者文王之治岐也, 耕者九一, 仕者世祿, 關市譏而不征, 澤梁無禁,
대왈 석자문왕지치기야 경자구일 사자세록 관시기이부정 택량무금

罪人不孥. 老而無妻曰鰥, 老而無夫曰寡, 老而無子曰獨, 幼而無父曰孤.
죄인불노 로이무처왈환 로이무부왈과 로이무자왈독 유이무부왈고

此四者, 天下之窮民而無告者. 文王發政施仁, 必先斯四者. 詩云, '哿矣富人,
차사자 천하지궁민이무고자 문왕발정시인 필선사사자 시운 가의부인

哀此煢獨.'"
애차경독

王曰: "善哉言乎!"
왕왈 선재언호

曰: "王如善之, 則何爲不行?"
왈 왕여선지 즉하위불행

王曰: "寡人有疾, 寡人好貨."
왕왈 과인유질 과인호화

對曰:“昔者公劉好貨, 詩云:‘乃積乃倉, 乃裹餱糧, 于槖于囊.
대왈 석자공류호화 시운 내적내창 내과후량 우탁우낭

思戢用光. 弓矢斯張, 干戈戚揚, 爰方啓行.’ 故居者有積倉, 行者有裹糧也,
사집용광 궁시사장 간과척양 원방계행 고거자유적창 행자유과량야

然後可以爰方啓行. 王如好貨, 與百姓同之, 於王何有?”
연후가이원방계행 왕여호화 여백성동지 어왕하유

王曰:“寡人有疾, 寡人好色.”
왕왈 과인유질 과인호색

對曰:“昔者太王好色, 愛厥妃. 詩云:‘古公亶父, 來朝走馬, 率西水滸,
대왈 석자태왕호색 애궐비 시운 고공단보 래조주마 솔서수호

至于岐下, 爰及姜女, 聿來胥宇.’ 當是時也, 內無怨女, 外無曠夫. 王如好色,
지우기하 원급강녀 율래서우 당시시야 내무원녀 외무광부 왕여호색

與百姓同之, 於王何有?”
여백성동지 어왕하유

06

맹자가 제나라 선왕을 만나서 말했다.

"이른바 고국故國이라는 것은 그 나라에 높고 큰 나무가 있다는 것을 의미하는 것이 아니라, 누대에 걸쳐 공훈을 세운 신하가 있다는 뜻입니다. 그런데 왕께서는 지금 가까이 하는 신하가 없습니다. 예전에 등용했던 사람들이 지금은 있는지 없는지조차 모르는 지경입니다."

왕이 "어떻게 하면 재능이 없는 사람을 식별해 등용하지 않을 수 있습니까?"라고 물었다.

맹자가 대답했다.

"군주가 현인을 선발하는데, 부득이하게 신진 인사를 등용해 비천한 자를 존귀한 자의 위에 두거나 소원한 사람을 친근한 자의 위에 두어야 할 경우에 신중하지 않을 수 있겠습니까?

주변에 있는 사람 모두가 누구는 좋다고 말해도 가벼이 믿어서는 안 되며, 여러 대부들이 모두 누구는 좋다고 말해도 가벼이 믿어서는 안 됩니다. 전국 사람들이 모두 누구는 좋다고 말한 연후에 잘 살펴보고, 그에게 정말 능력이 있음을 발견하고 나서 임용해야 합니다.

주변에 있는 사람 모두가 누구는 좋지 않다고 말해도 믿어서는 안 되며, 여러 대부들이 모두 누구는 좋지 않다고 해도 믿어서는 안 되며, 전국 사람들이 모두 누구는 좋지 않다고 한 연후에 잘 살펴보고, 그의 정말 좋지 않은 점을 발견하고 나서 그를 파면해야 합니다.

주변에 있는 사람 모두가 누구는 죽여야 한다고 해도 믿어서는 안 되며, 여러 대부들이 모두 누구는 죽여야 한다고 해도 믿어서는 안 되며, 전국 사람들이 모두 누구는 죽여야 한다고 말한 연후에 살펴보고, 그가 마땅히 죽어야 할 점이 있는지 발견하고 나서 죽여야 합니다. 그래서 이런 경우에는 전국 사람들이 그 사람을 죽였다고 하는 것입니다. 이와 같이 하면 백성의 부모가 될 수 있습니다."

○ 오랫동안 전통과 명예를 유지하는 고국이 되려면 어떻게 신하를 임용하고 처벌해야 하는지 원칙을 말했다. 자의적 판단을 하지 말고, 소수 의견만 듣지 말고, 온 국민이 인정하는지 또는 온 국민이 부정하는지 확인해서 임용하거나 처벌해야 한다는 말이다.

孟子見齊宣王, 曰: "所謂故國者, 非謂有喬木之謂也, 有世臣之謂也.
맹자견제선왕 왈 소위고국자 비위유교목지위야 유세신지위야

王無親臣矣, 昔者所進, 今日不知其亡也."
왕무친신의 석자소진 금일부지기무야

王曰: "吾何以識其不才而舍之?"
왕왈 오하이식기부재이사지

曰: "國君進賢, 如不得已, 將使卑踰尊, 疏踰戚, 可不愼與? 左右皆曰賢,
왈 국군진현 여부득이 장사비유존 소유척 가불신여 좌우개왈현

未可也; 諸大夫皆曰賢, 未可也; 國人皆曰賢, 然後察之; 見賢焉, 然後用之.
미가야 제대부개왈현 미가야 국인개왈현 연후찰지 견현언 연후용지

左右皆曰不可, 勿聽; 諸大夫皆曰不可, 勿聽; 國人皆曰不可, 然後察之;
좌우개왈불가 물청 제대부개왈불가 물청 국인개왈불가 연후찰지

見不可焉, 然後去之. 左右皆曰可殺, 勿聽; 諸大夫皆曰可殺,
견불가언 연후거지 좌우개왈가살 물청 제대부개왈가살

勿聽; 國人皆曰可殺, 然後察之; 見可殺焉, 然後殺之. 故曰, 國人殺之也.
물청 국인개왈가살 연후찰지 견가살언 연후살지 고왈 국인살지야

如此, 然後可以爲民父母."
여차 연후가이위민부모

07

제나라 선왕이 "상탕商湯이 하걸夏桀을 쫓아내고 무왕武王이 은주殷紂를 토벌했다고 하는데, 정말 그런 일이 있었습니까?"하고 묻자, 맹자가 대답했다. "전해지는 책에 그렇게 기록되어 있습니다."

선왕이 말했다.

"신하가 군왕을 시해했는데, 이것이 가능한 일입니까?"

맹자가 말했다.

"인을 파괴하는 사람을 '적賊'이라고 하고, 의를 파괴하는 사람을 '잔殘'이라고 합니다. 이런 사람을 우리는 '독부獨夫'라고 합니다. 저는 단지 주나라 무왕이 독부 은주를 주벌했다는 말만 들었을 뿐, 군왕을 시해했다는 말은 들은 적이 없습니다."

○ 탕은 상나라의 개국 군주이다. 전설에 따르면 하나라 걸왕이 포학하여, 탕이 군대를 일으켜 걸왕을 남소南巢(지금의 안휘 거소居巢)로 쫓아냈다고 한다.

또한 상나라 주왕紂王이 무도하여, 주나라 무왕이 부친 문왕의 상중에 신주를 받들고 군대를 일으켜 토벌했는데, 주왕이 대패했다고 한다.

사람을 죽이는 동작을 평가 및 상황에 따라 다르게 써서, 신하가 군주를 죽이면 '시弑'라고 했고, 죄 지은 사람을 처벌하는 차원이면 '주誅'라고 했다.

齊宣王問曰:“湯放桀, 武王伐紂, 有諸?”
제선왕문왈 탕방걸 무왕벌주 유저

孟子對曰:“於傳有之.”
맹자대왈 어전유지

曰:“臣弑其君, 可乎?”
왈 신시기군 가호

曰:“賊仁者謂之賊, 賊義者謂之殘. 殘賊之人謂之一夫. 聞誅一夫紂矣,
왈 적인자위지적 적의자위지잔 잔적지인위지일부 문주일부주의

未聞弑君也.”
미문시군야

08

맹자가 제나라 선왕을 만나서 말했다.

"큰 집을 지으려면 반드시 대목수를 보내 큰 목재를 찾아야 합니다. 대목수가 큰 목재를 구해오면 왕께서는 기뻐하며 대목수가 임무를 다할 수 있으리라고 생각할 것입니다. 만약 목공이 그 목재를 작게 자르면, 왕께서는 화를 내며 목공이 임무를 제대로 수행하지 못한다고 생각합니다. 어떤 사람이 어릴 때부터 한 분야 전공을 배워서, 장성하여 운용하고 실행하려고 합니다. 그런데 왕께서 그에게 '네가 배운 것은 잠시 놓아두고 나의 말을 따르라'라고 한다면, 이 어찌 가능한 일이겠습니까?

가령 왕께 아직 다듬지 않은 옥석이 있다고 하면, 그 비용이 아무리 높아도 반드시 옥장인을 불러와서 다듬으라고 해야 합니다. 국가를 다스리는 경우, 왕께서 '당신이 배운 것은 잠시 놓아두고 내 말을 따르라'라고 하시면, 이는 왕께서 옥장인에게 옥석을 다듬는 것을 가르치려는 것과 무슨 차이가 있겠습니까?"

○ 각 영역에 전문적인 능력을 지닌 인재를 뽑아서 일을 맡겼다면, 그 사람을 신임하고 전문성을 인정하며 일을 맡기라는 말이다.

孟子見齊宣王, 曰:"爲巨室, 則必使工師求大木. 工師得大木, 則王喜,
맹자견제선왕 왈 위거실 즉필사공사구대목 공사득대목 즉왕희

以爲能勝其任也. 匠人斲而小之, 則王怒, 以爲不勝其任矣. 夫人幼而學之,
이위능승기임야 장인착이소지 즉왕노 이위불승기임의 부인유이학지

壯而欲行之, 王曰, '姑舍女所學而從我', 則何如? 今有璞玉於此,
장이욕행지 왕왈 고사여소학이종아 즉하여 금유박옥어차

雖萬鎰, 必使玉人彫琢之. 至於治國家, 則曰, '姑舍女所學而從我',
수만일 필사옥인조탁지 지어치국가 즉왈 고사여소학이종아

則何以異於教玉人彫琢玉哉?"
즉하이이어교옥인조탁옥재

09

제나라가 연燕나라를 공격해 승리했다.

제나라 선왕이 물었다.

"어떤 사람들은 연나라를 병탄하지 말라고 권하고, 또한 어떤 사람들은 병탄하라고 권합니다. 전차 만 대를 가진 대국이 그와 비슷하게 전차 만 대를 가진 대국을 공격하는데, 겨우 오십 일 만에 이겼다는 것은 순전히 인력에 의해서는 할 수 없는 일입니다. 만약 우리가 병탄하지 않으면 하늘이 재해를 내릴 것입니다. 병탄하는 것이 어떻겠습니까?"

맹자가 대답했다.

"만약 병탄해서 연나라 백성들이 아주 기뻐한다면, 병탄하십시오. 옛사람 중 이와 같이 한 사람이 있으니, 바로 주나라 무왕입니다. 만약 병탄해서 연나라 백성들이 기뻐하지 않으면, 병탄하지 마십시오. 옛사람 중 이와 같이 한 적이 있는 사람이 있으니, 바로 주나라 문왕입니다.

전차 만 대를 가진 대국이 이와 비슷하게 전차 만 대를 가진 대국인 연나라를 공격하는데, 연나라 백성이 광주리에 건량을 가득 담고 호리병에 술과 음료수를 가득 담아 왕의 군대를 환영했습니다. 여기에 다른 뜻이 있겠습니까? 오직 물과 불을 피하려는 것일 뿐입니다. 그런데 만약 전보다 물이 더욱 깊어지고 불이 더욱 뜨거워진다면, 이는 단지 나라만 연나라에서 제나라로 바뀌는 것일 뿐(백성이 고통을 당하는 것은 마찬가지)입니다."

○ 민심을 얻는 것의 중요성을 강조한 말이다. 다른 나라를 병탄할 때는 도탄에 빠진 그 나라 백성들을 구원하는 마음으로 해야 한다는 뜻이다.

齊人伐燕, 勝之. 宣王問曰: "或謂寡人勿取, 或謂寡人取之.
제인벌연 승지 선왕문왈 혹위과인물취 혹위과인취지

以萬乘之國伐萬乘之國, 五旬而擧之, 人力不至於此. 不取, 必有天殃. 取之,
이만승지국벌만승지국 오순이거지 인력부지어차 불취 필유천앙 취지

何如?"
하여

孟子對曰: "取之而燕民悅, 則取之.
맹자대왈 취지이연민열 즉취지

古之人有行之者, 武王是也. 取之而燕民不悅, 則勿取. 古之人有行之者,
고지인유행지자 무왕시야 취지이연민불열 즉물취 고지인유행지자

文王是也. 以萬乘之國伐萬乘之國, 簞食壺漿以迎王師, 豈有他哉?
문왕시야 이만승지국벌만승지국 단사호장이영왕사 기유타재

避水火也. 如水益深, 如火益熱, 亦運而已矣."
피수화야 여수익심 여화익열 역운이이의

10

제나라가 연나라를 공격해 병탄했다. 그러자 제후들이 연나라를 구하려고 모의했다.

선왕이 물었다.

"많은 제후들이 과인을 공격하려고 모의하고 있다는데, 어떻게 대처해야 하겠습니까?"

맹자가 대답했다.

"제가 듣자 하니, 가로 세로 길이가 각각 칠십 리인 땅에 의지해 천하를 통일한 자가 있다고 합니다. 바로 상나라 탕왕입니다. 가로 세로 길이가 각각 천 리인 땅을 가지고도 다른 나라를 두려워했다는 것은 들어본 적이 없습니다.

《서경》에서 '상탕이 정벌을 나섰으니, 갈葛나라로부터 시작했다'고 합니다. 천하 사람들이 모두 그를 믿었으니, 동쪽으로 진군하면 서쪽 국가 백성이 기뻐하지 않고, 남쪽으로 진군하면 북쪽 국가 백성 기뻐하지 않으면서, 모두 '왜 우리는 뒤로 제쳐 두시는가?'라고 했습니다. 사람들이 그를 기다리는 것이 마치 오랜 가뭄에 먹구름과 무지개를 기다리는 것과 같았다고 합니다. 장사하는 사람들은 일상대로 왕래하고, 농사짓는 사람들은 늘 하듯이 일터에 나갔습니다. 오직 포학한 군주를 주살하고, 해를 입은 백성들을 어루만질 뿐이었습니다. 그가 오는 것이 마침 하늘이 때에 맞춰 단비를 내려주는 것과 같아서, 백성들이 매우 기뻐했습니다. 《서경》에서는 '우리 왕을 기다리네, 그가 오면, 우리도 다시 살아난다네'라고 했습니다.

연나라 군주는 백성을 학대했는데, 왕께서 정벌을 하시자 연나라 백성들은 왕께서 자신들을 깊은 물과 뜨거운 불의 고난 속에서 해방시켜 줄 것이라고 생각하며, 광주리에 건량을 가득 담고 호리병에 술과 음료수를 가득 채우고 왕의 군대를 환영한 것입니다. 그런데 왕께서는 그들의 부형을 죽이고, 그들의 자제를 사로잡고, 그들의 종묘 사당을 파헤치고, 그들의 국가 보물을 빼앗아 왔습니다. 어찌 이럴 수가 있습니까?

천하가 본래 제나라의 강대함을 두려워했습니다. 지금 제나라 영토가 배로 늘었지만 포학무도하니, 이는 자연스럽게 각국이 병사를 일으키고 무력을 행사하도록 불러들이는 것입니다. 어서 빨리 명령을 내리셔서, 늙고 어린 포로를 돌려보내고, 연나라의 보물을 옮겨 오는 것을 멈추게 하고, 다음으로 연나라의 인사들과 협상하여 연나라 왕을 가려 세우고, 그런 연후에 연나라에서 철수한다면, 각국이 병사를 일으키는 것을 멈출 수 있습니다."

○ 제나라 선왕은 연나라를 공격해 집어삼켰지만 다른 제후들이 합세하여 연나라 구원에 나설까 봐 염려했다. 맹자는 앞서와 마찬가지로 폭군에게 시달리는 연나라 백성을 구원하는 차원에서 연나라를 공격한다면 오히려 연나라 백성에게 환영받을 것이며, 다른 제후국 백성도 자기 나라를 먼저 공격하기를 바랄 것이라고 말했다.

齊人伐燕, 取之. 諸侯將謀救燕. 宣王曰: "諸侯多謀伐寡人者, 何以待之?"
제인벌연 취지 제후장모구연 선왕왈 제후다모벌과인자 하이대지

孟子對曰: "臣聞七十里爲政於天下者, 湯是也. 未聞以千里畏人者也.
맹자대왈 신문칠십리위정어천하자 탕시야 미문이천리외인자야

書曰:'湯一征, 自葛始.' 天下信之, 東面而征, 西夷怨; 南面而征,
서왈 탕일정 자갈시 천하신지 동면이정 서이원 남면이정

北狄怨, 曰:'奚爲後我?' 民望之, 若大旱之望雲霓也. 歸市者不止, 耕者不變,
북적원 왈 해위후아 민망지 약대한지망운예야 귀시자부지 경자불변

誅其君而弔其民, 若時雨降. 民大悅. 書曰:'徯我后, 后來其蘇.' 今燕虐其民,
주기군이조기민 약시우강 민대열 서왈 혜아후 후래기소 금연학기민

王往而征之, 民以爲將拯己於水火之中也, 簞食壺漿以迎王師. 若殺其父兄,
왕왕이정지 민이위장증기어수화지중야 단사호장이영왕사 약살기부형

係累其子弟, 毁其宗廟, 遷其重器, 如之何其可也? 天下固畏齊之强也,
계루기자제 훼기종묘 천기중기 여지하기가야 천하고외제지강야

今又倍地而不行仁政, 是動天下之兵也. 王速出令, 反其旄倪, 止其重器,
금우배지이불행인정 시동천하지병야 왕속출령 반기모예 지기중기

謀於燕衆, 置君而後去之, 則猶可及止也."
모어연중 치군이후거지 즉유가급지야

11

추나라와 노魯나라 사이에 충돌이 발생했다. 추나라 목공穆公이 맹자에게 물었다.

"이번 충돌에서 우리 관리 서른세 명이 희생되었습니다. 그런데 백성 중 관리를 위해 죽음으로 싸운 사람이 하나도 없습니다. 백성을 죽이자니 그렇게 많은 숫자를 죽일 수는 없고, 죽이지 않자니 백성이 관리가 죽임을 당하는 것을 두 눈으로 보면서도 구해주지 않은 것이 실로 원통합니다. 어떻게 해야 좋을까요?"

맹자가 대답했다.

"재난과 흉년이 들었던 해, 폐하의 백성 중 나이 들고 약한 사람들은 산골짜기 황야에 시체로 뒹굴었고, 젊고 힘 있는 사람들은 사방으로 흉년을 피해 달아났습니다. 이런 사람들이 천 명이나 있었습니다. 그런데 폐하의 곡식 창고에는 양식이 가득 쌓여 있고, 창고에는 재물과 보물이 가득 쟁여 있었지만, 담당 관리는 이런 상황을 어느 누구에게도 보고하지 않았습니다. 이는 바로 윗자리에 있는 사람이 백성에게 관심을 가지지 않았던 것이고, 또한 그들을 해친 것입니다. 증자曾子가 일찍이 말한 적이 있습니다. '경계할지니, 경계할지니! 네가 어떻게 다른 사람을 대하면, 다른 사람도 그렇게 너에게 보답할 것이다.' 지금 폐하의 백성은 대갚음할 기회를 얻은 것입니다. 그들을 질책하지 마십시오. 폐하께서 만약 어진 정치를 펼친다면 폐하의 백성은 자연스럽게 윗사람을 사랑하고 보호하며, 윗사람을 위해 희생할 것입니다."

○ 관리가 죽어가는데 구해 주려는 백성이 없었던 이유는 평소에 관리가 백성을 그렇게 대했기 때문이라는 것이다. 따라서 정치를 하는 자는 시종일관 백성들에게 관심을 두고 자녀를 돌보듯 해야 한다는 말이다.

鄒與魯鬨. 穆公問曰: "吾有司死者三十三人, 而民莫之死也. 誅之,
추여로홍 목공문왈 오유사사자삼십삼인 이민막지사야 주지

則不可勝誅; 不誅, 則疾視其長上之死而不救, 如之何則可也?"
즉불가승주 부주 즉질시기장상지사이불구 여지하즉가야

孟子對曰: "凶年饑歲, 君之民老弱轉乎溝壑, 壯者散而之四方者, 幾千人矣;
맹자대왈 흉년기세 군지민로약전호구학 장자산이지사방자 기천인의

而君之倉廩實, 府庫充, 有司莫以告, 是上慢而殘下也.
이군지창름실 부고충 유사막이고 시상만이잔하야

曾子曰: '戒之戒之! 出乎爾者, 反乎爾者也.' 夫民今而後得反之也. 君無尤焉!
증자왈 계지계지 출호이자 반호이자야 부민금이후득반지야 군무우언

君行仁政, 斯民親其上, 死其長矣."
군행인정 사민친기상 사기장의

12

등나라 문공이 물었다.

"제나라 사람들이 설薛 지역에 성과 해자를 강화하려고 해서, 저는 몹시 두렵습니다. 어떻게 해야 좋을까요?"

맹자가 대답했다.

"예전에 태왕이 빈邠 땅에 살 때, 적狄 사람들이 침범해오자, 이를 피해 기산 아래로 거처를 옮겼습니다. 이는 태왕이 주동적으로 선택한 것이 아니라, 부득이했던 것입니다. 만약 어진 정치를 실행할 수 있으면, 후대 자손 중 반드시 왕도를 이루는 제왕이 나올 것입니다. 군자가 창업하여 도통을 수립하는 것은 한 세대 한 세대 계승해 나갈 수 있게 하려는 것입니다. 성공할 수 있느냐 없느냐 하는 것은 하늘에 달렸습니다. 폐하가 무엇을 어떻게 할 수 있겠습니까? 그저 선을 행할 뿐입니다."

○ 설나라는 제나라 남쪽에 있었던 작은 나라로, 등나라와 이웃해 있었다. 제나라가 설 지역의 성벽과 해자를 정비한다는 소식에 등나라 문공이 위협을 느끼고 맹자에게 대책을 물은 것이다. 맹자는 인의의 정치를 행할 것을 주장했다.

滕文公問曰:"齊人將築薛, 吾甚恐, 如之何則可?"
등문공문왈 제인장축설 오심공 여지하즉가

孟子對曰:"昔者大王居邠, 狄人侵之, 去之岐山之下居焉. 非擇而取之,
맹자대왈 석자태왕거빈 적인침지 거지기산지하거언 비택이취지

不得已也. 苟爲善, 後世子孫必有王者矣. 君子創業垂統, 爲可繼也.
부득이야 구위선 후세자손필유왕자의 군자창업수통 위가계야

若夫成功, 則天也. 君如彼何哉? 强爲善而已矣."
약부성공 즉천야 군여피하재 강위선이이의

13

등나라 문공이 물었다.

“등나라는 약소국입니다. 전심전력해서 대국을 섬겨도 화를 입는 것을 면하기 어렵습니다. 어떻게 해야 되겠습니까?”

맹자가 대답했다.

“옛날 태왕이 빈 지방에 거처했는데, 적 사람들이 침범해왔습니다. 태왕은 가죽옷과 비단을 바쳤지만, 적 사람들은 침범을 멈추지 않았습니다. 또 좋은 개와 명마를 바쳤지만, 적 사람들은 침범을 멈추지 않았습니다. 또 진주 보옥을 바쳤지만, 적 사람들은 침범을 멈추지 않았습니다.

태왕은 빈 지방 원로들을 소집해 선포했습니다. ‘적 사람들이 원하는 것은 우리 땅입니다. 제가 듣자 하니 군자는 사람을 키우는 것을 위해 사람이 화를 입게 할 수는 없다고 합니다. 여러분이 군주가 없는 것을 어찌 꼭 두려워할 필요가 있겠습니까? 저는 이곳을 떠날 작정입니다.’ 이에 빈 지방을 떠나, 양산梁山을 넘어, 기산 아래에 성읍을 하나 세우고 거처를 정했습니다. 빈 지역 백성들이 ‘이분은 어진 덕이 있으신 분이구나. 이런 분을 버릴 수는 없다’고 하면서 태왕을 따르는 행렬이 마치 시장에 모여드는 것처럼 열렬했습니다.

또 어떤 사람은 이렇게 말하기도 합니다. ‘이것은 우리 자손 대대로 지켜 나가라고 조종이 전해 내려 준 기틀이다. 차라리 생명을 바칠지언정, 떠날 수는 없다.’ 이상 두 길이 있으니, 그중 어느 한 길을 선택하시기 바랍니다.”

○ 강대국 위협에 대처하는 약소국 처지에 대해 맹자가 태왕을 예로 들어 말하였다.
태왕은 주나라 기틀을 마련한 고공단보로, 무왕 때 태왕으로 추존되었다. 태왕은 북적의 침입으로부터 백성의 생명을 지키기 위해 땅을 양보하고 다른 곳으로 이주했는데, 그런 지도자를 잃을 수 없었던 백성들이 그를 따라가 정착함으로써 주나라 기틀이 다져졌다는 말이다. 또한 떠나지 않고 백성과 함께 결사항전을 하는 방법도 있으니, 두 가지 가운데서 하나를 선택하는 길 밖에 없다고 말했다.

滕文公問曰: "滕, 小國也; 竭力以事大國, 則不得免焉, 如之何則可?"
등문공문왈 등 소국야 갈력이사대국 즉부득면언 여지하즉가

孟子對曰: "昔者大王居邠, 狄人侵之. 事之以皮幣, 不得免焉; 事之以犬馬,
맹자대왈 석자태왕거빈 적인침지 사지이피폐 부득면언 사지이견마

不得免焉; 事之以珠玉, 不得免焉. 乃屬其耆老而告之曰: '狄人之所欲者,
부득면언 사지이주옥 부득면언 내촉기기로이고지왈 적인지소욕자

吾土地也. 吾聞之也: 君子不以其所以養人者害人. 二三子何患乎無君?
오토지야 오문지야 군자불이기소이양인자해인 이삼자하환호무군

我將去之.' 去邠, 踰梁山, 邑于岐山之下居焉.
아장거지 거빈 유량산 읍우기산지하거언

邠人曰: '仁人也, 不可失也.' 從之者如歸市.
빈인왈 인인야 불가실야 종지자여귀시

"或曰: '世守也, 非身之所能爲也. 效死勿去.'
혹왈 세수야 비신지소능위야 효사물거

"君請擇於斯二者."
군청택어사이자

14

노나라 평공平公이 외출을 하려고 하였다. 총애하는 신하 장창臧倉이 지시를 바라며 말했다. "평소 밖에 나가실 때는 가시고자 하는 곳을 해당 관리에게 반드시 통지하셨습니다. 지금은 수레와 말이 이미 모두 준비되었는데, 어디에 가시려 하는지 관리가 아직 모르고 있습니다. 그러므로 지시를 바라는 바입니다."

평공이 "맹자를 만나보려고 한다"라고 말하자, 장창이 "왜 그러십니까? 폐하는 자신의 신분을 존중하지 않으시고 일개 보통 사람을 먼저 만나러 가시다니요. 폐하는 맹자가 어진 덕을 지닌 사람이라고 생각하십니까? 어진 덕을 지닌 사람의 행위는 마땅히 예의에 맞아야 합니다. 맹자는 모친상을 이전에 있었던 부친상보다 더 크게 치렀습니다. 만나러 가지 마십시오"라고 했다. 평공이 말했다. "좋다."

악정자樂正子가 평공을 만나러 가서 물었다.

"폐하께서는 왜 맹가를 만나러 가지 않으십니까?"

평공이 말했다.

"어떤 사람이 내게 '맹자는 모친상을 이전에 있었던 부친상보다 지나치게 크게 치렀다'고 했습니다. 그래서 만나러 가지 않았습니다."

악정자가 말했다.

"폐하께서 말씀하신 초과란 무슨 뜻입니까? 부친상을 지낼 때는 사士의 예로 했고, 모친상을 지낼 때는 대부大夫의 예로 했기 때문입니까? 부친상을 지낼 때는 세 개의 정鼎으로 제수를 진설하고, 모친상을 지낼 때는 다섯 개의 정鼎으로 제수를 진설했기 때문입니까?"

평공이 "아닙니다. 나는 관곽과 수의가 화려하다는 것을 말했던 것입니다"라고 하자, 악정자는 "그것은 과했다고 할 수는 없고, 단지 모친상을 지낼 때와 부친상을 지낼 때의 재력이 달랐을 뿐입니다"라고 했다.

악정자가 맹자를 만나러 가서 말했다.

"제가 노나라 군주와 이야기했습니다. 원래 선생님을 만나러 올 계획이었습니다. 그러나 신하 장창이라는 자가 이를 저지했습니다. 그래서 군주께서 오시지 않았습니다."

맹자가 말했다.

"한 사람이 어떤 일을 행하려고 하면 그렇게 하도록 지원하는 어떤 힘이 있고, 행하지 않으려고 하면 저지하는 또 어떤 힘이 있다. 하고 하지 않는 것은 단순히 인력에 의한 것이 아니다. 내가 노나라 제후와 만나지 못하는 것은 하늘의 뜻이다. 장창이라는 소인이 어떻게 내가 노나라 제후와 만나지 못하게 할 수 있겠느냐?"

○ 노나라 평공이 맹자를 만나려고 하자, 평공의 신하 장창이 맹자는 예의를 모르는 사람이라며 말렸다. 맹자가 부친상은 검소하게 치르고, 모친상은 성대하게 치러 상례를 일관되게 하지 않았다는 이유에서다.

상례의 규모는 경제적 처지와 관련 있는 것이어서, 어려울 때는 검소하게 치르고 여유가 있으면 성대하게 치르는 것일 뿐, 평공이 맹자를 만나는 여부를 결정하는 이유가 될 수는 없다.

魯平公將出, 嬖人臧倉者請曰: "他日君出, 則必命有司所之. 今乘輿已駕矣,
노평공장출 폐인장창자청왈 타일군출 즉필명유사소지 금승여이가의

有司未知所之, 敢請."
유사미지소지 감청

公曰: "將見孟子."
공왈 장견맹자

曰: "何哉, 君所爲輕身以先於匹夫者? 以爲賢乎? 禮義由賢者出;
왈 하재 군소위경신이선어필부자 이위현호 예의유현자출

而孟子之後喪踰前喪. 君無見焉!"
이맹자지후상유전상 군무견언

公曰: "諾."
공왈 낙

樂正子入見, 曰: "君奚爲不見孟軻也?"
악정자입견 왈 군해위불견맹가야

曰: "或告寡人曰: '孟子之後喪踰前喪', 是以不往見也."
왈 혹고과인왈 맹자지후상유전상 시이불왕견야

曰: "何哉, 君所謂踰者? 前以士, 後以大夫; 前以三鼎, 而後以五鼎與?"
왈 하재 군소위유자 전이사 후이대부 전이삼정 이후이오정여

曰: "否; 謂棺槨衣衾之美也."
왈 부 위관곽의금지미야

曰: "非所謂踰也, 貧富不同也."
왈 비소위유야 빈부부동야

樂正子見孟子, 曰: "克告於君, 君爲來見也. 嬖人有臧倉者沮君,
악정자견맹자 왈 극고어군 군위래견야 폐인유장창자저군

君是以不果來也."
군시이불과래야

曰: "行, 或使之; 止, 或尼之. 行止, 非人所能也. 吾之不遇魯侯, 天也.
왈 행 혹사지 지 혹니지 행지 비인소능야 오지불우로후 천야

臧氏之子焉能使予不遇哉?"
장씨지자언능사여불우재

제3편

공손추 상

(公孫丑)

01

공손추公孫丑가 물었다.

"선생님께서 만약 제나라에서 권력을 잡으신다면, 관중管仲과 안자의 업적을 다시 일으킬 수 있으시겠습니까?"

맹자가 말했다.

"너는 영락없는 제나라 사람이구나. 관중과 안자밖에 모르니 말이다. 예전에 어떤 사람이 증서曾西에게 '당신과 자로子路를 비교하면 누가 강합니까?'라고 묻자, 증서는 불안해하며 '그 분은 저희 부친께서 경외하시던 분입니다'라고 했고, 그 사람이 또 '당신과 관중을 비교하면 누가 강합니까?'라고 묻자, 증서는 불쾌한 기색으로 '당신은 왜 나를 관중과 비교하려 하십니까? 관중은 제나라 환공桓公의 신뢰를 전적으로 얻었고, 그렇게 오랫동안 국가의 정권을 행사했는데, 공적은 도리어 낮고 작습니다. 당신은 왜 나를 관중과 비교하려 하십니까?'라고 했다."

잠시 멈추었다가, 맹자가 다시 말했다.

"관중은 증서도 비교당하기를 원하지 않았던 사람이다. 너는 내가 관중을 배우기를 원한다고 생각하느냐?"

공손추가 물었다.

"관중은 환공을 보좌해 천하를 제패하게 했고, 안자는 경공을 보좌해 제후들이 이름을 드날리게 했습니다. 그래도 관중과 안자에게는 배울만한 것이 없습니까?"

맹자가 답했다.

"제나라로 천하를 통일하는 것은 손바닥을 뒤집는 것처럼 쉽다."

공손추가 말했다.

"선생님께서 그렇게 말씀하시면 저는 더 이해할 수 없습니다. 문왕은 그 같은 덕행에다가 또한 거의 백 세까지 살았는데, 문왕이 추진한 덕의 정치는 천하에 두로 퍼지지 않았으며, 무왕과 주공이 그 사업을 계승하여 비로소 왕도를 대대적으로 추진하였습니다. 지금 선생님께서는 왕도가 그토록 쉽다고 말씀하시니, 그렇다면 문왕도 본받을 만하지 않은 것입니까?"

맹자가 말했다.

"어떻게 문왕과 비교할 수 있겠느냐? 탕湯으로부터 무정武丁에 이르기까지 현명한 군주 예닐곱 명이 어진 정치를 펼치니 천하 사람들이 은 왕조에 귀의한 지 오래되었고, 일단 시간이 오래되자 변동이 일어나기 매우 어려웠다. 무정은 제후들이 조회하러 오게 하고, 마치 손바닥 안에서 물건을 움직이듯 천하를 잘 다스렸다. 주왕 때는 위로 무정과 그다지 오래 떨어지지 않았고 당시 훈구세가, 선량 풍속, 선조 유풍, 선정 자취 등이 아직 존재했다. 또한 미자微子, 미중微仲, 왕자 비간比干, 기자箕子, 교격膠鬲 등 어질고 덕 있는 사람들이 함께 보좌했기 때문에 상당히 오랜 시간이 흘러서야 나라가 망했다. 당시에는 한 자의 토지도 주왕의 소유가 아닌 것이 없었고, 한 명의 백성도 주왕의 관할에 귀속되지 않은 사람이 없었다. 그런데 문왕은 가로 세로 백 리의 작은 나라에 의지해 위대한 업적을 세웠으니, 아주 어려웠을 것이다.

제나라 속담에 '비록 지혜가 있더라도, 역시 형세를 타야 할 것이요, 비록 호미가 있더라도, 역시 농사철을 기다려야 한다'는 말이 있다. 지금 같은 때에 왕정을 추진한다면 쉬울 것이다. 설령 하·상·주의 가장 흥성했던 시대라고 해도 어떤 국가의 토지도 가로 세로 천 리를 초과한 적이 없었는데, 지금 제나라는 이와 같이 광활한 토지가 있다. 닭 울고 개 짖는 소리가 수도에서 사방의 국경선에 이르기까지 곳곳에서 들려오니, 제나라에는 이처럼 많은 백성이 있다. 그래서 국토를 더 넓힐 필요가 없고, 백성도 더 늘릴 필요가 없다. 어진 정치를 실행해 천하를 통일하기만 한다면 저지할 수 있는 사람이 없을 것이다.

또한 천하를 통일한 현군이 출현하지 않은 기간이 역사상 이렇게 장구한 적이 없었고, 백성들이 포학한 정치에 시달린 것이 역사상 이렇게 심한 적이 없었다. 굶주린 사람은 먹을 것을 가릴 겨를이 없고, 입과 혀가 바짝 마른 사람은 마실 것을 가릴 겨를이 없다.

공자는 '덕의 정치가 흘러가는 것은 역참이 전령을 전달하는 것보다 신속할 것이다'라고 말했다. 지금 이 시기에 만 대의 전차를 소유한 대국이 어진 정치를 실행하면, 백성의 기쁨은 마치 거꾸로 매달렸다가 풀려난 것과 같을 것이다. 따라서 '옛날 사람보다 힘은 반만 들이고도 공은 배로 얻는다'는 것은 오직 이 시대에만 가능한 것이다."

○ 관중과 안자는 춘추시대 제나라가 군사 개혁, 경제 개혁을 통해 강대국 대열에 들어서게 했던 정치가로, 특히 이 지역 출신이라면 누구나 자부심을 가졌다. 그래서 제나라 출신 공손추는 맹자가 제나라에서 관중과 안자의 업적을 재현할 수 있는지 물은

것이다.

맹자는 관중과 안자가 영토를 넓히고 인구를 늘려서 제나라를 부강하게 한 것은 인정하지만 이를 통해 왕도 정치를 실현하는 쪽으로 가지 않고 패권 정치를 추구했던 것을 안타까워한 것이다.

公孫丑問曰:"夫子當路於齊, 管仲•晏子之功, 可復許乎?"
공손추문왈 부자당로어제 관중 안자지공 가부허호

孟子曰:"子誠齊人也, 知管仲•晏子而已矣.
맹자왈 자성제인야 지관중 안자이이의

或問乎曾西曰:'吾子與子路孰賢?' 曾西蹴然曰:'吾先子之所畏也.'
혹문호증서왈 오자여자로숙현 증서축연왈 오선자지소외야

曰:'然則吾子與管仲孰賢?' 曾西艴然不悅, 曰:'爾何曾比予於管仲?
왈 연즉오자여관중숙현 증서불연불열 왈 이하증비여어관중

管仲得君如彼其專也, 行乎國政如彼其久也, 功烈如彼其卑也;
관중득군여피기전야 행호국정여피기구야 공렬여피기비야

爾何曾比予於是?'" 曰:"管仲, 曾西之所不爲也, 而子爲我願之乎?"
이하증비여어시 왈 관중 증서지소불위야 이자위아원지호

曰:"管仲以其君覇, 晏子以其君顯. 管仲•晏子猶不足爲與?"
왈 관중이기군패 안자이기군현 관중 안자유부족위여

曰:"以齊王, 由反手也."
왈 이제왕 유반수야

曰:"若是, 則弟子之惑滋甚. 且以文王之德, 百年而後崩, 猶未洽於天下;
왈 약시 즉제자지혹자심 차이문왕지덕 백년이후붕 유미흡어천하

武王•周公繼之, 然後大行. 今言王若易然, 則文王不足法與?"
무왕 주공계지 연후대행 금언왕약이연 즉문왕부족법여

曰:"文王何可當也? 由湯至於武丁, 聖賢之君六七作,
왈 문왕하가당야 유탕지어무정 성현지군륙칠작

天下歸殷久矣, 久則難變也. 武丁朝諸侯, 有天下, 猶運之掌也.
천하귀은구의 구즉난변야 무정조제후 유천하 유운지장야

紂之去武丁未久也, 其故家遺俗, 流風善政, 猶有存者; 又有微子•
주지거무정미구야 기고가유속 류풍선정 유유존자 우유미자

微仲•王子比干•箕子•膠鬲, 皆賢人也, 相與輔相之, 故久而後失之也.
미중 왕자비간 기자 교격 개현인야 상여보상지 고구이후실지야

尺地, 莫非其有也; 一民, 莫非其臣也; 然而文王猶方百里起, 是以難也.
척지 막비기유야 일민 막비기신야 연이문왕유방백리기 시이난야

齊人有言曰:'雖有智慧, 不如乘勢; 雖有鎡基, 不如待時.' 今時則易然也:
제인유언왈 수유지혜 불여승세 수유자기 불여대시 금시즉이연야

夏后•殷•周之盛, 地未有過千里者也, 而齊有其地矣; 雞鳴狗吠相聞,
하후 은 주지성 지미유과천리자야 이제유기지의 계명구폐상문

而達乎四境, 而齊有其民矣. 地不改辟矣, 民不改聚矣, 行仁政而王,
이달호사경 이제유기민의 지불개벽의 민불개취의 행인정이왕

莫之能禦也. 且王者之不作, 未有疏於此時者也; 民之憔悴於虐政,
막지능어야 차왕자지부작 미유소어차시자야 민지초췌어학정

未有甚於此時者也. 飢者易爲食, 渴者易爲飮. 孔子曰:'德之流行,
미유심어차시자야 기자이위식 갈자이위음 공자왈 덕지류행

速於置郵而傳命.' 當今之時, 萬乘之國行仁政, 民之悅之, 猶解倒懸也.
속어치우이전명 당금지시 만승지국행인정 민지열지 유해도현야

故事半古之人, 功必倍之, 惟此時爲然."
고사반고지인 공필배지 유차시위연

02

공손추가 물었다.

"선생님께 만약 제나라 경상卿相의 지위를 맡아 선생님 주장을 추진할 수 있게 되면, 이로부터 패업을 이루든 왕업을 이루든 다를 것이 없다고 봅니다. 그러면 마음이 동요하시겠습니까?"

맹자가 말했다.

"아니다. 나는 마흔 이후로 마음이 더는 동요하지 않았다."

공손추가 말했다.

"그렇다면 선생님께서는 맹분孟賁보다 훨씬 강하십니다."

맹자가 말했다.

"그것은 어렵지 않다. 고자告子는 나보다 일찍 마음이 동요하지 않을 수 있었다."

공손추가 말했다.

"마음이 동요하지 않는 방법이 있습니까?"

맹자가 말했다.

"있다. 북궁유北宮黝가 용기를 배양할 때는 살갗을 찔려도 조금도 떨지 않았고, 눈을 찔려도 눈을 깜박이지 않았다. 그는 조금이라도 모욕을 당하면 마치 사람이 빽빽한 시장 한가운데에서 채찍으로 맞는 것처럼 여겼다. 비천한 사람의 모욕을 받아들일 수 없었고, 또한 대국 군주의 모욕도 받아들일 수 없었다. 대국의 군주를 찔러 죽이는 것을 비천한 사람을 찔러 죽이는 것과 마찬가지로 여겼다. 각국의 군주를 털끝만큼도 두려워하지 않았고 욕을 먹으면 반드시 반격했다.

맹시사孟施舍가 용기를 배양한 것은 또 다른 점이 있다. 그는 '나는 싸워 이길 수 없는 적을 대하는 것을 싸워 이길 수 있는 적을 대하는 것과 같이 한다. 먼저 적의 힘을 헤아리고 나서 전진하고, 승패를 가늠하고 나서 교전한다면, 이런 사람은 숫자가 많은 군대와 마주치면 반드시 두려워할 것이다'라고 말했다.

맹시사는 증자를 닮았고, 북궁유는 자하를 닮았다. 이 두 사람의 용기 중에서 누가 강하고 누가 약한지 나도 모르지만, 맹시사가 비교적 간단하고 행할 만하다. 예전에 증자가 자양에게 말했다. '너는 용감한 것을 좋아하느냐? 나는 일찍이 공 선생님께 큰 용기에 관한 말을 들은 적이 있다. 스스로 돌이켜 보아 정의가 내게 있지 않으면 상대방이 비천한 사람이라 할지라도 그가 나를 두려워하게 하지 않으며, 스스로 돌이켜 보아 정의가 확실히 내게 있으면 상대방이 천군만마라고 할지라도 나는 용감하게 전진한다.' 맹시사의 용기 배양은 단지 두려워하지 않는 기 하나를 보존하는 것일 뿐이요, 또한 증자의 방법만큼 간결하지 않다."

공손추가 말했다.

"저는 대담하게 묻겠습니다. 선생님께서 마음이 움직이지 않는 것과 고자가 마음이 움직이지 않는 것을 저에게 들려주실 수 있겠습니까?"

맹자가 말했다.

"고자는 '언어에서 얻을 수 없다면, 마음에서 구할 필요 없으며, 마음에서 얻을 수 없다면, 의기意氣에서 구할 필요 없다'고 했다. 마음에서 얻을 수 없으면 의기에서 구할 필요 없는 것은 맞는데, 언어에서 얻을 수 없으면 마음에서 구할 필요 없는 것은 맞지 않다. 의지는 감정을 통솔하는 주체요, 의기는 체내에 충만한 것이다. 의지가 이르면 의기는 거기에서 표현된다. 그러므로 나는 '의지를 굳건히 지니고 의기를 함부로 하지 말아야 한다'고 말한다."

공손추가 말했다.

"앞에서 '의지가 어느 곳에 이르면 의기 또한 거기에서 표현된다'고 하시고, 또 이어 '자기의 의지를 굳건히 정해야 할 것이요, 동시에 또한 자기의 의기 감정을 남용해서는 안 된다'고 하셨는데, 이는 무슨 이치입니까?"

맹자가 말했다.

"의지가 한 방면에 집중되면 의기 감정은 옮겨 간다. 또한 의기 감정이 한 방면에 집중되면 역시 의지에 영향을 끼쳐 요동되지 않을 수 없을 것이다. 비유하면 마치 넘어지는 것이나 뛰어가는 것과 같아서, 몸의 기가 어느 한 방면에 집중되어 있어 요동하는 것이지만 또한 의지에 영향을 끼치지 않을 수 없어서, 마음의 움직임을 조성한다."

공손추가 물었다.

"감히 여쭙겠습니다. 선생님께서는 어느 것에 뛰어나십니까?"

맹자가 말했다.

"나는 사람들의 말을 분석하는 것에 뛰어나며, 또한 내 호연지기浩然之氣를 배양하는 것에 뛰어나다."

공손추가 또 물었다.

"감히 여쭙겠습니다. 호연지기란 무엇입니까?"

맹자가 말했다.

"말하기 어렵다. 그 기氣는 가장 위대하고 가장 강건하다. 정의로 그것을 배양하여, 조금도 상해가 없으며, 천지 사이에 가득하다. 그 기는 반드시 의義와 도道와 짝하며, 이것이 없으면 사라진다. 그 기는 정의를 꾸준히 쌓아 나가서 만들어지는 것이지, 우연히 정의를 행하여 얻을 수 있는 것이 아니다. 한 가지라도 마음에 부끄러운 일을 하면, 그 기는 사그라든다.

그래서 나는 말하노니, 고자가 일찍이 의를 이해하지 못한 것은 마음 밖의 것으로 보았기 때문이다. 반드시 의를 길러야 하되, 특정한 목적이 있으면 안 된다. 시시각각 잊지 말고 기억하되, 생장을 억지로 도우려고 해서도 안 된다. 송宋나라 사람과 같은 경우가 있어서는 안 된다. 어떤 송나라 사람이 벼의 싹이 자라지 않는 것을 염려해 싹을 살짝 뽑아 올려 주었다. 아주 피곤한 모습으로 집으로 돌아와 집안 사람들에게 '오늘은 피곤하구나, 나는 벼의 싹이 자라는 것을 도와주었다'라고 했다. 그러자 아들이 재빨리 뛰어가서 보니, 벼의 싹이 모두 말라 버렸다.

사실 이와 같이 벼의 싹이 자라는 것을 도와주려는 것처럼 하지 않는 사람이 천하에 아주 적다. 의를 기르는 것이 아무 도움도 되지 않는다고 하여 버려두고 하지 않는 것은 농부가 풀을 매지 않는 것이나 마찬가지요, 생장하도록 도와주려는 사람은 싹을 뽑아 올리는 사람이다. 이것은 도움이 안 될 뿐 아니라 오히려 해치는 것이다."

공손추가 물었다.

"어떻게 해야 다른 사람의 말을 잘 분석할 수 있습니까?"

맹자가 대답했다.

"부분에 치우친 말은 편면성이 있다는 걸 알며, 과분한 언사는 적절성을 잃었다는 것을 알며, 정도에 맞지 않는 말은 진실과 거리가 멀다는 것을 알며, 피하는 언사는 논리가 궁함을 안다. 이 네 가지 말은 마음으로부터 만들어지는 것으로 정치에 해가 되며, 정치에서 나타나면 매사에 해가 된다. 성인이 다시 출현한다고 해도 내 말이 맞다는 것을 반드시 인정할 것이다."

공손추가 말했다.

"재아宰我, 자공子貢은 말을 하는 것에 뛰어났고, 염우冉牛, 민자閔子, 안연顔淵은 덕행을 말하는 것에 뛰어났습니다. 공자께서는 모두를 갖추고도, '나는 사령辭令은 정말 못한다'라고 하셨습니다. 그렇다면 선생님께서는 이미 성인이신가요?"

맹자가 말했다.

"아니! 이게 무슨 말이냐? 예전에 자공이 공자에게 '선생님께서는 성인이십니까?'라고 하자, 공자는 '성인은 될 수 없다, 나는 그저 공부하는 데 싫증 낼 줄 모르고, 가르치는 데 게을리하지 않을 뿐이다'라고 했고, 자공이 '공부하는 데 싫증 낼 줄 모르니, 이것은 지혜로운〔智〕 것이요, 사람을 가르치는 데 게을리하지 않으니, 이것은 어진〔仁〕 것입니다. 어질고 지혜로우시니, 선생님께서는 이미 성인이십니다'라고 했다. 성인이란 것에 대해서는 공자조차 감히 자처하지 못했는데, 이게 무슨 말이냐!"

공손추가 말했다.

"예전에 제가 들은 적이 있는데, 자하子夏, 자유子游, 자장子張은 각각 성인의 뛰어난 한 부분을 지녔고, 염우, 민자, 안연은 대체로 공자에 가까웠지만 공자만큼 넓고 깊지는 않았다고 합니다. 감히 여쭈어봅니다. 선생님께서는 어떠하다고 자처하십니까?"

맹자가 말했다.

"이에 대해서는 잠시 얘기하지 말자."

공손추가 물었다.

"백이伯夷와 이윤伊尹은 어떻습니까?"

맹자가 대답했다.

"같은 길을 가지 않았다. 백이는 이상적인 군주가 아니면 섬기지 않고, 이상적인 백성이 아니면 부리지 않고, 천하가 태평하면 세상에 나와 관직을 하고, 천하가 혼란하면 물러나 은거하였다. 이윤은 어떤 군주라도 모두 섬길 수 있고, 어떤 백성이라도 모두 부릴 수 있고, 태평해도 관직을 하고, 태평하지 않아도 관직을 하였다. 공자는 마땅히 관직을 해야 하면 관직을 하고, 마땅히 사직해야 하면 사직하고, 마땅히 계속 일해야 하면 계속 일하고, 마땅히 당장 떠나야 하면 당장 떠났다. 이들은 모두 고대의 성인으로, 나는 어느 것도 하지 못하였다. 내가 바라는 것이 있다면, 공자를 배우고 싶다."

공손추가 물었다.

"백이, 이윤과 공자는 마찬가지 아닙니까?"

맹자가 대답했다.

"아니다. 인류가 있었던 이래 공자 같은 사람은 없었다."

공손추가 물었다.

"그렇다면, 세 성인에게 같은 점이 있습니까?"

맹자가 대답했다.

"있다. 가로 세로 길이가 각 백 리 정도인 토지를 얻어서 그분들이 군왕이 된다면, 제후들이 와서 조회하게 하고, 천하를 통일할 수 있다. 만약 그분들에게 불의한 일을 하나 하거나 무고한 자를 하나 죽여서 천하를 얻으라고 하면 모두 하지 않는다. 이것이 같은 점이다."

공손추가 물었다.

"감히 묻겠습니다만, 그분들의 다른 점은 또한 어디에 있습니까?"

맹자가 답했다.

"재아, 자공, 유약 세 사람은 그분들의 지혜로 충분히 성인을 이해할 수 있으니, 좋아하는 사람만 편드는 지경에 이르지 않았다. 재아는 '내가 선생님을 보니 요순보다 훨씬 강하다'고 했고, 자공은 '일국의 예악제도를 보면 그 정치를 이해하고, 일국의 음악을 들으면 그 덕교를 안다. 가령 백대 이후 백대 이래 군왕을 평가한다 해도, 어떤 군왕도 공자의 도를 벗어날 수는 없다. 인류가 있었던 이래 그분의 경지에 이를 수 있는 사람은 없었다'고 했다.

유약은 '오직 인류만 높고 낮은 차이가 있겠느냐? 기린은 들짐승 중에서, 봉황은 날짐승 중에서, 태산은 흙이 쌓인 것 중에서, 황하와 바다는 시내 중에서, 어찌 일찍이 같은 부류가 아니었겠는가만, 성인과 보통 사람은 같은 부류지만, 성인은 그 부류를 아주 멀리 뛰어넘었고, 그 무리로부터 아주 크고 높이 솟아났다. 인류가 있었던 이래 공자보다 더욱 위대한 사람은 없었다'고 했다."

○ 공손추와 맹자의 대화가 상당히 길게 이어지면서 맹자를 이해하는 데 중요한 사상과 용어가 등장한 장이다.
애초에 공손추는 제나라 사람답게 맹자에게 제나라 최고 지위를 주면 제나라를 어떤 방향으로 이끌어갈 지 묻는 것으로 대화가 시작되었다. 이를 계기로 맹자는 어떤 것에도 흔들리지 않는 '부동심', 부동심을 키우는 데 대표적 덕목인 '용기', 세상 어떤 것에도 당당하게 마주하는 '호연지기', 이상적 덕목으로서의 '인'과 '지', 각각 다른 길을 걸었지만 인격을 완성한 성인인 '백이, 이윤, 공자' 등에 대해 이야기했다.

公孫丑問曰: "夫子加齊之卿相, 得行道焉, 雖由此覇王, 不異矣. 如此,
공손추문왈 부자가제지경상 득행도언 수유차패왕 불이의 여차

則動心否乎?"
즉동심부호

孟子曰: "否; 我四十不動心."
맹자왈 부 아사십부동심

曰: "若是, 則夫子過孟賁遠矣."
왈 약시 즉부자과맹분원의

曰: "是不難, 告子先我不動心."
왈 시불난 고자선아부동심

曰: "不動心有道乎?"
왈 부동심유도호

曰: "有. 北宮黝之養勇也: 不膚橈, 不目逃, 思以一豪挫於人,
왈 유 북궁유지양용야 불부요 불목도 사이일호좌어인

若撻之於市朝; 不受於褐寬博, 亦不受於萬乘之君; 視刺萬乘之君,
약달지어시조 불수어갈관박 역불수어만승지군 시자만승지군

若刺褐夫; 無嚴諸侯, 惡聲至, 必反之. 孟施舍之所養勇也, 曰: '視不勝猶勝也;
약자갈부 무엄제후 악성지 필반지 맹시사지소양용야 왈 시불승유승야

量敵而後進, 慮勝而後會, 是畏三軍者也. 舍豈能爲必勝哉? 能無懼而已矣?'
량적이후진 려승이후회 시외삼군자야 사기능위필승재 능무구이이의

孟施舍似曾子, 北宮黝似子夏. 夫二子之勇, 未知其孰賢, 然而孟施舍守約也.
맹시사사증자 북궁유사자하 부이자지용 미지기숙현 연이맹시사수약야

昔者曾子謂子襄曰:‘子好勇乎? 吾嘗聞大勇於夫子矣: 自反而不縮,
석자증자위자양왈 자호용호 오상문대용어부자의 자반이불축

雖褐寬博, 吾不惴焉; 自反而縮, 雖千萬人, 吾往矣.’ 孟施舍之守氣,
수갈관박 오불췌언 자반이축 수천만인 오왕의 맹시사지수기

又不如曾子之守約也.”
우불여증자지수약야

曰: “敢問夫子之不動心與告子之不動心, 可得聞與?”
왈 감문부자지부동심여고자지부동심 가득문여

“告子曰: ‘不得於言, 勿求於心; 不得於心, 勿求於氣.’ 不得於心, 勿求於氣, 可;
고자왈 부득어언 물구어심 부득어심 물구어기 부득어심 물구어기 가

不得於言, 勿求於心, 不可. 夫志, 氣之帥也; 氣, 體之充也. 夫志至焉, 氣次焉;
부득어언 물구어심 불가 부지 기지수야 기 체지충야 부지지언 기차언

故曰: ‘持其志, 無暴其氣.’”
고왈 지기지 무폭기기

“既曰, ‘志至焉, 氣次焉.’ 又曰, ‘持其志, 無暴其氣.’者, 何也?”
기왈 지지언 기차언 우왈 지기지 무폭기기 자 하야

曰: “志壹則動氣, 氣壹則動志也. 今夫蹶者趨者, 是氣也, 而反動其心.”
왈 지일즉동기 기일즉동지야 금부궐자추자 시기야 이반동기심

“敢問夫子惡乎長?”
감문부자오호장

曰: “我知言, 我善養吾浩然之氣.”
왈 아지언 아선양오호연지기

“敢問何謂浩然之氣?”
감문하위호연지기

曰: “難言也. 其爲氣也, 至大至剛, 以直養而無害, 則塞於天地之間.
왈 난언야 기위기야 지대지강 이직양이무해 즉색어천지지간

其爲氣也, 配義與道; 無是, 餒也. 是集義所生者, 非義襲而取之也.
기위기야 배의여도 무시 뇌야 시집의소생자 비의습이취지야

行有不慊於心, 則餒矣. 我故曰, 告子未嘗知義, 以其外之也. 必有事焉,
행유불겸어심 즉뇌의 아고왈 고자미상지의 이기외지야 필유사언

而勿正, 心勿忘, 勿助長也. 無若宋人然: 宋人有閔其苗之不長而揠之者,
이물정 심물망 물조장야 무약송인연 송인유민기묘지부장이알지자

芒芒然歸, 謂其人曰: ‘今日病矣! 予助苗長矣!’ 其子趨而往視之, 苗則槁矣.
망망연귀 위기인왈 금일병의 여조묘장의 기자추이왕시지 묘즉고의

天下之不助苗長者寡矣. 以爲無益而舍之者, 不耘苗者也; 助之長者,
천하지부조묘장자과의 이위무익이사지자 불운묘자야 조지장자

揠苗者也. 非徒無益, 而又害之.”
알묘자야 비도무익 이우해지

"何謂知言?"
하위지언

曰: "詖辭知其所蔽, 淫辭知其所陷, 邪辭知其所離, 遁辭知其所窮. 生於其心,
왈 피사지기소폐 음사지기소함 사사지기소리 둔사지기소궁 생어기심

害於其政; 發於其政, 害於其事. 聖人復起, 必從吾言矣."
해어기정 발어기정 해어기사 성인부기 필종어언의

"宰我·子貢善爲說辭, 冉牛·閔子·顏淵善言德行. 孔子兼之, 曰: '我於辭命,
재아 자공선위설사 염우 민자 안연선언덕행 공자겸지 왈 아어사명

則不能也.' 然則夫子旣聖矣乎?"
즉불능야 연즉부자기성의호

曰: "惡! 是何言也? 昔者子貢問於孔子曰: '夫子聖矣乎?' 孔子曰: '聖則吾不能,
왈 오 시하언야 석자자공문어공자왈 부자성의호 공자왈 성즉오불능

我學不厭而教不倦也.' 子貢曰: '學不厭, 智也; 教不倦, 仁也. 仁且智,
아학불염이교불권야 자공왈 학불염 지야 교불권 인야 인차지

夫子旣聖矣.' 夫聖, 孔子不居. 是何言也?"
부자기성의 부성 공자불거 시하언야

"昔者竊聞之: 子夏·子游·子張皆有聖人之一體, 冉牛·閔子·
석자절문지 자하 자유 자장개유성인지일체 염우 민자

顏淵則具體而微, 敢問所安."
안연즉구체이미 감문소안

曰: "姑舍是."
왈 고사시

曰: '伯夷·伊尹何如?'
왈 백이 이윤하여

曰: "不同道. 非其君不事, 非其民不使; 治則進, 亂則退, 伯夷也. 何事非君,
왈 부동도 비기군불사 비기민불사 치즉진 란즉퇴 백이야 하사비군

何使非民; 治亦進, 亂亦進, 伊尹也. 可以仕則仕, 可以止則止, 可以久則久,
하사비민 치역진 란역진 이윤야 가이사즉사 가이지즉지 가이구즉구

可以速則速, 孔子也. 皆古聖人也, 吾未能有行焉; 乃所願, 則學孔子也."
가이속즉속 공자야 개고성인야 오미능유행언 내소원 즉학공자야

"伯夷·伊尹於孔子, 若是班乎?"
백이 이윤어공자 약시반호

曰: "否; 自有生民而來, 未有孔子也."
왈 부 자유생민이래 미유공자야

曰: "然則有同與?"
왈 연즉유동여

曰: "有. 得百里之地而君之, 皆能以朝諸侯, 有天下; 行一不義, 殺一不辜,
왈 유 득백리지지이군지 개능이조제후 유천하 행일불의 살인불고

而得天下, 皆不爲也. 是則同."
이득천하 개불위야 시즉동

曰: "敢問其所以異."
왈 감문기소이이

曰: "宰我·子貢·有若, 智足以知聖人,
왈 재아 자공 유약 지족이지성인

汙不至阿其所好. 宰我曰: '以予觀於夫子, 賢於堯·舜遠矣.' 子貢曰:
오부지아기소호 재아왈 어여관어부자 현어요 순원의 자공왈

'見其禮而知其政, 聞其樂而知其德, 由百世之後, 等百世之王, 莫之能違也.
견기례이지기정 문기악이지기덕 유백세지후 등백세지왕 막지능위야

自生民以來, 未有夫子也.' 有若曰: '豈惟民哉, 麒麟之於走獸, 鳳凰之於飛鳥,
자생민이래 미유부자야 유약왈 기유민재 기린지어주수 봉황지어비조

太山之於丘垤, 河海之於行潦, 類也. 聖人之於民, 亦類也. 出於其類,
태산지어구질 하해지어행료 류야 성인지어민 역류야 출어기류

拔乎其萃, 自生民以來, 未有盛乎孔子也."
발호기췌 자생민이래 미유성호공자야

03

맹자가 말했다.

"힘으로 인仁을 가장하는 자는 패자가 될 수 있으니, 패자가 되려면 반드시 큰 나라가 있어야 한다. 덕으로 인을 실행하면 왕이 될 수 있으니, 왕은 큰 나라가 필요 없다. 탕은 사방 칠십 리 땅으로 시작했고, 문왕은 사방 백 리 땅으로 시작했다.

힘으로 사람을 복종시키면 마음으로 복종하지 않으니, 힘이 부족해서 어쩔 수 없이 복종하기 때문이다. 덕으로 사람을 복종시키면 마음으로 기뻐하며 정성으로 복종한다. 제자 칠십 명이 공자를 따르는 것과 같다. 《시경》에서 '동쪽에서 서쪽에서, 남쪽에서 북쪽에서, 마음으로 기뻐하고 진심으로 따르지 않는 자가 없네'라고 했는데, 바로 이 의미이다."

○ 힘으로 제압하는 정치가 있고 덕으로 감화하는 정치가 있으니, 전자를 패도 정치라고 하고 후자를 왕도 정치라고 한다. 전자는 사람들을 압도하는 규모가 필요하지만, 후자는 규모를 따질 필요 없다는 말이다.

孟子曰: "以力假仁者覇, 覇必有大國; 以德行仁者王, 王不待大.
맹자왈 이력가인자패 패필유대국 이덕행인자왕 왕부대대

湯以七十里, 文王以百里. 以力服人者, 非心服也, 力不贍也; 以德服人者,
탕이칠십리 문왕이백리 이력복인자 비심복야 력불섬야 이덕복인자

中心悅而誠服也, 如七十子之服孔子也. 詩云: '自西自東, 自南自北,
중심열이성복야 여칠십자지복공자야 시운 자서자동 자남자북

無思不服.' 此之謂也."
무사불복 차지위야

04

맹자가 말했다.

"어진 정치를 행하면 영광이 있을 것이요, 어질지 않은 정치를 행하면 굴욕을 당할 것이다. 지금 사람들은 굴욕을 싫어하면서 어질지 않은 것을 자처하니, 이는 젖는 것을 싫어하면서 낮고 움푹 패인 곳에 있는 것과 같다.

정말로 굴욕을 싫어한다면, 덕을 귀하게 여기고 인물을 존경하는 것이 제일이다. 덕행이 있는 사람이 그에 상당한 관직에 있게 하고, 재능이 있는 사람이 적절한 직무를 담당하게 하고, 국가에 내우외환이 없는 때를 틈타 정치 법전을 밝게 정리하면, 강대한 이웃 나라라고 해도 반드시 두려워할 것이다.

《시경》에서 '비 안 오고 구름 없는 이 때, 뽕의 뿌리껍질 벗겨내고, 문과 창을 수리하네. 아래 있는 사람들이, 누가 감히 나를 업신여기리오'라고 했고, 공자는 '이 시를 지은 사람은 이치를 아는구나. 그의 국가를 충분히 다스릴 수 있으리니, 누가 감히 그를 모욕하겠느냐'라고 했다.

지금 국가에 내우외환이 없는데, 향락을 추구하고 나태하게 놀기만 하니, 이는 자기가 화를 찾아가는 것과 같다. 화나 복은 자기가 찾아가지 않는 것이 없다. 《시경》에서 '영원히 천명과 짝하여, 스스로 많은 복 찾으리'라고 했고, 《서경》의 〈태갑太甲〉에서도 또한 '하늘이 내리는 재해는 피할 수 있지만, 자기가 불러온 죄의 싹은 피할 수 없다네'고 하였으니, 바로 이 뜻이다."

○ 아직 우환이 없을 때 나태하지 말고, 덕이 있는 자를 존중하고 등용해 요직에 있게 하면, 이웃 나라에서 두려워하면서 함부로 넘보지 않게 될 거라는 말이다.

孟子曰:"仁則榮, 不仁則辱; 今惡辱而居不仁, 是猶惡濕而居下也. 如惡之,
맹자왈 인즉영 불인즉욕 금오욕이거불인 시유오습이거하야 여오지

莫如貴德而尊士, 賢者在位, 能者在職; 國家閒暇, 及是時, 明其政刑. 雖大國,
막여귀덕이존사 현자재위 능자재직 국가한가 급시시 명기정형 수대국

必畏之矣. 詩云:'迨天之未陰雨, 徹彼桑土, 綢繆牖戶. 今此下民, 或敢侮予?'
필외지의 시운 태천지미음우 철피상토 주무유호 금차하민 혹감모여

孔子曰:'爲此詩者, 其知道乎! 能治其國家, 誰敢侮之?' 今國家閒暇, 及是時,
공자왈 위차시자 기지도호 능치기국가 수감모지 금국가한가 급시시

般樂怠敖, 是自求禍也. 禍福無不自己求之者. 詩云:'永言配命, 自求多福.'
반락태오 시자구화야 화복무부자기구지자 시운 영언배명 자구다복

太甲曰:'天作孼, 猶可違; 自作孼, 不可活.' 此之謂也."
태갑왈 천작얼 유가위 자작얼 불가활 차지위야

05

맹자가 말했다.

"도덕이 있는 사람을 존경하고 능력이 있는 사람을 고용하고 걸출한 사람이 모두 관직에 있으면 천하의 인물들이 모두 기뻐하며 그 나라의 조정에서 미관말직이나마 얻기를 원할 것이요.

시장에서 점포를 제공해 주되 세를 징수하지 않고, (팔리지 않고 쌓인 물품을) 법에 의해 징발 구매하여 오랫동안 적체되게 하지 않으면, 천하의 상인들이 모두 기뻐하며 화물을 그 시장에 놓아두기를 원할 것이요.

세관에서 단지 검사만 하고 세를 징수하지 않으면, 천하의 여행객들이 모두 기뻐하며 그곳의 길을 지나기를 원할 것이요.

밭을 가는 사람에게 정전제를 실행하여 단지 공전公田만 도와 경작하게 하고 세를 징수하지 않으면, 천하의 농부들이 모두 기뻐하며 그곳의 경작지에서 농사짓기를 원할 것이요.

사람들이 거주하는 곳에 정해진 세금 외에 노역전과 지세가 없으면 천하의 백성들이 모두 기뻐하며 그곳에서 살기를 원할 것이다.

진정으로 이 다섯 항목을 시행할 수 있다면, 인근 국가의 백성들이 모두 부모와 마찬가지로 애모할 것이다. 자녀를 거느리고 와서 부모를 공격하는 것은 인류가 있었던 이래로 성공한 경우가 없다. 이와 같이 한다면 천하에 적이 없을 것이다. 천하에 적이 없는 사람을 천리天吏라고 한다. 그런데도 천하를 통일하지 못한 경우는 일찍이 없었다."

○ 맹자의 정치관과 경제관을 초보적으로 알 수 있는 장이다. 덕망과 능력이 뛰어난 사람이 알맞은 곳에서 일하고, 물건을 교역할 시장을 제공해 주되 심하게 과세하지 않고, 정전제를 채택하여 9분의 1 세율을 시행하면, 천하 사람들이 이를 알고 그런 군주의 백성이 되고 싶어 할 것이니, 다른 나라를 공격하지 않고도 인구와 영토를 넓히는 효과를 얻게 된다는 말이다.

孟子曰: "尊賢使能, 俊傑在位, 則天下之士皆悅, 而願立於其朝矣; 市,
맹자왈 존현사능 준걸재위 즉천하지사개열 이원립어기조의 시

廛而不征, 法而不廛, 則天下之商皆悅, 而願藏於其市矣; 關, 譏而不征,
전이부정 법이부전 즉천하지상개열 이원장어기시의 관 기이부정

則天下之旅皆悅, 而願出於其路矣; 耕者, 助而不稅, 則天下之農皆悅,
즉천하지려개열 이원출어기로의 경자 조이불세 즉천하지농개열

而願耕於其野矣; 廛, 無夫里之布, 則天下之民皆悅, 而願爲之氓矣.
이원경어기야의 전 무부리지포 즉천하지민개열 이원위지맹의

信能行此五者, 則鄰國之民仰之若父母矣. 率其子弟, 攻其父母,
신능행차오자 즉린국지민앙지약부모의 솔기자제 공기부모

自有生民以來未有能濟者也. 如此, 則無敵於天下. 無敵於天下者,
자유생민이래미유능제자야 여차 즉무적어천하 무적어천하자

天吏也. 然而不王者, 未之有也."
천리야 연이불왕자 미지유야

06

맹자가 말했다.

"사람마다 모두 다른 사람을 가련히 여기는 심정이 있다. 선왕은 다른 사람을 가련히 여기는 심정이 있었기 때문에 다른 사람을 가련히 여기는 정치가 있었다. 다른 사람을 가련히 여기는 심정으로 다른 사람을 가련히 여기는 정치를 실시하면, 천하를 다스리는 것은 손바닥 안에 조그만 물건을 움직이는 것처럼 쉬울 것이다.

사람마다 모두 다른 사람을 가련히 여기는 심정이 있다고 말하는 이유는 다음과 같다. 비유를 들자면, 지금 한 어린아이가 갑자기 우물 안으로 빠지려고 하는 것을 보았다면, 어떤 사람이든 모두 깜짝 놀라서 동정하는 마음이 생길 것이다. 이런 마음이 생기는 것은 그 어린아이의 부모와 사귄 정이 있어서도 아니고, 향리의 친구들 사이에서 명예를 얻으려고 하는 것도 아니고, 또한 그 어린아이의 울음소리를 싫어해서 그런 것도 아니다.

이로부터 보면, 동정하는 마음이 없다면 사람이 아니며, 수치스러워 하는 마음이 없다면 사람이 아니며, 사양하는 마음이 없다면 사람이 아니며, 시비를 따지는 마음이 없다면 사람이 아니다.

동정하는 마음은 인仁의 싹이요, 수치스러워하는 마음은 의義의 싹이요, 사양하는 마음은 예禮의 싹이요, 시비를 따지는 마음은 지智의 싹이다. 사람에게 이 네 가지 싹이 있는 것은 마치 그에게 수족 사지가 있는 것과 같다. 이 네 가지 싹이 있는데 자기는 행할 수 없는 사람이라고 생각한다면, 이는 자포자기하는 사람이요. 그의 군주가 행할 수 없다고 생각하는 사람은 군주를 포기하는 사람이다.

이 네 가지 싹을 가지고 있는 사람이 이를 확충할 것을 깨닫는 다면 한창 타오르는 불길 같을 것이요, 한창 흘러나오는 샘물 같을 것이다. 만약 확충할 수 있으면 천하를 안정시키기에 충분할 것이요, 만약 확충하지 않으면 부모를 봉양하는 것조차 할 수 없을 것이다."

○ 맹자의 대표적 발언 사단설이 등장하는 부분이다. 인간에게는 누구나 측은지심, 수오지심, 사양지심, 시비지심 등을 발휘할 본성이 있고, 이것을 확충해 실현하는 것이 사람의 도라고 했다.

孟子曰:"人皆有不忍人之心. 先王有不忍人之心,
맹자왈 인개유불인인지심 선왕유불인인지심

斯有不忍人之政矣. 以不忍人之心, 行不忍人之政, 治天下可運之掌上.
사유불인인지정의 이불인인지심 행불인인지정 치천하가운지장상

所以謂人皆有不忍人之心者, 今人乍見孺子將入於井, 皆有怵惕惻隱之心.
소이위인개유불인인지심자 금인사견유자장입어정 개유출척측은지심

非所以內交於孺子之父母也, 非所以要譽於鄕黨朋友也, 非惡其聲而然也.
비소이내교어유자지부모야 비소이요예어향당붕우야 비오기성이연야

由是觀之, 無惻隱之心, 非人也; 無羞惡之心, 非人也; 無辭讓之心,
유시관지 무측은지심 비인야 무수오지심 비인야 무사양지심

非人也; 無是非之心, 非仁也. 惻隱之心, 仁之端也; 羞惡之心, 義之端也;
비인야 무시비지심 비인야 측은지심 인지단야 수오지심 의지단야

辭讓之心, 禮之端也; 是非之心, 智之端也. 人之有是四端也, 猶其有四體也.
사양지심 례지단야 시비지심 지지단야 인지유시사단야 유기유사체야

有是四端而自謂不能者, 自賊者也; 謂其君不能者, 賊其君者也.
유시사단이자위불능자 자적자야 위기군불능자 적기군자야

凡有四端於我者, 知皆擴而充之矣, 若火之始然, 泉之始達. 苟能充之,
범유사단어아자 지개확이충지의 약화지시연 천지시달 구능충지

足以保四海; 苟不充之, 不足以事父母."
족이보사해 구불충지 부족이사부모

07

맹자가 말했다.

“화살을 만드는 사람이 방패를 만드는 사람보다 설마 본성이 잔인하겠느냐? 화살을 만드는 사람은 그의 화살이 사람을 해치지 못할까 줄곧 걱정하고, 방패를 만드는 사람은 그의 방패가 칼과 화살을 막지 못할까 줄곧 걱정하겠느냐? 무당과 목수도 이와 같으니, 사람이 생계를 꾸려가는 방법을 선택하는 데 신중하지 않을 수 없음을 알 수 있다.

공자는 ‘인仁’과 함께 처하는 것이 좋다. 인을 선택하여 처하지 않으면, 어찌 총명하다고 할 수 있겠는가’라고 말했다. 인은 하늘에서 가장 존귀한 작위이며, 사람에게 가장 편안한 주택이다. 가로막는 사람이 없는데, 도리어 인을 행하지 않다면, 이는 어리석은 것이다.

어질지 않고, 불인不仁, 부지不智, 무례無禮, 무의無義한 사람은 오직 다른 사람의 종복이 될 수 있을 뿐이다. 본디 종복이 되는 것이 마땅한데, 도리어 자기는 부끄러워하니, 이는 마치 활을 만드는 사람이 활을 만드는 것을 수치로 여기고 화살을 만드는 사람이 화살을 만드는 것을 수치로 여기는 것과 같다. 만약 정말 수치로 여긴다면 인을 잘 행하는 것만 못하다.

인을 행하는 사람은 활쏘기 시합을 하는 사람과 같다. 활을 쏘는 사람은 먼저 자기의 자세를 단정히 한 후 활을 쏜다. 명중하지 않아도 자기를 이긴 사람을 원망하지 않고, 자신에게 돌이켜 문책할 뿐이다.”

○ 여기서 인용한 공자의 말은《논어》의〈이인〉편에 보인다. 인은 마치 집과 길과 같아서, 누구나 언제나 거처를 정할 때는 인의 집에서 묵고, 걸을 때는 인의 길을 걸어야 한다는 말이다.

孟子曰:“矢人豈不仁於函人哉? 矢人惟恐不傷人, 函人惟恐傷人. 巫匠亦然.
맹자왈 시인기불인어함인재 시인유공불상인 함인유공상인 무장역연

故術不可不愼也. 孔子曰:‘里仁爲美. 擇不處仁, 焉得智?’ 夫仁, 天之尊爵也,
고술불가불신야 공자왈 리인위미 택불처인 언득지 부인 천지존작야

人之安宅也. 莫之禦而不仁, 是不智也. 不仁·不智, 無禮·無義, 人役也.
인지안택야 막지어이불인 시부지야 불인 부지 무례 무의 인역야

人役而恥爲役, 由弓人而恥爲弓, 矢人而恥爲矢也. 如恥之, 莫如爲仁.
인역이치위역 유궁인이치위궁 시인이치위시야 여치지 막여위인

仁者如射: 射者正己而後發; 發而不中, 不怨勝己者, 反求諸己而已矣.”
인자여사 사자정기이후발 발이부중 불원승기자 반구저기이이의

08

맹자가 말했다.

"자로는 다른 사람이 잘못을 지적해 주면 기뻐했다. 우禹는 선한 말을 들으면 그 사람에게 인사했다. 위대한 순舜은 더욱 대단했다. 순은 선을 행하는 것에서 다른 사람과 자기의 구분이 없어, 자기의 옳지 않은 것을 버리고, 사람들의 옳은 것을 받아들였고, 아주 즐겁게 다른 사람의 장점을 받아들여 선을 실천했다. 그가 농사짓고, 그릇 굽고, 고기잡이할 때부터 천자가 되기까지, 어느 한 가지 장점도 다른 사람으로부터 받아들이지 않은 것이 없었다.

다른 사람의 장점을 받아들여 자기가 선을 행하는 것, 이것이 바로 다른 사람과 함께 선을 행하는 것이다. 따라서 군자의 최고의 덕행은 바로 다른 사람과 함께 선을 행하는 것이다."

○ '우는 선한 말을 들으면 인사했다'는 말은《서경》에 나오는 말이다. 우는 전설에서 치수에 성공하여 하나라를 개창한 위대한 인물이다.

순은 우가 치수에 성공하자 우에게 천하를 물려주었다고 하는 전설의 왕이다. 순도 온갖 고생을 하던 도중 요에 의하여 발탁되었다고 한다.

孟子曰:"子路, 人告之以有過, 則喜. 禹聞善言, 則拜. 大舜有大焉, 善與人同,
맹자왈 자로 인고지이유과 즉희 우문선언 즉배 대순유대언 선여인동

捨己從人, 樂取於人以爲善. 自耕稼•陶•漁以至爲帝, 無非取於人者.
사기종인 락취어인이위선 자경가 도 어이지위제 무비취어인자

取諸人以爲善, 是與人爲善者也. 故君子莫大乎與人爲善."
취저인이위선 시여인위선자야 고군자막대호여인위선

09

맹자가 말했다.

"백이는 이상적 군주가 아니면 받들지 않았고, 이상적 친구가 아니면 사귀지 않았다. 나쁜 사람의 조정에 서지 않았고, 나쁜 사람과 말을 하지 않았다. 나쁜 사람의 조정에 서고 나쁜 사람과 말하는 것을 마치 예복을 입고 예모를 쓰고 진흙탕 길이나 잿더미 위에 앉아 있는 것처럼 여겼다. 나쁜 사람과 나쁜 일을 싫어하는 이런 심정을 넓혀 나가, 마을에서 어떤 사람과 함께 서 있는데 만약 그 사람이 모자를 바르게 쓰지 않았으면 원망스러운 듯이 떠나가서 더러움에 물들지 않으려는 것 같았다. 따라서 당시 각국 군주들이 비록 좋은 말로 그를 불러들였어도 그는 받아들이지 않았던 것이다. 그가 받아들이지 않은 것은 바로 자기가 가까이 가는 것을 꺼려했기 때문이다.

류하혜柳下惠는 나쁜 군주를 받드는 것을 수치스러운 것으로 여기지 않았고, 자기의 관직이 작은 것을 낮다고 여기지 않았다. 조정에 들어가 관리가 되서는 자기 재능을 감추지 않았으며, 반드시 자신의 원칙에 따라 일을 처리했다. 군주에게 자신이 버림받아도 원망하지 않았고, 곤궁에 처해도 근심하지 않았다. 그래서 그는 '너는 너요, 나는 나다, 네가 가령 내 곁에서 발가벗고 있는다고 해도, 어떻게 나를 더럽힐 수 있겠느냐?'고 했다. 따라서 어떤 사람을 막론하고 그는 모두 기쁘게 길을 함께했고, 아울러 조금도 평상의 상태를 잃지 않았다. 그를 끌어당기며 머물라고 하면, 그는 머물렀다. 그에게 머물라고 하면 머문 것도 그는 바로 떠날 필요가 없었기 때문이다."

맹자가 또 말했다.

“백이는 그릇이 너무 작았고, 류하혜는 너무 엄숙하지 못했다. 그릇이 너무 작은 것과 너무 엄숙하지 못한 것, 군자는 이와 같이 하지는 않는다.”

○ 백이와 류하혜는 신념에 따라 다르게 처신한 옛날 현인이다. 백이는 오직 옳은 것만 보고 듣고, 옳지 않은 군주에게는 나가지 않았다. 이와 달리 류하혜는 어떤 군주든 자기가 그를 옳은 길로 인도할 사명이 있다고 여겼고, 출사해서 일하고자 노력했다.

孟子曰:“伯夷, 非其君, 不事; 非其友, 不友. 不立於惡人之朝, 不與惡人言;
맹자왈 백이 비기군 불사 비기우 불우 불립어악인지조 불여악인언

立於惡人之朝, 與惡人言, 如以朝衣朝冠坐於塗炭. 推惡惡之心, 思與鄕人立,
립어악인지조 여악인언 여이조의조관좌어도탄 추오악지심 사여향인립

其冠不正, 望望然去之, 若將浼焉. 是故諸侯雖有善其辭命而至者, 不受也.
기관부정 망망연거지 약장매언 시고제후수유선기사명이지자 불수야

不受也者, 是亦不屑就已. 柳下惠不羞汙君, 不卑小官; 進不隱賢, 必以其道;
불수야자 시역불설취이 류하혜불수오군 불비소관 진불은현 필이기도

遺佚而不怨, 阨窮而不憫. 故曰, ‘爾爲爾, 我爲我, 雖袒裼裸裎於我側,
유일이불원 액궁이불민 고왈 이위이 아위아 수단석라정어아측

爾焉能浼我哉?’ 故由由然與之偕而不自失焉. 援而止之而止.
이언능매아재 고유유연여지해이부자실언 원이지지이지

援而止之而止者, 是亦不屑去已.” 孟子曰:“伯夷隘, 柳下惠不恭.
원이지지이지자 시역불설거이 맹자왈 백이애 류하해불공

隘與不恭, 君子不由也.”
애여불공 군자불유야

제4편

공손추 하

公孫丑

01

맹자가 말했다.

"천시天時는 지리地利만 못하고, 지리는 인화人和만 못하다.

가로와 세로 길이가 3리인 내성과 가로와 세로 길이가 7리인 외성이라도 포위하고 공격해서 이기지 못할 때가 있다. 포위해서 공격한다는 것은 필시 천시를 얻었을 것이다. 그런데도 이기지 못하니, 이것이 바로 천시가 지리만 못하다는 것을 말해 주는 것이다.

성벽이 높지 않은 것도 아니요, 해자가 깊지 않은 것도 아니요, 병기와 갑주가 예리하고 견고하지 않은 것도 아니요, 양식이 많지 않은 것도 아닌데 성을 버리고 도망한다면, 이것이 바로 지리가 인화만 못함을 말해 주는 것이다.

그러므로 나는 말한다. 백성을 제한하는 데 국가의 경계를 기준으로 할 필요 없고, 국가의 방어를 산천의 험함에 의지할 필요 없고, 천하에 위엄을 행하는 데 예리한 무기에 의지할 필요 없다. 어진 정치를 행하면 돕는 사람이 많을 것이요, 어진 정치를 행하지 않으면 돕는 사람이 적을 것이다. 돕는 사람이 적어져서 극점에 이르렀을 때는 친척조차 등 돌리고, 돕는 사람이 많아져서 극점에 이르렀을 때는 온 천하가 모두 따를 것이다.

온 천하가 따르는 힘으로 친척조차 등 돌리는 사람을 공격하는 것이다. 그러므로 군자는 싸울 필요도 없을 것이며, 싸우면 반드시 승리할 것이다."

○ 양백준의 견해에 따르면 천시, 지리, 인화는 국가 경영이나 전쟁에서 좋은 결과를 얻게 해주는 세 가지 조건으로 당시 흔히 거론된 성어의 일종인 듯하다. 천시는 농사에 적절한 시기를 말한다는 설이 하나 있고, 맑거나 흐리고 덥고 추운 날씨나 아침, 저녁 등 전쟁에 영향을 미치는 시각을 말한다는 설도 있다. 지리는 생산력을 말하기도 하고, 지리적 이점을 말하기도 한다. 인화는 인화단결을 말한다. 여기서 맹자는 가장 중요한 것으로 인화를 꼽았다. 그렇다고 해서 천시나 지리를 중요하게 여기지 않았다고 말할 수는 없다.

孟子曰:"天時不如地利, 地利不如人和.
맹자왈 천시불여지리 지리불여인화

三里之城, 七里之郭, 環而攻之而不勝. 夫環而攻之, 必有得天時者矣;
삼리지성 칠리지곽 환이공지이불승 부환이공지 필유득천시자의

然而不勝者, 是天時不如地利也. 城非不高也, 池非不深也, 兵革非不堅利也;
연이불승자 시천시불여지리야 성비불고야 지비불심야 병혁비불견리야

米粟非不多也; 委而去之, 是地利不如人和也. 故曰: 域民不以封疆之界,
미속비부다야 위이거지 시지리불여인화야 고왈 역민불이봉강지계

固國不以山谿之險, 威天下不以兵革之利. 得道者多助, 失道者寡助.
고국불이산계지험 위천하불이병혁지리 득도자다조 실도자과조

寡助之至, 親戚畔之; 多助之至, 天下順之. 以天下之所順, 攻親戚之所畔;
과조지지 친척반지 다조지지 천하순지 이천하지소순 공친척지소반

故君子有不戰, 戰必勝矣."
고군자유부전 전필승의

02

맹자가 제나라 왕을 찾아가 만날 계획이었다. 마침 왕이 사람을 보내와 말했다.

"원래 제가 선생님을 찾아가 만나야 하지만 감기가 들어서 바람을 쏘일 수 없습니다. 선생님께서 조정에 오셔서 만나는 것을 허락하신다면 좋겠습니다만, 제게 선생님을 만날 기회를 주실 수 있을지 모르겠습니다."

맹자가 대답했다.

"너무 안됐습니다만, 저도 병이 있어서 조정에 나갈 수 없습니다."

다음날 맹자는 동곽대부東郭大夫 집에 문상을 가려고 했다. 공손추가 말했다.

"어제는 병이 있다고 하시면서 왕이 불러 만나자는 것을 사절하셨는데, 오늘은 문상을 가시려 하시니, 옳지 않은 것이 아닌가요?"

맹자가 말했다.

"어제는 병이 났었지만, 오늘은 나았다. 왜 문상을 가지 말란 말이냐?"

제나라 왕이 문병하라고 사람을 보내고, 의사도 함께 보냈다.

맹중자孟仲子가 대처해 말했다.

"어제 왕께서 오라고 부르셨는데, 자그마한 병이 생겨 명을 받들어 조정에 가지 못했습니다. 오늘 마침 조금 차도가 있어서 조정으로 달려가려 하는데, 다만 도착할 수 있을지 모르겠습니다." 이어 맹중자는 몇 사람을 보내 맹자가 귀가하는 길목에서 지키고 있다가 맹자를 세워서 "집으로 가시면 안 되고, 속히 서둘러서 조정으로 가셔야 합니다"라고 말하게 했다.

맹자는 방법이 없어 경축景丑의 집으로 가서 묵었다.

경축이 말했다.

"가정 안으로는 부자 관계가 있고, 가정 밖으로는 군신 관계가 있어, 이는 사람과 사람 사이에서 가장 중요한 관계입니다. 부자지간에는 자애를 위주로 하고, 군신지간에는 공경을 위주로 합니다. 저는 왕이 선생님을 공경하는 것은 보았는데, 선생님이 왕을 공경하는 것은 보지 못했습니다."

맹자가 말했다.

"아니, 이게 무슨 말입니까? 제나라 사람 중 인의仁義의 도리를 가지고 왕에게 진언한 사람이 하나도 없는 것이 설마 인의가 좋지 않다고 여기는 것이겠습니까? 그들은 마음속으로 '이런 왕과 어떻게 함께 인의를 얘기할 수 있겠는가'라고 생각합니다. 그들이 왕을 대하는 것이 이와 같습니다. 바로 이것이 가장 큰 불경입니다. 저는 요순의 도가 아니면 감히 왕에게 진언하지 않습니다. 제나라 사람 중에는 저만큼 이렇게 왕을 공경하는 사람은 한 명도 없습니다."

경축이 말했다.

"아닙니다. 저는 그걸 말한 것이 아닙니다. 《예경禮經》에서 말하기를, '아버님이 부르시면 '왜요'라고 대꾸하지 않고 '예'라고 공손하게 대답하고 곧장 몸을 일으키고, 군주가 부르면 수레와 말을 준비하는 것조차 기다리지 않고 먼저 간다'고 했습니다. 선생님은 원래 왕을 찾아가 만날 계획이었습니다. 그런데 왕이 불러 만나려고 한다는 것을 듣자 오히려 가지 않으시니, 《예경》에서 말한 것과 맞지 않는 것이 있는 듯합니다."

맹자가 말했다.

"원래 말씀하신 것이 그것이었군요! 증자는 '진나라와 초나라의 재부는 우리가 따라갈 수 없다. 그러나 그들에게는 그들의 재부가 있고, 내게는 나의 인仁이 있다. 그들에게는 그들의 작위가 있고, 내게는 나의 의義가 있다. 내가 그들보다 무엇이 부족하다고 느끼겠느냐?'라고 말했습니다. 이 말이 이치가 없다면, 증자가 이 말을 했겠습니까? 아마도 도리가 있을 듯합니다.

천하가 공인하는 존귀한 것 세 가지가 있습니다. 작위가 그 하나요, 나이가 그 하나요, 도덕이 그 하나입니다. 조정에서는 작위만한 것이 없고, 향리에서는 나이 만한 것이 없고, 군주를 보좌해 성을 통치하는 것에서는 도덕 만한 것이 없습니다. 그중 하나가 있다고 해서 어떻게 둘을 경시하겠습니까?

그래서 큰일을 하려는 군주에게는 군주가 부른다고 무턱대고 가지 않는 신하가 반드시 있습니다. 상의할 어떤 일이 있으면, 직접 그 신하에게로 갑니다. 덕을 존중하고 도를 좋아하는 것이 이와 같지 않으면, 함께 무언가를 할 수 없습니다.

그래서 상탕은 이윤에게서 먼저 배운 후에 그를 신하로 삼았고, 그래서 크게 힘을 들이지 않고도 천하를 통일했습니다. 환공은 관중에게서 먼저 배운 후에 그를 신하로 삼았고, 그러므로 크게 힘을 들이지 않고 패자를 칭하게 되었습니다.

지금 각 나라가 땅도 비슷하고 덕도 대등하여, 존중할 만한 나라가 없습니다. 그 이유는 다른 것에 있지 않습니다. 자기가 가르친 자를 신하로 삼기 좋아하고, 자기에게 가르침을 줄 수 있는 자를 신하로 삼는 것을 싫어하기 때문입니다. 상탕은 이윤을, 환공은 관중을 감히 함부로 부르지 못했습니다. 관중 또한 함부로 부르지 못했는데, 관중 같은 사람이 되려고 하지 않는 사람은 하물며 어떻겠습니까?"

○ 제나라 왕의 부름에는 몸이 아프다고 핑계를 대고 가지 않았던 맹자가 동곽대부 상가에는 문상을 가자 토론을 벌였다.
신하 입장에서는 왕이 부르면 속히 달려가는 것이 신하의 예이지만, 왕이 군자나 현인을 스승으로 모시거나 자문을 구하고 싶을 때는 하인을 부리듯이 오라 가라 하지 않고, 우선 먼저 찾아가는 성의를 보이는 것이 예이므로, 맹자는 완곡하게 거절의 뜻을 보여 준 것이다.

孟子將朝王, 王使人來曰: "寡人如就見者也, 有寒疾, 不可以風. 朝, 將視朝,
맹자장조왕 왕사인래왈 과인여취견자야 유한질 불가이풍 조 장시조

不識可使寡人得見乎?"
불식가사과인득견호

對曰: "不幸而有疾, 不能造朝."
대왈 불행이유질 불능조조

明日, 出弔於東郭氏. 公孫丑曰: "昔者辭以病, 今日弔, 或者不可乎?"
명일 출조어동곽씨 공손추왈 석자사이병 금일조 혹자불가호

曰: "昔者疾, 今日愈, 如之何不弔?"
왈 석자질 금일유 여지하부조

王使人問疾, 醫來.
왕사인문질 의래

孟仲子對曰: "昔者有王命, 有采薪之憂, 不能造朝. 今病少愈, 趨造於朝,
맹중자대왈 석사유왕명 유채신지우 불능조조 금병소유 추조어조

我不識能至否乎?"
아불식능자부호

使數人要於路, 曰: "請必無歸, 而造於朝!"
사수인요어로 왈 청필무귀 이조어조

不得已而之景丑氏宿焉.
부득이이지경추씨숙언

景子曰: "內則父子, 外則君臣, 人之大倫也. 父子主恩, 君臣主敬.
경자왈 내즉부자 외즉군신 인지대륜야 부자주은 군신주경

丑見王之敬子也, 未見所以敬王也."
추견왕지경자야 미견소이경왕야

曰: "惡! 是何言也! 齊人無以仁義與王言者, 豈以仁義爲不美也? 其心曰,
왈 오 시하언야 제인무이인의여왕언자 기이인의위불미야 기심왈

'是何足與言仁義也'云爾, 則不敬莫大乎是. 我非堯舜之道, 不敢以陳於王前,
시하족여언인의야운이 즉불경막대호시 아비요순지도 불감이진어왕전

故齊人莫如我敬王也."
고제인막여아경왕야

景子曰: "否; 非此之謂也. 禮曰, '父召, 無諾; 君命召, 不俟駕.' 固將朝也,
경자왈 부 비차지위야 례왈 부소 무낙 군명소 불사가 고장조야

聞王命而遂不果, 宜與夫禮若不相似然."
문왕명이수불가 의여부례약불상사연

曰: "豈謂是與? 曾子曰: '晉楚之富, 不可及也; 彼以其富, 我以吾仁;
왈 기위시여 증자왈 진초지부 불가급야 피이기부 아이오인

彼以其爵, 我以吾義, 吾何慊乎哉?' 夫豈不義而曾子言之? 是或一道也.
피이기작 아이오의 오하겸호재 부기불의이증자언지 시혹일도야

天下有達尊三: 爵一, 齒一, 德一. 朝廷莫如爵, 鄕黨莫如齒, 輔世長民莫如德.
천하유달존삼 작일 치일 덕일 조정막여작 향당막여치 보세장민막여덕

惡得有其一以慢其二哉? 故將大有爲之君, 必有所不召之臣; 欲有謀焉,
오득유기일이만기이재 고장대유의지군 필유소불소지신 욕유모언

則就之. 其尊德樂道, 不如是, 不足與有爲也. 故湯之於伊尹, 學焉而後臣之,
즉취지 기존덕락도 불여시 부족여유위야 고탕지어이윤 학언이후신지

故不勞而王; 桓公之於觀衆, 學焉而後臣之, 故不勞而覇. 今天下地醜德齊,
고불로이왕 환공지어관중 학언이후신지 고불로이패 금천하지추덕제

莫能相尙, 無他, 好臣其所敎, 而不好臣其所受敎. 湯之於伊尹,
막능상상 무타 호신기소교 이불호신기소수교 탕지어이윤

桓公之於管仲, 則不敢召. 管仲且猶不可召, 而況不爲管仲者乎?"
환공지어관중 즉불감소 관중차유불가소 이황불위관중자호

03

진진陳臻이 물었다.

"예전에 제나라에서 제나라 왕이 선생님께 질 좋은 금 백 일鎰을 주었을 때는 받지 않으셨고, 나중에 송나라에서 송나라 군주가 선생님께 칠십 일을 주었을 때는 받으셨고, 설나라에서 설나라 군주가 선생님께 오십 일을 주었을 때도 받으셨습니다. 예전에 받지 않은 것이 옳다면, 나중에 받은 것이 잘못이요, 나중에 받은 것이 옳다면, 예전에 받지 않은 것이 잘못입니다. 선생님께서는 둘 중 한 가지는 틀림없이 잘못하신 것입니다."

맹자가 말했다.

"모두 옳다. 송나라에 있을 때는 내가 먼 길을 떠날 예정이었다. 먼 길을 떠나는 사람에게는 여비를 좀 주는 관례가 있어서, '약간의 여비를 드립니다'라고 말하며 주었으니, 내가 왜 받지 않겠느냐? 설나라에 있을 때는 왕래하는 길에 위험이 있을 수 있다고 들어서 경계하고 대비하려 했었는데, '경계하고 대비하려 한다는 말을 듣고 무기를 마련할 비용을 약간 드립니다'라고 말했으니, 내가 왜 받지 않겠느냐? 제나라에 있을 때는 아무 이유가 없었다. 아무 이유가 없는데 나에게 돈을 주는 것은 금전으로 나를 매수하려는 것이다. 군자로서 어찌 매수하려는 돈을 받을 수 있겠느냐?"

○ 제나라 왕이 준 지원금 백 일은 받지 않고 송나라와 설나라 왕이 준 지원금 칠십 일과 오십 일은 받은 것을 진진이 의아해하자,

맹자가 설명한 것이다. 사인이 천하를 주유할 때 방문하는 제후국 왕으로부터 경제적 지원을 받는 관례가 있었지만 의식주와 교통에 필요한 경비 정도를 받았으며, 또한 명목 없는 지원은 받지 않았다는 말이다.

陳臻問曰: "前日於齊, 王餽兼金一百, 而不受; 於宋餽七十鎰而受;
진진문왈 전일어제 왕궤겸금일백 이불수 어송궤칠십일이수

於薛, 餽五十鎰而受. 前日之不受是, 則今日之受非也; 今日之受是,
어설 궤오십일이수 천일지불수시 즉금일지수비야 금일지수시

則前日之不受非也. 夫子必居一於此矣."
즉전일지불수비야 부자필거일어차의

孟子曰: "皆是也. 當在宋也, 予將有遠行, 行者必以贐; 辭曰: '餽贐.'
맹자왈 개시야 당재송야 여장유원행 행자필이신 사왈 궤신

予何爲不受? 當在薛也, 予有戒心; 辭曰: '聞戒, 故爲兵餽之.' 予何爲不受?
여하위불수 당재설야 여유계심 사왈 문계 고위병계지 여하위불수

若於齊, 則未有處也. 無處而餽之, 是貨之也. 焉有君子而可以貨取乎?"
약어제 즉미유처야 무처이궤지 시화지야 언유군자이가이화취호

04

맹자가 평륙平陸에 가서 평륙 대부 공거심孔距心에게 말했다.

"대부의 병사가 하루 세 번 대오를 이탈한다면, 그 자를 쫓아내겠습니까?"

대부가 말했다.

"세 번까지 기다릴 필요도 없습니다."

맹자가 말했다.

"그렇다면 병사가 대오를 잃듯 대부께서 직무상 잘못을 범한 것도 아주 많습니다. 흉년으로 기근이 들어서 대부의 백성 중에서 노약자는 굶어 죽어 골짜기와 구덩이에 버려져 시체로 나뒹굴고, 건장한 사람은 사방으로 도망한 사람이 천 명 가까이 됩니다."

대부가 대답했다.

"그것은 제가 어쩔 수 있는 것이 아니었습니다."

맹자가 말했다.

"지금 여기 어떤 사람이 있어서, 다른 사람의 소와 양을 키워 주기로 하고 받았습니다. 그러면 반드시 소와 양을 위해 초지와 꼴풀을 구해 주어야 할 것입니다. 만약 초지와 꼴풀을 구하지 못했다면, 원주인에게 돌려줘야 합니까, 아니면 가만히 서서 소와 양이 하나하나 죽어 가는 것을 보고만 있어야 합니까?"

대부가 말했다.

"그것은 저의 죄입니다."

후에 맹자가 제나라 왕을 만나서 말했다.

"제가 왕의 지방 장관 중에서 다섯 사람을 알고 있습니다. 자기 죄를 분명히 알고 있는 사람은 오직 공거심 한 사람 뿐이었습니다."

왕을 위해 지난번 문답을 다시 한 번 진술했다.

왕이 말했다.

"이것은 또한 과인의 죄이기도 합니다."

○ 정치와 행정을 잘하지 못해 백성이 수없이 죽거나 달아났는데도 책임을 회피하려는 평륙 대부 공거심과 제나라 왕에게 잘못을 깨우치도록 한 것이다.

孟子之平陸, 謂其大夫曰: "子之持戟之士, 一日而三失伍, 則去之否乎?"
맹자지평륙 위기대부왈 자지지극지사 일일이삼실오 즉거지부호

曰: "不待三."
왈 부대삼

"然則子之失伍也亦多矣. 凶年饑歲, 子之民, 老羸轉於溝壑,
연즉자지실오야역다의 흉년기세 자지민 로리전어구학

壯者散而之四方者, 幾千人矣."
장자산이지사방자 기천인의

曰: "此非距心之所得爲也."
왈 차비거심지소득위야

曰: "今有受人之牛羊而爲之牧之者, 則必爲之求牧與芻矣. 求牧與芻而不得,
왈 금유수인지우양이위지목지자 즉필위지구목여추의 구목여추이부득

則反諸其人乎? 抑亦立而視其死與?"
즉반저기인호 억역립이시기사여

曰: "此則距心之罪也."
왈 차즉거심지죄야

他日, 見於王曰: "王之爲都者, 臣知五人焉. 知其罪者, 惟孔距心." 爲王誦之.
타일 견어왕왈 왕지위도자 신지오인언 지기죄자 유공거심 위왕송지

王曰: "此則寡人之罪也."
왕왈 차즉과인지죄야

05

맹자가 지와蚳鼃에게 말했다.

"귀하가 영구靈丘 현장 자리를 사양하고 법관 자리를 청한 것은 무슨 이유가 있었던 듯합니다. 왕에게 진언을 할 수 있기 때문이었지요. 이제 몇 개월이 지났는데, 왕에게 진언할 기회가 아직 없었습니까?"

지와는 왕에게 간언했지만 왕이 듣지 않자 사직하고 떠났다.

제나라의 어떤 사람이 말했다.

"맹자가 지와를 위해 말한 것은 아주 좋은 것이었다. 자신을 위해서는 어떻게 할지, 나는 모르겠다."

공도자公都子가 이 말을 맹자에게 전했다.

맹자가 말했다.

"내가 듣기로는 직책을 맡은 관리가 그 직무를 다할 수 없으면 떠나야 하고, 진언하는 책임을 맡은 사람은 진언이 받아들여지지 않으면 떠나야 한다고 했다. 나는 일정 직무를 맡지도 않았고, 진언해야 할 책임도 없다. 그렇다면 나의 진퇴는 여유가 있지 않겠는가"

○ 관리의 직위와 책무에 대해서 말했다. "세 번 간언해서 따르지 않으면 떠난다"는 말이 《예기》 등에 나온다. 맹자는 지와가 제나라 법관이 되고서 왕에게 간언한 적이 없는 것을 질책했다. 이에 지와가 간언을 하였는데 왕이 듣지 않자 지와는 떠났다. 제나라의 어떤 사람 말은 지와는 간언이 받아들여지지 않자 떠났건만

맹자 자신은 왜 떠나지 않는지 힐난한 것이다. 공도자로부터 이 말을 전해 들은 맹자는 자신은 정식으로 신하가 되지 않았으므로 간언을 할 책임이나 떠나야 할 까닭이 없다고 말한 것이다.

孟子謂蚳鼃曰:“子之辭靈丘而請士師, 似也, 爲其可以言也. 今旣數月矣,
맹자위지와왈 자지사령구이청사사 사야 위기가이언야 금기수월의

未可以言與?”
미가이언여

蚳鼃諫於王而不用, 致爲臣而去.
지와간어왕이불용 치위신이거

齊人曰:“所以爲蚳鼃則善矣; 所以自爲, 則吾不知也.”
제인왈 소이위지와즉선의 소이자위 즉오부지야

公都子以告.
공도자이고

曰:“吾聞之也: 有官守者, 不得其職則去; 有言責者, 不得其言則去. 我無官守,
왈 오문지야 유관수자 부득기직즉거 유언책자 부득기언즉거 아무관수

我無言責也, 則吾進退, 豈不綽綽然有餘裕哉?”
아무언책야 즉오진퇴 기부작작연유여유재

06

맹자가 제나라에서 노나라로 가서 어머니 장례를 지내고 다시 제나라로 돌아오던 도중 영현嬴縣에 도착하여 묵었다.

충우充虞가 물었다.

"지난번 장례 때 제가 못난 것을 개의하지 않으시고, 저더러 관곽을 만드는 작업을 돌보게 하셨습니다. 당시에는 모두 경황이 없어서, 제가 의문이 들어도 감히 가르침을 청하지 못했습니다. 오늘에 와서야 가르침을 청합니다. 관곽의 나무가 (부친상 때에 비해) 너무 좋았던 것 같습니다."

맹자가 말했다.

"상고 시대에는 관곽의 치수에 관한 일정한 규정이 없었고, 중고 시대에 이르러 관 두께를 7촌寸으로 하고 곽 두께는 그와 어울리게 하는 것을 표준으로 규정했다. 천자로부터 일반 백성에 이르기까지 관곽을 마련한 것은 단지 미관만을 위한 것은 아니었다. 그렇게 해야만 효를 다한 것으로 여겼기 때문이다.

법제의 제한에 의해 상등 목재를 쓰지 못하면 당연히 마음에 맞지 않았고, 상등 목재를 쓸 수 있어도 재력이 없으면 또한 마음에 맞지 않았다. 상등 목재를 사용할 수 있는 지위에 있고 재력 또한 갖추어졌다면 옛 사람들은 모두 이와 같이 했는데, 나만 어찌 그렇게 하지 않겠느냐? 또한 죽은 자의 시신과 진흙이 서로 접촉하지 않게 하는 것이 사람의 마음에 흡족하지 않겠느냐! 내가 듣자 하니, 군자는 천하의 어떤 이유로도 부모에게 아끼지 않는다고 하였다."

○ 맹자가 부친상 때는 평범한 관재를 쓰고 간소하게 치렀는데, 모친상 때는 상등품 관재를 쓰고 호화롭게 치른 것에 대해 설명한 것이다.

孟子自齊葬於魯, 反於齊, 止於嬴.
맹자자제장어로 반어제 지어영

充虞請曰: "前日不知虞之不肖, 使虞敦匠事. 嚴, 虞不敢請, 今願竊有請也:
충우청왈 전일부지우지불초 사우돈장사 엄 우불감청 금원절유청야

木若以美然."
목약이미연

曰: "古者棺椁無度, 中古棺七寸, 椁稱之. 自天子達於庶人, 非直爲觀美也,
왈 고자관곽무도 중고관칠촌 곽칭지 자천자달어서인 비직위관미야

然後盡於人心. 不得, 不可以爲悅; 無財, 不可以爲悅. 得之爲有財,
연후진어인심 부득 불가이위열 무재 불가이위열 득지위유재

古之人皆用之, 吾何爲獨不然? 且比化者無使土親膚, 於人心獨無恔乎?
고지인개용지 오하위독불연 차비화자무사토친부 어인심독무교호

吾聞之也: 君子不以天下儉其親."
오문지야 군자불이천하검기친

07

심동沈同이 개인적으로 맹자에게 물었다.

"연나라를 토벌해도 되겠습니까?"

맹자가 대답했다.

"해도 됩니다. 연나라 왕 자쾌子噲는 연나라를 다른 사람에게 줄 수 없고, 상국相國 자지 또한 자쾌로부터 연나라를 받을 수 없습니다. 여기 어떤 사람이 있는데, 귀하께서 그를 매우 좋아하여, 왕에게 알리지도 않고 개인적으로 귀하의 봉록과 관위를 모두 그에게 주었다면 어떻겠습니까? 인물을 뽑는데 국왕의 임명도 없이 귀하로부터 개인적으로 봉록과 관위를 받다니, 이렇게 할 수 있겠습니까? 자쾌와 자지가 개인적으로 서로 주고받은 일이 이 예와 또한 무슨 차이가 있습니까?"

제나라가 과연 연나라를 토벌했다.

어떤 사람이 맹자에게 물었다.

"선생님께서 제나라에 연나라를 토벌하라고 권하신 적이 있다는데, 그런 일이 있습니까?"

맹자가 대답했다.

"아닙니다. 심동이 '연나라를 토벌해도 되겠습니까?'라고 묻기에 제가 '할 수 있습니다'고 대답했더니, 바로 연나라를 공격했습니다. 그가 만약 '누가 연나라를 토벌할 수 있겠습니까?'라고 물었다면 나는 '오직 천리만이 토벌할 수 있습니다'고 대답했을 것입니다.

여기에 살인범이 있는데, 어떤 사람이 '이 범인을 죽여야 할까요?'라고 묻는다면, 저는 '죽여야 한다'고 대답했을 것입니다. 만약 '누가 죽여야 합니까?'라고 묻는다면, 저는 '오직 법관만이 그를 죽여야 합니다'라고 대답할 것입니다. 지금은 연나라와 똑같이 포학한 제나라가 연나라를 토벌한 것인데, 제가 왜 권했겠습니까?"

○ 심동은 제나라 대신이라는 설도 있고, 누구인지 확실히 알 수 없다는 설도 있다.
북쪽의 약소국 연나라를 어떻게 할 것인지 사방에서 관심이 많았던 듯하며, 이와 관련된 얘기가 다음 장과 〈양혜왕 하〉에도 나온다.

沈同以其私問曰: "燕可伐與?"
심동이기사문왈 연가벌여

孟子曰: "可; 子噲不得與人燕, 子之不得受燕於子噲. 有仕於此, 而子悅之,
맹자왈 가 자쾌부득여인연 자지부득수연어자쾌 유사어차 이자열지

不告於王而私與之吾子之祿爵; 夫士也, 亦無王命而私受之於子, 則可乎?
불고어왕이사여지오자지록작 부사야 역무왕명이사수지어자 즉가호

何以異於是?"
하이이어시

齊人伐燕.
제인벌연

或問曰: "勸齊伐燕, 有諸?"
혹문왈 권제벌연 유저

曰: "未也; 沈同問 '燕可伐與', 吾應之曰, '可', 彼然而伐之也. 彼如曰,
왈 미야 심동문 연가벌여 오응지왈 가 피연이벌지야 피여왈

'孰可以伐之?' 則將應之曰, '爲天吏, 則可以伐之.' 今有殺人者, 或問之曰,
숙가이벌지 즉장응지왈 위천리 즉가이벌지 금유살인자 혹문지왈

'人可殺與?' 則將應之曰, '可.' 彼如曰, '孰可以殺之?' 則將應之曰: '爲士師,
인가살여 즉장응지왈 가 피여왈 숙가이살지 즉장응지왈 위사사

則可以殺之.' 今以燕伐燕, 何爲勸之哉?"
즉가이살지 금이연벌연 하위권지재

08

연나라 사람들이 제나라에 반란을 일으켰다.

제나라 왕이 말했다.

"나는 맹자에게 대단히 부끄러움을 느낀다."

진가陳賈가 말했다.

"왕께서는 염려하지 마십시오. 인과 지의 측면에서 왕과 주공周公을 비교하면 어떻습니까?"

제나라 왕이 말했다.

"아니! 이게 무슨 말이냐!"

진가가 말했다.

"주공이 관숙管叔을 시켜서 은나라를 감독하게 했는데, 관숙은 도리어 은나라 유민을 이끌고 반란을 일으켰습니다. 주공이 이것을 미리 알고도 시킨 것이라면 어질지 못한 것입니다. 주공이 미리 알지 못하고 시켰다면 지혜롭지 못한 것입니다. 주공조차 인과 지를 완전히 이루지 못했는데, 하물며 왕이야 어떻겠습니까? 제가 가서 맹자를 만나서 한 번 풀어달라고 하겠습니다."

이에 진가가 맹자를 만나러 와서 물었다.

"주공은 어떤 사람입니까?"

맹자가 답했다.

"옛날 성인입니다."

진가가 물었다.

"주공이 관숙에게 은나라를 감독하게 했더니, 관숙은 도리어 은나라 유민을 이끌고 반란을 일으켰다는데, 그런 일이 있습니까?"

맹자가 말했다.

"있습니다."

진가가 물었다.

"주공은 관숙이 반란을 일으킬 것을 미리 알고도 가게 했습니까?"

맹자가 대답했다

"몰랐습니다."

다시 진가가 물었다.

"그렇다면 성인도 잘못이 있을 수 있습니까?"

맹자가 말했다.

"주공은 동생이고, 관숙은 형입니다. 주공의 이런 잘못은 정리에 맞는 것 아니겠습니까? 또한 옛날의 군자는 잘못이 있으면 즉각 고쳤습니다. 지금의 군자는 잘못이 있으면 그 잘못으로 인하여 계속 잘못으로 나아갑니다. 옛날의 군자는 그 잘못이 마치 일식이나 월식과 같아서, 백성들이 모두 볼 수 있었고, 고치면 모두 고개를 들고 바라보았습니다. 지금의 군자는 잘못으로 인하여 계속 잘못으로 나아갈 뿐만 아니라, 아울러 거짓 이치를 만들어 잘못을 변호합니다."

○ 그동안 맹자는 상대국 백성이 환영하는 정벌을 할 것을 계속 주장했다. 그러나 연나라는 제나라의 공격을 받자 즉각 대항에 나선 것이다. 그래서 제나라 선왕은 맹자에게 부끄럽다고 한 것이다. 제나라 선왕의 신하 진가는 왕의 비위를 맞추려고 주공 역시 앞날을 예측하지 못했다면서 맹자의 확인을 받으려고 했다.

이에 맹자는 주공의 실수는 혈족을 믿지 않을 수 없었기에 벌어진 것이고, 선왕의 실수는 계속되는 충고에도 불구하고 정벌을 강행했기에 벌어진 것이어서 서로 다른 경우라고 반박했다. 또한 군자의 실수는 일식이나 월식과 같아서 모두에게 드러나니 신중해야 하고 실수가 있으면 속히 고쳐야 한다고 주장했다.

燕人畔. 王曰: "吾甚慙於孟子."
연인반 왕왈 오심참어맹자

陳賈曰: "王無患焉. 王自以爲與周公孰仁且智?"
진가왈 왕무환언 왕자이위여주공숙인차지

王曰: "惡! 是何言也!"
왕왈 오 시하언야

曰: "周公使管叔監殷, 管叔以殷畔; 知而使之, 是不仁也; 不知而使之,
왈 주공사관숙감은 관숙이은반 지이사지 시불인야 부지이사지

是不智也. 仁智, 周公未之盡也, 而況於王乎? 賈請見而解之."
시부지야 인지 주공미지진야 이황어왕호 가청견이해지

見孟子, 問曰: "周公何人也?"
견맹자 문왈 주공하인야

曰: "古聖人也."
왈 고성인야

曰: "使管叔監殷, 管叔以殷畔也, 有諸?"
왈 사관숙감은 관숙이은반야 유저

曰: "然."
왈 연

曰: "周公知其將畔而使之與?"
왈 주공지기장반이사지여

曰: "不知也."
왈 부지야

"然則聖人且有過與?"
연즉성인차유과여

曰: "周公, 弟也; 管叔, 兄也. 周公之過, 不亦宜乎? 且古之君子, 過則改之;
왈 주공 제야 관숙 형야 주공지과 불역의호 차고지군자 과즉개지

今之君子, 過則順之. 古之君子, 其過也, 如日月之食, 民皆見之; 及其更也,
금지군자 과즉순지 고지군자 기과야 여일월지식 민개견지 급기경야

民皆仰之. 今之君子, 豈徒順之, 又從爲之辭."
민개앙지 금지군자 기도순지 우종위지사

09

맹자가 제나라 관직을 사퇴하고 고향으로 돌아갈 준비를 하고 있었다. 제나라 왕이 맹자를 찾아가 만나서 말했다.

"예전에는 선생님을 만나고 싶었으나 만나지 못했다가, 나중에 함께 있을 수 있게 되어 저는 매우 기뻤습니다. 그런데 지금 과인을 버리고 귀국하시려고 하니, 우리가 앞으로 만날 수 있을지 모르겠습니다."

맹자가 말했다.

"그건 제가 감히 청하지 못할 뿐, 본래 원하는 것입니다."

약간 시간이 지나서, 제나라 왕이 시자時子에게 말했다.

"나는 맹자에게 임치臨淄 성 안에 있는 집을 주고, 식량 만 종鍾을 지원해 제자를 양성하게 해서, 우리나라의 관리와 백성이 모두 본받게 하고 싶다. 네가 내 대신 맹자에게 말해보아라."

시자가 진자陳子를 통해 맹자에게 말을 전하게 해서, 진자가 시자의 말을 맹자에게 알렸다.

맹자가 말했다.

"아, 이게 안 된다는 것을 시자가 어떻게 알겠는가? 만약 내가 재물을 탐한다면, 봉록 십만 종을 사양하고 후원 일만 종을 받아들이는 것이 설마 재물을 탐한다고 할 수 있겠느냐? 계손季孫이 말한 적 있다. '자숙의는 정말 이상하구나! 자기는 관리가 되려고 했다가, 등용되지 않으면 그만이지, 또한 자기 자제에게 경이 되게 하려 한다. 사람이 어느 누가 관리가 되고 재물을 벌고 싶지 않겠는가? 그러나 그는 관리가 되고 재물을 버는 중에 농단

행위가 있었다.'

옛날 장사는 있는 것과 없는 것을 바꾸고, 유사有司가 관리할 뿐이었다. 그런데 어떤 비루한 자가 있어, 굳이 어느 높은 곳을 찾아 올라가서 좌우를 둘러보면서 시장 이익을 독차지했다. 사람들이 모두 이 사람을 비루하다고 생각했다. 그래서 그러한 일에 대해 세금을 거두게 되었다. 상인에게 세금을 거두는 것은 이 비루한 남자로부터 시작되었다."

○ 맹자가 제나라에서 경을 그만두고 떠나려는 이유는 제나라 왕 밑에서 이상을 펼칠 가능성이 없기 때문이다. 그러므로 맹자가 제나라에서 제자를 양성할 수 있도록 후원하겠다는 제나라 왕의 제안을 받아들일 리 없다. 그러므로 이 말을 전하며 의사를 타진하는 시자와 진자에게 위와 같이 말한 것이다. 뜻이 맞지 않는데도 후원금 때문에 머물러 있는 것은 높은 언덕에 올라 물류를 이리저리 살피며 이익을 취하는 행위와 마찬가지라는 말이다.

孟子致爲臣而歸. 王就見孟子, 曰: "前日願見而不可得, 得侍同朝, 甚喜;
맹자치위신이귀 왕취견맹자 왈 천일원견이불가득 득시동조 심희

今又棄寡人而歸, 不識可以繼此而得見乎?"
금우기과인이귀 불식가이계차이득견호

對曰: "不敢請耳, 固所願也."
대왈 불감청이 고소원야

他日, 王謂時子曰: "我欲中國而授孟子室, 養弟子以萬鍾,
타일 왕위시자왈 아욕중국이수맹자실 양제자이만종

使諸大夫國人皆有所矜式. 子盍爲我言之!"
사제대부국인개유소긍식 자합위아언지

時子因陳子而以告孟子, 陳子以時子之言告孟子.
시자인진자이이고맹자 진자이시자지언고맹자

孟子曰:“然; 夫時子惡知其不可也? 如使予欲富,
맹자왈 연 부시지오지기불가야 여사여욕부

辭十萬而受萬, 是爲欲富乎? 季孫曰:‘異哉子叔疑! 使己爲政, 不用,
사십만이수만 시위욕부호 계손왈 이재자숙의 사기위정 불용

則亦已矣, 又使其子弟爲卿. 人亦孰不欲富貴? 而獨於富貴之中有私龍斷焉.’
즉역이의 우사기자제위경 인연숙불욕부귀 이독어부귀지중유사롱단언

古之爲市也, 以其所有易其所無者, 有司者治之耳.
고지위시야 이기소유역기소무자 유사자치지이

有賤丈夫焉, 必求龍斷而登之, 以左右望, 而罔市利. 人皆以爲賤,
유천장부언 필구롱단이등지 이좌우망 이망시리 인개이위천

故從而征之. 征商自此賤丈夫始矣.”
고종이정지 정상자차천장부시의

10

맹자가 제나라를 떠나, 주현晝縣에서 며칠 밤을 보내게 되었다. 제나라 왕을 위해 맹자를 만류하려고 하는 어떤 사람이 자리에 앉아서 맹자와 말하려고 했다. 하지만 맹자는 대꾸도 하지 않고, 기대앉는 작은 탁자에 엎드려 잠을 잤다.

그 사람은 기분이 나빠서 말했다.

"제가 선생님을 만나려고 마음먹은 첫날부터 심신을 깨끗이 하고, 오늘 말하려 하는데 선생님은 잠을 자는 척하고 말을 듣지 않으시니, 이후 다시는 선생님과 만나는 일이 없도록 하겠습니다."

맹자가 말했다.

"앉으시오. 내가 귀하에게 분명하게 말하겠소. 옛날에 노나라 목공은 자사子思 신변에 누가 없으면 자사를 안심하게 할 수 없다고 생각했고, 설류泄柳, 신상申詳은 노나라 목공 신변에 사람이 없으면 또한 자기가 안심하지 못했습니다. 귀하는 이 늙은이를 위한다면서, 자사가 목공에게 어떻게 대접을 받았는지 생각하지 않습니다. 이렇게 하는 것은 귀하가 저와 인연을 끊으려는 것입니까, 아니면 제가 귀하와 인연을 끊으려는 것입니까?"

○ 노나라 목공은 자사를 안심하게 하려고 자사 곁에 늘 자기 사람이 있게 했고, 설류와 신상은 목공 주변에 사람이 없으면 안심하지 못했다는 것은 군주와 신하가 서로를 위해 배려했다는 것을 말한 것이다.

맹자는 떠나려고 하니 왕이 염려하여 누가 곁에 있게 해주지도 않고, 맹자의 제자가 왕의 곁에 있는 것도 아니어서 외롭고 쓸쓸한 처지라는 말이다.

孟子去齊, 宿於晝. 有欲爲王留行者, 坐而言. 不應, 隱几而臥.
맹자거제 숙어주 유욕위왕류행자 좌이언 불응 은궤이와

客不悅曰:"弟子齊宿而後敢言, 夫子臥而不聽, 請勿復敢見矣."
객불열왈 제자제숙이후감언 부자와이불청 청물부감견의

曰:"坐! 我明語子. 昔者魯繆公無人乎子思之側, 則不能安子思;
왈 좌 아명어자 석자로목공무인호자사지측 즉불능안자사

泄柳·申詳無人乎繆公之側, 則不能安其身. 子爲長者慮, 而不及子思;
설류 신상무인호목공지측 즉불능안기신 자위장자려 이불급자사

子絶長者乎? 長者絶子乎?"
자절장자호 장자절자호

11

맹자가 제나라를 떠나는 길에 충우가 물었다.

"선생님은 즐겁지 않은 기색입니다. 전에 제가 선생님께 들은 적이 있으니, '군자는 하늘을 원망하지 않고, 사람을 책망하지 않는다'고 하셨습니다."

맹자가 말했다.

"그때는 그때이고, 지금은 지금이다. 오백 년마다 반드시 성군이 일어나고, 또한 세상을 구하는 인재가 그 안에서 나올 것이라고 했다. 주나라 무왕으로부터 지금에 이르기까지 이미 칠백여 년이 지났다. 햇수로 따지면 오백 년을 넘었고, 시기로 따져 봐도 지금이 바로 성군과 현신이 출현할 때이다. 하늘은 천하를 태평하게 하지 않으려는가? 만약 천하를 태평하게 하려고 한다면, 오늘날의 사회에서 내가 아니면 또 누가 있단 말인가? 내가 왜 즐겁지 않겠느냐?"

○ "하늘을 원망하지 않고, 사람을 책망하지 않는다"는 말은《논어》의 〈헌문〉에서도 나왔다. 제나라를 떠나는 맹자가 즐거워 보이지 않는다는 충우의 질문에 맹자는 천하태평이 도래할 시기가 훨씬 지났으니, 이제 그 시기가 가까이 다가왔고 자기에게도 사명이 있다는 것을 자임한 것이다.

孟子去齊, 充虞路問曰: "夫子若有不豫色然. 前日虞聞諸夫子曰:
맹자거제 충우로문왈 부자약유불예색연 전일우문저부자왈

'君子不怨天, 不尤人.'"
군자불원천 불우인

曰:"彼一時, 此一時也. 五百年必有王者興, 其間必有名世者. 由周而來,
왈 피일시 차일시야 오백년필유왕자흥 기간필유명세자 유주이래

七百有餘世矣. 以其數, 則過矣; 以其時考之, 則可矣. 夫天未欲平治天下也;
칠백유여세의 이기수 즉과의 이기시고지 즉가의 부천미욕평치천하야

如欲平治天下, 當今之世, 舍我其誰也? 吾何爲不豫哉?"
여욕평치천하 당금지세 사아기수야 오하위불예재

제5편

등문공 상

(滕文公)

01

등나라 문공이 태자였을 때 초나라에 가는 길에 송나라를 지나다가 맹자와 만났다. 맹자는 인성은 본래 선하다는 이치를 논했고, 입만 열면 요순을 말했다.

태자가 초나라에서 돌아오다가 다시 맹자를 만났다. 맹자가 말했다.

"태자께서는 제 말을 의심하십니까? 천하의 진리는 바로 이 하나입니다. 성간成覸은 제나라 경공에 대해서 '그도 장부요, 나도 장부일진대, 내가 왜 그를 두려워하겠느냐?'라고 말했고, 안연은 '순은 어떤 사람이고, 나는 어떤 사람인가? 무언가 해내는 사람이라도 역시 같은 사람일 것이다'라고 말했고, 공명의公明儀는 '문왕은 나의 스승이요, 주공 또한 믿어야 하리라'라고 말했습니다. 현재 등나라는 토지의 긴 곳을 잘라서 짧은 곳에 보태 정방형으로 한다면, 각 변이 오십 리에 가까우니, 역시 다스려서 좋은 나라로 만들 수 있습니다. 《서경》에서 '약을 먹어서 머리가 어질어질하지 않다면 그 병은 나을 수 없다'라고 말했습니다."

○ 등나라 문공은 등나라가 워낙 작은 나라여서 큰 일을 할 수 없다고 생각했던 듯하다. 그래서 맹자는 각 변 오십 리 규모의 땅이면 덕정을 시행해 무엇이든 할 수 있을 것이라고 격려하는 말을 했다.

滕文公爲世子, 將之楚, 過宋而見孟子. 孟子道性善, 言必稱堯舜.
등문공위세자 장지초 과송이견맹자 맹자도성선 언필칭요순

世子自楚反, 復見孟子. 孟子曰: "世子疑吾言乎? 夫道一而已矣.
세자자초반 부견맹자 맹자왈 세자의오언호 부도일이이의

成覸謂齊景公曰: '彼, 丈夫也; 我, 丈夫也; 吾何畏彼哉?' 顔淵曰: '舜, 何人也?
성간위제경공왈 피 장부야 아 장부야 오하외피재 안연왈 순 하인야

予, 何人也? 有爲者亦若是.' 公明儀曰: '文王, 我師也; 周公豈欺我哉?' 今滕,
여 하인야 유위자역약시 공명의왈 문왕 아사야 주공기기아재 금등

絶長補短, 將五十里也, 猶可以爲善國. 書曰: '若藥不瞑眩, 厥疾不瘳.'"
절장보단 장오십리야 유가이위선국 서왈 약약불명현 궐질불추

02

등나라 정공이 세상을 떠나자, 태자가 사부 연우然友에게 말했다.

"예전에 송나라에서 맹자께서 제게 많은 것을 말해 주셨는데, 저의 마음속에서 줄곧 잊은 적이 없습니다. 오늘 매우 불행하게도 부친상을 당했는데, 저는 선생님께 부탁하여 맹자를 찾아가 여쭙고 나서 장례를 치르고 싶습니다."

연우가 추나라에 가서 맹자에게 물었다.

맹자가 말했다.

"아주 좋습니다. 부모의 상사는 본래 마땅히 스스로 진심을 다해야 하는 것입니다. 증자는 '세상에 살아계실 때는 예에 따라 봉양하고, 세상을 떠나셨을 때는 예에 따라 매장하고, 예에 따라 제사하고, 그러면 효를 다했다고 할 수 있다'고 했습니다. 제후의 예절을 제가 비록 아직 배운 적은 없지만, 들은 적은 있습니다. 삼년상을 치르며, 거친 베로 짠 상복을 입고 멀건 죽을 먹었으니, 천자로부터 백성들에 이르기까지 하·상·주 삼대가 모두 이와 같았습니다."

연우가 귀국하여 보고하자, 태자는 삼년상을 지내기로 결정했다. 등나라의 원로 백관들이 모두 원치 않으며 말했다.

"우리의 종주국인 노나라의 역대 군주도 삼년상을 치른 적이 없고, 우리 역대 조상들도 삼년상을 치른 적이 없는데, 이 대에 와서 조상이 하던 방법을 고치려고 하니, 이것은 마땅하지 않습니다. 또한 전해지는 기록에서도 '상례와 제례는 일률적으로 조종의 규범에 따른다'고 했습니다. 우리는 전통으로 계승되어온 것을 따른다는 것에 그 이치가 있습니다."

태자가 연우에게 말했다.

"저는 옛날에 학문을 닦은 적이 없고, 오직 말을 타고 춤추고 칼을 쓰는 것만 좋아했습니다. 이번에 제가 삼년상을 치르려고 하는데, 원로 백관들이 모두 내게 불만을 품고 있습니다. 이 상례를 제가 진심을 다하지 못할까 염려됩니다. 선생님께서 제 대신 다시 가셔서 맹자에게 좀 물어보아 주십시오."

연우가 다시 추나라에 가서 맹자에게 물었다.

맹자가 말했다.

"음! 이것은 다른 사람에게 구할 수 없는 것입니다. 공자는 말한 적이 있습니다. '군주가 세상을 떠나서, 태자가 모든 정무를 수상에게 맡기고, 죽을 마시고, 시커먼 얼굴을 하고, 효자의 자리에 임하여 곡을 하면, 크고 작은 관리들이 감히 슬퍼하지 않는 사람이 없었으니, 태자가 친히 앞장섰기 때문이다.' 윗자리에 있는 사람이 무엇을 좋아하면, 아래에 있는 사람은 반드시 더욱 좋아합니다. 군자의 덕은 마치 바람과 같고, 소인의 덕은 마치 풀과 같아서, 바람이 어느 방향으로 불면, 풀은 그 방향으로 쓰러질 것입니다. 이 일은 온전히 태자의 결정에 달려 있습니다."

연우가 태자에게 돌아와 보고했다.

태자가 말했다.

"맞다. 이것은 마땅히 내가 결정해야 한다."

이에 태자는 상례 초막에서 다섯 달 동안 살면서, 어떤 명령과 금령도 반포하지 않았다. 백관과 동족이 모두 훌륭하게 보고, 예를 안다고 했다. 장례를 거행할 때가 되자, 사방 사람들이 모두 와서 예를 구경했다. 태자가 비통해 하는 안색과 슬프게 곡하는 것에 문상하러 온 사람들이 매우 감동했다.

○ 여기서 태자는 이후 등나라 문공이 된다. 정공이 세상을 떠나자 태자가 맹자에게 사람을 보내 삼년상을 치르는 것에 대하여 자문을 구했다. 태자는 결국 다섯 달 동안 상례 초막에서 지내기로 하고 실천했다.

滕定公薨, 世子謂然友曰: "昔者孟子嘗與我言於宋, 於心終不忘.
등정공훙 세자위연우왈 석자맹자상여아언어송 어심종불망

今也不幸至於大故, 吾欲使子問於孟子, 然後行事."
금야불행지어대고 오욕사자문어맹자 연후행사

然友之鄒問於孟子.
연우지추문어맹자

孟子曰: "不亦善乎! 親喪, 固所自盡也. 曾子曰: '生, 事之以禮; 死, 葬之以禮,
맹자왈 불역선호 친상 고소자진야 증자왈 생 사지이례 사 장지이례

祭之以禮, 可謂孝矣.' 諸侯之禮, 吾未之學也; 雖然, 吾嘗聞之矣. 三年之喪,
제지이례 가위효의 제후지례 오미지학야 수연 오상문지의 삼년지상

齊疏之服, 飦粥之食, 自天子達於庶人, 三代共之."
자소지복 전죽지식 자천자달어서인 삼대공지

然友反命, 定爲三年之喪. 父兄百官皆不欲, 曰: "吾宗國魯先君莫之行,
연우반명 정위삼년지상 부형백관개불욕 왈 오종국로선군막지행

吾先君亦莫之行也, 至於子之身而反之, 不可. 且志曰: '喪祭從先祖.' 曰,
오선군역막지행야 지어자지신이반지 불가 차지왈 상제종선조 왈

'吾有所受之也.'"
오유소수지야

謂然友曰: "吾他日未嘗學問, 好馳馬試劍. 今也父兄百官不我足也,
위연우왈 오타일미상학문 호치마시검 금야부형백관불아족야

恐其不能盡於大事, 子爲我問孟子!"
공기불능진어대사 자위아문맹자

然友復之鄒問孟子.
연우부지추문맹자

孟子曰:“然; 不可以他求者也. 孔子曰:‘君薨, 聽於冢宰, 歠粥,
맹자왈 연 불가이타구자야 공자왈 군훙 청어총재 철죽

面深墨, 卽位而哭, 百官有司莫敢不哀, 先之也.’ 上有好者, 下必有甚焉者矣.
면심묵 즉위이곡 백관유사막감불애 선지야 상유호자 하필유심언자의

君子之德, 風也; 小人之德, 草也. 草上之風, 必偃. 是在世子.”
군자지덕 풍야 소인지덕 초야 초상지풍 필언 시재세자

然友反命.
연우반명

世子曰:“然; 是誠在我.”
세자왈 연 시재세자

五月居廬, 未有命戒. 百官族人可, 謂曰知. 及至葬, 四方來觀之, 顔色之戚,
오월거려 미유명계 백관족인가 위왈지 급지장 사방래관지 안색지척

哭泣之哀, 弔者大悅.
곡읍지애 조자대열

03

등나라 문공이 맹자에게 국가를 다스리는 것에 대해 물었다.

맹자가 말했다.

"백성의 일에 관심을 가지는 것이 시급합니다. 《시경》에서 '낮에 띠풀 베어다가, 밤에 엮어 줄을 꼬고, 급히 집을 수선하고, 때가 되어 오곡 파종하네'라고 했습니다. 백성에게는 기본적 상황이 있습니다. 일정한 수입이 있는 사람은 일정한 도덕관념과 행위 준칙이 있고, 일정한 수입이 없는 사람은 일정한 도덕관념과 행위 준칙이 있을 수 없다는 것입니다. 만약 일정한 도덕관념과 행위 준칙이 없다면, 법을 어지럽히고 기강을 문란하게 하는 일을 멋대로 저질러, 무슨 일이든 합니다.

만약 그들이 죄를 범한 후에 처벌을 가한다면, 이는 함정을 파 놓고 해치는 것과 같습니다. 어진 사람이 조정에 앉아 있는데 백성들을 함정에 빠트리는 일을 하는 경우가 어찌 있겠습니까? 따라서 현명한 군주는 반드시 열심히 일하고, 씀씀이를 절약하고, 예의 바르게 신하를 대하고, 부세를 징수에 일정한 제도를 두어야 합니다. 양호陽虎가 일찍이 말한 적이 있습니다. '재물을 모으고 부자가 되려면 어질 수 없고, 어질면 재물을 모으고 부자가 될 수 없다.'

하나라 때는 각 가정에 오십 무의 땅을 나누어 주고 '공貢' 법을 시행했고, 상나라 때는 각 가정에 칠십 무의 땅을 나누어 주고 '조助' 법을 시행했고, 주나라 때는 각 가정에 백 무의 땅을 나누어 주고 '철徹' 법을 시행했습니다. 세율은 모두 10분의 1을 거두었습니다. '철徹'은 '통通'의 뜻이고, '조助'는 '자(藉: 빌린다)'의 뜻입니다.

고대 현자 중 한 분인 용자龍子는 '경작지 세금에서 가장 좋은 것은 조법이고, 가장 좋지 않은 것은 공법이다'라고 말한 적이 있습니다. 공법은 몇 년 동안 수확을 비교해 일정한 수치를 거두는 것입니다. 풍년이 든 해에는 도처에 곡식이 있어 조금 많이 징수해도 가혹하다고 할 수 없고, 오히려 많이 거두는 것이 아니지만, 흉년이 든 해에는 각 가정의 수확량이 다음 해에 밭을 일구기에도 부족한데, 반드시 일정한 수치를 채워 거둡니다.

한 나라의 군주는 백성의 부모라고 부르는데, 백성들로 하여금 일 년 내내 고생하며 노동을 하게 하지만 그들의 부모를 봉양하는 것조차 어렵게 하고, 또한 고리대를 빌려 납세 수치를 채워야 해서, 끝내 한 집안의 노약자는 산골짜기에서 시체로 뒹굴며 뼈를 드러낸다면, 백성의 부모로서의 소용은 어디에 있습니까?

높은 관직에 있는 사람들은 모두 일정한 전조田租 수입이 있어서 자손에게까지 전해 줍니다. 이 방법은 등나라에서 일찍이 시행했습니다. 《시경》에 '우리 공전에 비 내리고, 그다음에 사전私田에 비 내리거라'라는 시가 있습니다. 조법을 시행해야만 공전이 있게 됩니다. 이 점에서 보면 주나라 역시 조법을 시행했습니다.

'상庠', '서序', '학學', '교校'를 세워 교육을 시켰습니다. 상庠은 교양의 뜻이요, 교校는 교도의 뜻이요, 서序는 진열의 뜻으로, 하나라 때는 교校라고 했고, 상나라 때는 서序라고 했고, 주나라 때는 상庠이라고 했는데, 대학은 세 시대 모두 학學이라고 했습니다. 그 목적은 사람과 사람 사이의 각종 필연 관계 및 관련된 각종 행위 준칙을 천명하고 가르치는 것이었습니다. 사람과 사람의 관계 및 행위 준칙을 위에서 모두 잘 알면, 백성들도 자연히 친밀해지고 단결할 것입니다. 만약 성왕이 일어난다 해도 반드시 찾아와 배우고 본받을 것이니, 이렇게 해서 성왕의 스승이 되는 것입니다.

《시경》에서 또 '주나라는 오랜 나라, 천명만은 새롭다네'라고 했습니다. 이것은 문왕을 찬미한 시입니다. 폐하께서 노력 실행하여, 폐하의 국가도 기상이 일신되게 하십시오!"

등나라 문공이 필전畢戰을 시켜서 맹자에게 정전제를 묻게 했다. 맹자가 말했다.

"귀하의 군주가 어진 정치를 실행할 작정으로, 귀하를 선택해 내게 묻게 했으니, 귀하는 반드시 잘 해야 합니다. 어진 정치를 실행하는 것은 반드시 밭의 경계를 획분하고 정리하는 것으로부터 시작됩니다. 밭의 경계를 획분하는 것이 정확하지 않으면 정전井田의 크기가 고르지 않아, 봉록으로 쓸 전조 수입 또한 공평하지 않고 합리적이지 못하니, 따라서 포학한 군왕 및 탐관오리는 꼭 정확한 밭의 경계를 어지럽히려고 합니다. 밭의 경계를 정확히 하면, 백성에게 경작지를 분배하고 관리의 봉록을 제정하는 것 모두 털끝만큼도 힘을 들이지 않고 결정할 수 있습니다.

등나라 토지가 협소하지만, 그래도 관리와 일하는 백성이 있어야 합니다. 관리가 없으면 일하는 백성을 관리할 사람이 없게 되고, 일하는 백성이 없으면 또한 관리를 먹여 살릴 사람이 없게 됩니다. 교외의 들에서는 9분의 1을 거두는 조법을 사용하고,

도시에서는 10분의 1을 거두는 공법을 사용하십시오. 공경 이하 관리에게는 반드시 제사를 받들 규전圭田이 있어야 하니, 각 가정마다 오십 무씩 땅을 주고, 만약 그 가정에 또 잉여 노동력이 있으면 한 사람마다 이십오 무를 더 주십시오.

매장 혹은 이사를 막론하고 모두 본향 본토를 떠나지 않게 합니다. 한 정전을 함께 경작하는 각 가정이 평소 출입하며 서로 우애가 있고, 도적을 방어하며, 서로 도와주고, 질병이 있을 때 서로 돌봐 준다면, 백성들이 서로 친애하고 화목합니다.

사방 각 일 리의 토지를 하나의 정전으로 하여, 정전마다 구백 무가 되고, 그중 백 무는 공전이며, 나머지 팔백 무는 여덟 가구에 나눠 주어 사전으로 합니다. 이 여덟 가구가 공동으로 공전을 경작합니다. 우선 공전을 갈고 씨 뿌리는 것을 다 마치고, 다음으로 사전의 농사일을 하게 합시다. 이것이 관리와 백성을 구별하는 방법입니다. 이는 대략적인 것에 불과하며 어떻게 수정하고 조절할 것인지는 귀하의 군주와 귀하 본인에게 달려 있습니다."

○ 맹자의 대표적 경제정책 또는 농지정책으로 일컬어지는 정전제를 소개하는 내용이다. 농지를 '井' 모양으로 아홉 구역으로 구분해서, 여덟 가구에게 바깥쪽 한 구역씩을 분양하여 각자의 소출로 가지도록 하고, 정 가운데 한 구역을 여덟 가구가 공동 경작해서 그 소출을 세금으로 납부하게 하는 것이다.

滕文公問爲國.
등문공문위국

孟子曰:"民事不可緩也. 詩云:'晝爾于茅, 宵爾索綯;
맹자왈 민사불가완야 시운 주이우모 소이색도

亟其乘屋, 其始播百穀.' 民之爲道也, 有恒産者有恒心, 無恒産者無恒心.
극기승옥 기시파백곡 민지위도야 유항산자유항심 무항산자무항심

苟無恒心, 放辟邪侈, 無不爲已. 及陷乎罪, 然後從而刑之, 是罔民也.
구무항심 방벽사치 무불위이 급함호죄 연후종이형지 시망민야

焉有仁人在位罔民而可爲也? 是故賢君必恭儉禮下, 取於民有制. 陽虎曰:
언유인인재위망민이가위야 시고현군필공검례하 취어민유제 양호왈

'爲富不仁也, 爲仁不富矣.'
위부불인야 위인불부의

"夏后氏五十而貢, 殷人七十而助, 周人百畝而徹, 其實皆什一也. 徹者, 徹也;
하후씨오십이공 은인칠십이조 주인백무이철 기실개십일야 철자 철야

助者, 藉也. 龍子曰:'治地莫善於助, 莫不善於貢.' 貢者, 校數歲之中以爲常.
조자 자야 룡자왈 치지막선어조 막불선어공 공자 교수세지중이위상

樂歲, 粒米狼戾, 多取之而不爲虐, 則寡取之; 凶年, 糞其田而不足,
락세 립미랑려 다취지이불위학 즉과취지 흉년 분기전이부족

則必取盈焉. 爲民父母, 使民盻盻然, 將終歲勤動, 不得以養其父母,
즉필취영언 위민부모 사민혜혜연 장종세근동 부득이양기부모

又稱貸而益之, 使老稚轉乎溝壑, 惡在其爲民父母也? 夫世祿, 滕固行之矣.
우칭대이익지 사로치전호구학 오재기위민부모야 부세록 등고행지의

詩云:'雨我公田, 遂及我私.' 惟助爲有公田. 由此觀之, 雖周亦助也.
시운 우아공전 수급아사 유조위유공전 유차관지 수주역조야

"設爲庠序學校以敎之. 庠者, 養也; 校者, 敎也; 序者, 射也. 夏曰校,
설위상서학교이교지 상자 양야 교자 교야 서자 사야 하왈교

殷曰序, 周曰庠; 學則三代共之, 皆所以明人倫也. 人倫明於上, 小民親於下.
은왈서 주왈상 학즉삼대공지 개소이명인륜야 인륜명어상 소민친어하

有王者起, 必來取法, 是爲王者師也.
유왕자기 필래취법 시위왕자사야

"詩云:'周雖舊邦, 其命惟新.' 文王之謂也. 子力行之, 亦以新子之國!"
시운 주수구방 기명유신 문왕지위야 자력행지 역이신자지국

使畢戰問井地.
사필전문정지

孟子曰:"子之君將行仁政, 選擇而使子, 子必勉之! 夫仁政, 必自經界始.
맹자왈 자지군장행인정 선택이사자 자필면지 부인정 필자경계시

經界不正, 井地不鈞, 穀祿不平, 是故暴君汙吏必慢其經界. 經界旣正,
경계부정 정지불균 곡록불평 시고폭군오리필만기경계 경계기정

分田制祿可坐而定也.
분전제록가좌이정야

“夫滕, 壤地褊小, 將爲君子焉, 將爲野人焉. 無君子, 莫治野人;
부등 양지편소 장위군자언 장위야인언 무군자 막치야인

無野人, 莫養君子. 請野九一而助, 國中什一使自賦. 卿以下必有圭田,
무야인 막양군자 청야구일이조 국중십일사자부 경이하필유규전

圭田五十畝; 餘夫二十五畝. 死徙無出鄕, 鄕田同井, 出入相友, 守望相助,
규전오십무 여부이십오무 사사무출향 향전동정 출입상우 수망상조

疾病相扶持, 則百姓親睦. 方里而井, 井九百畝, 其中爲公田, 八家皆私百畝,
질병상부지 즉백성친목 방리이정 정구백무 기중위공전 팔가개사백무

同養公田; 公事畢, 然後敢治私事, 所以別野人也. 此其大略也; 若夫潤澤之,
동양공전 공사필 연후감치사사 소이별야인야 차기대략야 약부윤택지

則在君與子矣.”
즉재군여자의

04

신농씨神農氏 학설을 연구하는 허행許行이 초나라에서 등나라로 가서 등나라 문공을 만나서 말했다.

"먼 곳에서 살던 이 사람이 왕께서 어진 정치를 행하신다는 말을 듣고, 머물 곳 하나 얻어 살면서 폐하의 백성이 되기를 희망합니다."

문공은 거처를 마련해 주었다.

그를 따르는 제자 수십 명이 모두 거친 베로 짠 옷을 입고, 짚신을 삼고 자리를 짜는 일로 생활했다.

진량陳良의 문하 제자 진상陳相과 그의 동생 진신陳辛이 쟁기와 보습을 등에 지고, 송나라에서 등나라로 와서 문공에게 말했다.

"폐하께서 성인의 정치를 시행한다고 들었으니, 그렇다면 폐하도 성인이십니다. 저는 성인의 백성이 되기를 원합니다."

진상이 허행을 보고 매우 기뻐하여 이전의 학문을 모두 버리고 허행으로부터 배웠다.

진상이 맹자를 만나러 와서, 허행의 말을 전하며 말했다.

"등나라 군주는 확실히 현명한 군주입니다. 비록 그렇다 해도, 아직 참다운 도리를 이해하지 못합니다. 현명한 사람은 백성과 함께 밭을 갈고 씨를 뿌려야만 먹습니다. 자기가 밥을 하고 또한 백성을 위해 일해야 합니다. 지금 등나라에는 곡식을 저장하는 창고가 있고, 재물을 보존하는 부고府庫가 있습니다. 이는 다른 사람에게 손해를 끼쳐 자기를 봉양하게 하는 것인데, 어떻게 현명하다고 할 수 있겠습니까?"

맹자가 물었다.

"허자는 반드시 자기가 농사를 지어야만 밥을 먹느냐?"

진상이 대답했다.

"그렇습니다."

맹자가 물었다.

"허자는 반드시 자기가 포를 짜야만 옷을 입느냐?"

진상이 대답했다.

"아닙니다. 허자는 거친 베로 짠 옷만 입습니다."

맹자가 물었다.

"허자는 모자를 쓰느냐?"

진상이 대답했다.

"씁니다."

맹자가 물었다.

"무슨 모자를 쓰느냐?"

진상이 대답했다.

"하얀 주단 모자를 씁니다."

맹자가 물었다.

"자기가 짠 것이냐?"

진상이 대답했다.

"아닙니다. 곡식과 바꾼 것입니다."

맹자가 물었다.

"허자는 왜 자기가 직접 짜지 않느냐?"

진상이 대답했다.

"농사일에 방해가 되기 때문입니다."

맹자가 물었다.

"허자도 솥과 시루로 밥을 하느냐? 철제 농기구로 밭을 가느냐?"

진상이 대답했다.

"그렇습니다."

맹자가 물었다.

"자기가 만든 것이냐?"

진상이 대답했다.

"아닙니다. 곡식과 바꾼 것입니다."

맹자가 말했다.

"농부가 곡식으로 도구와 바꾼 것이 도공이나 대장장이에게 해를 끼쳤다고 할 수 없다. 도공이나 대장장이가 도구로 곡식과 바꾼 것이 설마 농부에게 해를 끼쳤다고 할 수 있느냐? 또한 허자는 왜 자기가 직접 그릇을 굽고 철을 녹여서 무슨 기물이든 만들어 모두 집안에 준비해 두고 사용하지 않느냐? 왜 허자는 어지럽고 복잡하게 각종 기술자와 거래를 하느냐? 왜 허자는 그렇게 번거로운 것을 염려하지 않느냐?"

진상이 대답했다.

"각종 기술자의 일은 본래 농사를 지으면서 동시에 할 수 있는 것이 아닙니다."

맹자가 말했다.

"그렇다면 국가를 관리하는 일은 농사를 지으면서 동시에 할 수 있는 일이란 말이냐? 대인(관리)의 일이 있고 소인(백성)의 일이 있다. 한 사람에게는 각종 기술자의 제품 모두 필요하다. 만약 모든 물건 하나하나를 스스로 만들어 사용해야 한다면, 이는 천하 사람을 이끌어 이리저리 다니며 피곤하게 하는 것이다.

그래서 어떤 사람은 두뇌 노동을 하고, 어떤 사람은 체력 노동을 한다. 두뇌 노동을 하는 사람은 남을 통치하고, 체력 노동을 하는 사람은 남에게 통치를 받는다. 통치를 받는 사람은 다른 사람을 먹여 살리고, 통치하는 사람은 그 사람에게 의지해 살아간다. 이것은 천하 어떤 곳에서든 공통 원칙이다.

요堯 임금 때, 천하가 아직 평온하지 않았다. 홍수가 나서 물이 세차게 흘러 온 세상에 범람하고, 초목이 빽빽하며 무성하고, 날짐승과 들짐승이 번식하며, 오곡은 자라지 않고, 날짐승과 들짐승이 사람을 해치고, 그것들의 발자국이 찍힌 길이 나라에 널렸다. 요 임금이 홀로 이걸 걱정하여, 순을 기용해서 정리를 맡겼다. 순은 백익伯益을 시켜서 불을 관장하게 하고, 백익이 산과 들과 연못과 택지 지대의 초목을 뜨거운 불로 태우자, 짐승들이 도망하여 숨었다. 우는 모든 강물을 소통시키고, 제수濟水와 누수漯水를 다스려 물길을 끌어 바다로 들어가게 하고, 여수汝水와 한수漢水를 트고, 회수淮水와 사수泗水를 빠져 나가게 하여 장강長江으로 들어가게 했다. 그제야 중국은 경작을 할 수 있게 되었다. 그때 우는 팔 년 동안 밖에 있으면서 자기 집 문 앞을 세 차례 지나갔는데 들어가지 못했으니, 하물며 경작을 하고 싶었어도 가능했겠느냐?

후직后稷은 백성들에게 파종과 수확과 오곡 재배를 가르쳤고, 오곡이 익어서 백성들이 양육되었다. 사람에게는 도가 있으니,

만약 배부르게 먹고 따뜻하게 입고 편안하게 거처하는데, 교육이 없다면 금수에 가깝다. 성인은 또한 이것을 우려하여 설契에게 사도司徒라는 관직을 주고 교육을 주관하게 하여 인륜을 가르치도록 했다. 부자지간에는 골육의 친함이 있고, 군신지간에는 의리의 덕목이 있고, 부부지간에는 내외의 구별이 있고, 노소지간에는 존비의 차례가 있고, 친구지간에는 믿음의 덕목이 있다는 것이다. 요는 '그들은 독려하고, 그들을 바로잡고, 그들을 도와주어, 그들이 각각 자기 위치를 갖게 한 연후에 덕을 쌓게 한다'고 했다. 성인이 백성을 위해 생각하는 것이 이와 같았는데, 또한 밭을 갈고 씨를 뿌릴 겨를이 있었겠느냐?

요는 순과 같은 사람을 얻지 못하는 것을 자기 근심으로 삼았고, 순은 우와 고요皐陶 같은 사람을 얻지 못하는 것을 자기의 근심으로 삼았다. 백 무 밭을 잘 경작하지 못할까 근심하는 사람이 농부이다.

재물을 다른 사람에게 나누어 주는 것을 '혜惠'라고 하고, 좋은 이치를 다른 사람에게 가르쳐주는 것을 '충忠'이라고 하고, 천하의 백성을 위해 뛰어난 인재를 찾아내는 것을 '인仁'이라고 한다. 천하를 다른 사람에게 양도하는 것은 그래도 쉽고, 천하를 위해 뛰어난 인재를 찾아내는 것은 오히려 어렵다.

그래서 공자는 '요가 천자 노릇을 한 것은 참으로 위대하다. 오직 하늘만이 가장 위대하고, 또한 오직 요만이 하늘을 본받을 수 있었다. 요의 성스러운 덕은 끝없이 광활하여, 백성들이 그를 찬미할 적당한 단어를 찾지 못했다. 순도 대단한 천자이다. 사람들이 공경하고 복종하여 천하에 앉게 했고, 자기는 그것을 누리거나 차지하지 않았다'고 했다. 요순이 천하를 다스리는 데, 마음을 쓰지 않았다고 할 수 있겠느냐? 다만 그것을 농사짓는 것에 쓰지 않았을 뿐이다.

나는 중국의 것으로 낙후된 국가를 변화시켰다는 것을 들었을 뿐, 낙후된 국가의 것으로 중국을 변화시켰다는 것을 들어본 적이 없다. 진량은 본래 초나라에서 출생했는데, 도리어 주공과 공자의 학설을 좋아하여, 남쪽에서 북쪽으로 가서 공부하였다. 북방의 학자조차 그를 능가할 만한 사람이 없었으니, 그는 참으로 이른바 호걸지사이다. 너희 형제는 그에게 수십 년을 배우더니, 그가 죽자 끝내 완전히 그를 배반했다.

예전에 공자가 세상을 떠나고 삼 년 이후 문인들이 행장을 꾸려서 돌아갈 준비를 하고, 자공이 묵던 곳에 들어가 읍하고 작별을 고하고, 서로를 향해 곡을 하였는데, 소리가 나오지 못할 정도가 되어서야 비로소 떠났다. 자공은 또 묘지로 돌아가 다시 집을 짓고, 홀로 삼 년을 지낸 후에 돌아갔다. 시간이 흐른 뒤에 자하, 자장, 자유는 유약이 공자를 닮았다고 생각해서, 공자를 존경하는 예로 그를 섬기자며, 증자에게 동의할 것을 권했다. 증자가 말했다. '안 된다. 선생님은 마치 장강과 한수의 물로 씻은 것과 같고, 가을 태양 아래 쪼인 것과 같이, 정말로 더할 수 없이 깨끗하다'라고 했다.

지금 허행이라는 남방 야만인이 이상하고 괴이한 말을 하면서, 우리 선왕의 도를 비난하는데, 너희들은 도리어 너희들의 스승을 배반하고 그에게 배우니, 이것은 증자의 태도와 상반된다. 나는 새가 깊고 어두운 산골짜기를 나와서 높고 큰 나무로 옮겨 간다는 것은 들었어도, 높고 큰 나무를 떠나 깊고 어두운 산골짜기로 들어간다는 말은 듣지 못했다. 《시경》의 〈노송魯頌〉에서 '융적戎狄을 공격하고, 형서荊舒를 응징하네'라고 한 바가 있으니, 주공 역시 공격하려고 했는데, 너는 도리어 그에게서 배우니, 이것은 그야말로 변할수록 나빠지는 것이다."

진상이 말했다.

"만약 허자의 학설을 따른다면, 시장의 물가를 일치되게 할 수 있어서, 사람마다 속임을 당하는 일이 없습니다. 가령 어린아이를 시장에 보내더라도 그를 속이는 사람이 없습니다. 베필과 비단의 길이가 같아서 가격이 똑같고, 마실과 면실의 무게가 같아서 가격이 똑같고, 곡식의 양이 같아서 가격 역시 똑같고, 신발의 크기가 같아서 가격 역시 똑같습니다."

맹자가 말했다.

"각종 물건의 품종과 품종이 일치하지 않는 것은 자연스러운 것이다. 어떤 경우에는 한 배 다섯 배 차이가 나고, 어떤 경우에는 열 배 백 배 차이가 나고, 어떤 경우에는 천 배 만 배 차이가 난다. 네가 그것들의 가격을 완전히 일치시키려고 한다면, 오직 천하를 어지럽히는 것일 뿐이다. 좋은 신발과 나쁜 신발이 가격이 같다면 사람들이 이를 받아들이겠느냐? 허자의 학설을 따르는 것은 모두를 이끌어 허위로 나아가게 하는 것이니, 어찌 국가를 다스릴 수 있겠느냐?"

○ 신농의 설을 연구한다는 허행 일파와 논쟁한 내용이다. 농가農家 또는 중농학파라고 하였으며, 논쟁 내용으로 보아 사람이 자

기의 먹거리를 위한 농작물은 각자 직접 재배하여 해결해야 한다고 주장한 것으로 보인다. 이에 대해 맹자는 사람은 저마다 전공과 장기가 따로 있어서 모든 사람이 농사에 종사할 수는 없고, 교환 및 매매를 통해 각자 생산품을 유통하는 것이 필요하다고 보았다.

有爲神農之言者許行, 自楚之滕, 踵門而告文公曰: "遠方之人聞君行仁政,
유위신농지언자허행 자초지등 종문이고문공왈 원방지인문군행인정

願受一廛而爲氓."
원수일전이위맹

文公與之處.
문공여지처

其徒數十人, 皆衣褐, 捆屨織席以爲食.
기도수십인 개의갈 곤구직석이위식

陳良之徒陳相與其弟辛負耒耜而自宋之滕, 曰: "聞君行聖人之政,
진량지도진상여기제신부뢰사이자송지등 왈 문군행성인지정

是亦聖人也, 願爲聖人氓."
시역성인야 원위성인맹

陳相見許行而大悅, 盡棄其學而學焉.
진상견허행이대열 진기기학이학언

陳相見孟子, 道許行之言曰: "滕君則誠賢君也; 雖然, 未聞道也.
진상견맹자 도허행지언왈 등군즉성현군야 수연 미문도야

賢者與民並耕而食, 饔飧而治. 今也滕有倉廩府庫, 則是厲民而以自養也,
현자여민병경이식 옹손이치 금야등부창름부고 즉시려민이이자양야

惡得賢?"
오득현

孟子曰: "許子必種粟而後食乎?"
맹자왈 허자필종속이후식호

曰: "然."
왈 연

"許子必織布而後衣乎?"
허자필직포이후의호

曰: "否; 許子衣褐."
왈 부 허자의갈

"許子冠乎?"
허자관호

曰:"冠."
왈 관

曰:"奚冠?"
왈 해관

曰:"冠素."
왈 관소

曰:"自織之與?"
왈 자직지여

曰:"否; 以粟易之."
왈 부 이속역지

曰:"許子奚爲不自織?"
왈 허자해위부자직

曰:"害於耕."
왈 해어경

曰:"許子以釜甑爨, 以鐵耕乎?"
왈 허자이부증찬 이철경호

曰:"然"
왈 연

"自爲之與?"
자위지여

曰:"否; 以粟易之."
왈 부 이속역지

"以粟易械器者, 不爲厲陶冶; 陶冶亦以其械器易粟者, 豈爲厲農夫哉?
이속역계기자 불위려도야 도야역이기계기역속자 기위려농부재

且許子何不爲陶冶, 舍皆取諸其宮中而用之? 何爲紛紛然與百工交易?
차허자하불위도야 사개취저기궁중이용지 하위분분연여백공교역

何許子之不憚煩?"
하허자지불탄번

曰:"百工之事固不可耕且爲也."
왈 백공지사고불가경차위야

"然則治天下獨可耕且爲與? 有大人之事, 有小人之事.
연즉치천하독가경차위여 유대인지사 유소인지사

且一人之身, 而百工之所爲備, 如必自爲而後用之, 是率天下而路也. 故曰,
차일인지신 이백공지소위비 여필자위이후용지 시솔천하이로야 고왈

或勞心, 或勞力; 勞心者治人, 勞力者治於人; 治於人者食人, 治人者食於人,
혹로심 혹로력 로심자치인 로력자치어인 치어인자식인 치인자식어인

天下之通義也.
천하지통의야

“當堯之時, 天下猶未平, 洪水橫流, 氾濫於天下, 草木暢茂, 禽獸繁殖,
당요지시 천하유미평 홍수횡류 범람어천하 초목창무 금수번식

五穀不登, 禽獸偪人, 獸蹄鳥跡之道交於中國. 堯獨憂之, 擧舜而敷治焉.
오곡부등 금수핍인 수제조적지도교어중국 요독우지 거순이부치언

舜使益掌火, 益烈山澤而焚之, 禽獸逃匿. 禹疏九河, 瀹濟漯而注諸海,
순사익장화 익렬산택이분지 금수도닉 우소구하 약제탑이주저해

決汝漢, 排淮泗而注之江, 然後中國可得而食也. 當是時也, 禹八年於外,
결여한 배회사이주지강 연후중국가득이식야 당시시야 우팔년어외

三過其門而不入, 雖欲耕, 得乎?”
삼과기문이불입 수욕경 득호

“后稷敎民稼穡, 樹藝五穀; 五穀熟而民人育. 人之有道也, 飽食·煖衣·
후직교민가색 수예오곡 오곡숙이민인육 인지유도야 포식 난의

逸居而無敎, 則近於禽獸. 聖人有憂之, 使契爲司徒, 敎以人倫, 父子有親,
일거이무교 즉근어금수 성인유우지 사설위사도 교이인륜 부자유친

君臣有義, 夫婦有別, 長幼有敍, 朋友有信. 放勳曰: ‘勞之來之, 匡之直之,
군신유의 부부유별 장유유서 붕우유신 방훈왈 로지래지 광지직지

輔之翼之, 使自得之, 又從而振德之.’ 聖人之憂民如此, 而暇耕乎?
보지익지 사자득지 우종이진덕지 성인지우민여차 이가경호

“堯以不得舜爲己憂, 舜以不得禹皐陶爲己憂. 夫以百畝之不易爲己憂者,
요이부득순위기우 순이부득우고요위기우 부이백무지불역위기우자

農夫也. 分人以財謂之惠, 敎人以善謂之忠, 爲天下得人者謂之仁.
농부야 분인이재위지혜 교인이선위지충 위천하득인자위지인

是故以天下與人易, 爲天下得人難. 孔子曰: ‘大哉堯之爲君!
시고이천하여인이 위천하득인난 공자왈 대재요지위군

惟天爲大, 惟堯則之, 蕩蕩乎民無能名焉! 君哉舜也! 巍巍乎有天下而不與焉!’
유천위대 유요칙지 탕탕호민무능명언 군재순야 외외호유천하이불여언

堯舜之治天下, 豈無所用其心哉? 亦不用於耕耳.
요순지치천하 기무소용기심재 역불용어경이

“吾聞用夏變夷者, 未聞變於夷者也. 陳良, 楚産也, 悅周公·
오문용하변이자 미문변어이자야 진량 초산야 열주공

仲尼之道, 北學於中國. 北方之學者, 未能或之先也. 彼所謂豪傑之士也.
중니지도 북학어중국 북방지학자 미능혹지선야 피소위호걸지사야

子之兄弟事之數十年, 師死而遂倍之! 昔者孔子沒, 三年之外, 門人治任將歸,
자지형제사지수십년 사사이수배지 석자공자몰 삼년지외 문인치임장귀

入揖於子貢, 相嚮而哭, 皆失聲, 然後歸. 子貢反, 築室於場, 獨居三年, 然後歸.
입읍어자공 상향이곡 개실성 연후귀 자공반 축실어장 독거삼년 연후귀

他日, 子夏•子張•子游以有若似聖人, 欲以所事孔子事之, 强曾子. 曾子曰:
타일 자하 자장 자유이유약사성인 욕이소사공자사지 강증자 증자왈

'不可; 江漢以濯之, 秋陽以暴之, 皜皜乎不可尙已.' 今也南蠻鴃舌之人,
불가 강한이탁지 추양이폭지 호호호불가상이 금야남만격설지인

非先王之道, 子倍子之師而學之, 亦異於曾子矣. 吾聞出於幽谷遷於喬木者,
비선왕지도 자배자지사이학지 역이어증자의 오문출어유곡천어교목자

未聞下喬木而入於幽谷者. 魯頌曰: '戎狄是膺, 荊舒是懲.' 周公方且膺之,
미문하교목이입어유곡자 로송왈 융적시응 형서시징 주공방차응지

子是之學, 亦爲不善變矣".
자시지학 역이불선변의

"從許子之道, 則市賈不貳, 國中無僞; 雖使五尺之童適市, 莫之或欺.
종허자지도 즉시가불이 국중무위 수사오척지동적시 막지혹기

布帛長短同, 則賈相若; 麻縷絲絮輕重同, 則賈相若; 五穀多寡同, 則賈相若;
포백장단동 즉가상약 마루사서경중동 즉가상약 오곡다과동 즉가상약

屨大小同, 則賈相若."
구대소동 즉가상약

曰: "夫物之不齊, 物之情也; 或相倍蓰, 或相什百, 或相千萬. 子比而同之,
왈 부물지부제 물지정야 혹상배사 혹상십백 혹상천만 자비이동지

是亂天下也. 巨屨小屨同賈, 人豈爲之哉? 從許子之道, 相率而爲僞者也,
시란천하야 거구소구동가 인기위지재 종허자지도 상솔이위위자야

惡能治國家?"
오능치국가

05

묵가墨家 신도 이지夷之가 서벽徐辟을 통해 맹자를 만나려고 했다.

맹자가 말했다.

"내가 원래 만나보고 싶었지만 지금은 병이 있다. 병이 나으면 내가 그를 만나러 갈 테니, 그가 찾아올 필요 없다고 전해라."

얼마 시간이 지나서 또 맹자를 찾아오겠다고 했다.

맹자가 말했다.

"지금은 만날 수 있다. 솔직하게 말하지 않으면, 진리를 표현할 수 없는 법이니, 내가 잠시 솔직하게 말해 보겠다. 나는 이자가 묵가 신도라고 들었다. 묵가는 상례와 장례를 처리할 때 박하게 하는 것이 합리적이라고 생각한다. 이자는 천하를 개혁하려고 하니, 자연히 박하게 장례를 치르지 않는 것은 귀하게 여길 것이 못된다고 생각할 것이다. 그러나 이자는 부모를 매장할 때 도리어 대단히 성대하게 했다. 이것은 바로 그가 경시하고 부정하는 것으로 그의 부모를 대한 것이다."

서자가 이 말을 이자에게 알렸다.

이자가 말했다.

"유가의 학설에서는 옛날 사람은 마치 아기를 사랑하듯 백성을 사랑했다고 하는데, 이 말은 무슨 뜻입니까? 저는 사랑은 차등이 없고 베푸는 것은 부모로부터 시작된다는 뜻으로 봅니다."

서자가 이 말을 맹자에게 알렸다.

맹자가 말했다.

"이자는 정말로 사람들이 조카를 사랑하는 것과 이웃의 아기를 사랑하는 것이 똑같다고 생각하는가? 이자는 일부만 파악한 것에 불과할 뿐이다. 아기가 땅에서 기어서 우물에 빠지려고 하면, 이는 물론 아기 자신의 잘못이 아니다. 또한 하늘이 만물을 낳게 할 때 오직 하나의 근원이 있는데, 이자는 도리어 두 개의 근원이 있다고 보기 때문이다.

대개 상고 시대에는 부모의 장례를 치르지 않는 경우가 있었는데, 부모가 죽으면 들고 가서 산골짜기에 버렸다. 나중에 그곳을 지나는데, 여우와 이리가 뜯어 먹고 있고, 파리와 모기가 빨아 먹고 있었다. 그 사람은 자기도 모르게 이마에 회한의 땀이 흐르고, 감히 바로 보지 못하고 눈동자를 옆으로 돌렸다. 여기서 땀을 흘린 것은 다른 사람이 보라고 흘린 것이 아니라, 마음에서 우러나 얼굴에 드러난 것이다. 아마도 그는 집에 돌아가 호미와 삼태기를 가지고 와서 시신을 묻었을 것이다. 시신을 매장한 것은 참으로 옳다. 그렇다면 효자와 인자가 부모를 매장하는 것은 자연히 그 이치가 있는 것이다."

서자가 이 말을 이자에게 알렸다. 이자는 아주 창망하게 잠시 있다가 말했다.

"잘 알았습니다."

○ 이번에는 묵가 학파와의 논쟁이다. 묵가는 검소와 검약을 주장했고, 특히 상례나 장례를 사치스럽게 치르는 것을 반대했다. 그리고 인간의 사랑은 누구에게나 차등이 없이 공평하게 작용한다고 보았다. 반면에 유가에서는 나와 가까운 사람에 대한 사랑

을 점점 인류에게로 확대하는 것이라고 주장하여, 사랑에 차등이 있다는 것을 인정했다.

墨者夷之因徐辟而求見孟子. 孟子曰:“吾固願見, 今吾尙病, 病愈, 我且往見,
묵자이지인서벽이구견맹자 맹자왈 오고원견 금오상병 병유 아차왕견

夷子不來!”
이자불래

他日, 又求見孟子. 孟子曰:“吾今則可以見矣. 不直, 則道不見;
타일 우구견맹자 맹자왈 오금즉가이견의 부직 즉도불견

我且直之. 吾聞夷子墨者, 墨之治喪也, 以薄爲其道也; 夷子思以易天下,
아차직지 오문이자묵자 묵지치상야 이박위기도야 이자사이역천하

豈以爲非是而不貴也; 然而夷子葬其親厚, 則是以所賤事親也.”
기이위비시이불귀야 연이이자장기친후 즉시이소천사친야

徐子以告夷子.
서자이고이자

夷子曰:“儒者之道, 古之人若保赤子, 此言何謂也? 之則以爲愛無差等,
이자왈 유자지도 고지인약보적자 차언하위야 지즉이위애무차등

施由親始.”
시유친시

徐子以告孟子.
서자이고맹자

孟子曰:“夫夷子信以爲人之親其兄之子爲若親其鄰之赤子乎? 彼有取爾也.
맹자왈 부이자신이위인지친기형지자위약친기린지적자호 피유취이야

赤子匍匐將入井, 非赤子之罪也. 且天之生物也, 使之一本, 而夷子二本故也.
적자포복장입정 비적자지죄야 차천지생물야 사지일본 이이자이본고야

蓋上世嘗有不葬其親者, 其親死, 則擧而委之於壑. 他日過之, 狐狸食之,
개상세상유부장기친자 기친사 즉거이위지어학 타일과지 호리식지

蠅蚋姑嘬之. 其顙有泚, 睨而不視. 夫泚也, 非爲人泚, 中心達於面目,
승예고최지 기상유차 예이불시 부차야 비위인차 중심달어면목

蓋歸反虆梩而掩之. 掩之誠是也, 則孝子仁人之掩其親, 亦必有道矣.”
개귀반루리이엄지 엄지성시야 즉효자인인지엄기친 역필유도의

徐子以告夷子. 夷子憮然爲閒曰:“命之矣.”
서자이고이자 이자무연위한왈 명지의

제6편

등문공 하

(滕文公)

01

진대陳代가 말했다.

“선생님께서 제후를 만나러 가시지 않는 것은 단지 작은 명분에 얽매이는 것 같습니다. 지금 같은 때에 제후를 만나신다면, 크게는 어진 정치를 실행하여 천하를 통일할 수 있을 것이요, 작게는 패자를 칭하실 수 있을 것입니다. 또한 옛날 기록에서 말하기를 ‘한 자를 굽혀 여덟 자를 곧게 펼 수 있다면 한번 해 볼만하다’고 말했습니다.”

맹자가 말했다.

“예전에 제나라 경공이 사냥을 나갔다가, 깃털로 장식한 깃발로 사냥터 관리인을 불렀는데 관리인이 오지 않자 그를 죽이려고 했다. 뜻있는 사람은 시체가 산골짜기에 버려지는 것을 두려워하지 않으며, 용감한 사람은 머리가 날아가는 것을 두려워하지 않는다. 공자는 그 사냥터 관리인으로부터 어떤 점을 취했겠는가? 바로 자기가 받아들일 소환의 예가 아니면 결코 가지 않은 점을 취한 것이다. 가령 내가 제후가 부르는 것을 기다리지 않고, 먼저 찾아간다면 어떻겠느냐?

또한 네가 말한 ‘굽히는 것은 겨우 한 자요, 곧게 펴지는 것은 여덟 자’라는 것은 순전히 이익의 관점에서 생각한 것이다. 만약 오로지 이익의 관점에서 생각한다면 굽히는 것이 여덟 자나 되고 곧게 펴지는 것은 겨우 한 자라도, 이익이 된다면 해볼 수 있단 말이냐?

예전에 조趙나라 간자簡子가 왕량王良에게 명령하여 총애하는 신하 혜奚를 위해 마차를 몰고 사냥을 가게 했는데, 하루 종일 한 마리도 잡지 못했다. 혜는 간자에게 '왕량은 형편없는 마차꾼입니다'라고 보고했다. 어떤 사람이 그 말을 왕량에게 알렸다. 왕량은 다시 한 번 해보기를 희망한다고 말했다. 혜는 극구 부탁을 받고 나서야 비로소 허락해서, 어느 날 아침나절에 짐승을 열 마리나 잡았다. 그러자 다시 '왕량은 훌륭한 마차꾼입니다'라고 보고했다. 그러자 조나라 간자가 말했다. '그렇다면 나는 그에게 전문적으로 너를 위해 마차를 몰게 하겠다.'

왕량에게 말하자, 왕량은 받아들이지 않으며 말했다. '제가 규칙대로 수레를 달리자 하루 종일 새 한 마리도 잡지 못했습니다. 제가 규칙을 어기고 수레를 모니 아침나절에 짐승을 열 마리나 잡았습니다. 그러나 《시경》에서는 '규칙대로 수레 달려, 화살 쏘면 명중하네'라고 했습니다. 저는 소인을 위해 마차를 모는 것을 해본 적이 없으니, 이 일은 제가 맡지 못하겠습니다.'

마차를 모는 사람조차 나쁜 사수와 같이 일하는 것을 부끄럽게 여기고, 같이 사냥한 짐승이 산과 같이 쌓인다고 하더라도 그렇게 하지 않는다. 우리가 먼저 스스로의 뜻과 주장을 굴욕당하면서 제후를 따르는 것을 어찌 하겠느냐? 역시 네가 잘못이다. 자신이 정직하지 않은 사람은 지금껏 다른 사람을 정직하게 할 수 없었다."

○ 옛날에 군왕이 신하를 부르려면 신하의 지위에 따라 부르는 물건이 달랐다고 한다. 대부를 부를 때는 깃발을 보내고, 선비를 부를 때는 활을 보내고, 사냥터 관리인을 부를 때는 가죽 모자를

보냈다고 한다. 제나라 경공의 사냥터 관리인은 깃발로 자기를 불렀기 때문에 가지 않았다는 것이다.
여기서 진대는 맹자의 이상이 제후가 왕도 정치를 행하도록 하는 것에 있다면 제후를 만나는 절차나 과정이 어떠한들 상관없지 않느냐는 뜻으로 물은 것이다. 이에 대해 맹자는 제나라 경공의 사냥터 관리인과 조나라 간자의 마부인 왕량의 이야기를 예로 들어 오로지 목표 달성만을 위해서 절차나 과정을 굽혀서는 안 된다고 말한 것이다.

陳代曰:"不見諸侯, 宜若小然; 今一見之, 大則以王, 小則以覇.
진대왈 불견제후 의약소연 금일견지 대즉이왕 소즉이패

且志曰:'枉尺而直尋, 宜若可爲也.' 孟子曰:"昔齊景公田, 招虞人以旌, 不至,
차지왈 왕척이직심 의약가위야 맹자왈 석제경공전 초우인이정 부지

將殺之. 志士不忘在溝壑, 勇士不忘喪其元. 孔子奚取焉? 取非其招不往也.
장살지 지사불망재구학 용사불망상기원 공자해취언 취비기초불왕야

如不待其招而往, 何哉? 且夫枉尺而直尋者, 以利言也. 如以利,
여부대기초이왕 하재 차부왕척이직심자 이리언야 여이리

則枉尋直尺而利, 亦可爲與? 昔者趙簡子使王良與嬖奚乘, 終日而不獲一禽.
즉왕심직척이리 역가위여 석자조간자사왕량여폐해승 종일이불획일금

嬖奚反命曰:'天下之賤工也.' 或以告王良. 良曰:'請復之.' 强而後可,
폐해반명왈 천하지천공야 혹이고왕량 량왈 청부지 강이후가

一朝而獲十禽. 嬖奚反命曰:'天下之良工也.' 簡子曰:'我使掌與女乘.'
일조이획십금 폐해반명왈 천하지량공야 간자왈 아사장여녀승

謂王良. 良不可, 曰:'吾爲之範我馳驅, 終日不獲一; 爲之詭遇, 一朝而獲十.
위왕량 량불가 왈 오위지범아치구 종일불획일 위지궤우 일조이획십

詩云:"不失其馳, 舍矢如破." 我不貫與小人乘, 請辭.' 御者且羞與射者比;
시운 불실기치 사시여파 아불관여소인승 청사 어자차수여사자비

比而得禽獸, 雖若丘陵, 弗爲也. 如枉道而從彼, 何也? 且子過矣: 枉己者,
비이득금수 수약구릉 불위야 여왕도이종피 하야 차자과의 왕기자

未有能直人者也."
미유능직인자야

02

경춘景春이 말했다.

"공손연公孫衍과 장의張儀는 진정한 대장부가 아닙니까? 그들이 한번 화를 내자 제후들이 모두 무서워하고, 안정하자 천하가 태평하여 전쟁이 없어졌습니다."

맹자가 말했다.

"이를 어찌 대장부라고 할 수 있겠느냐? 너는 예를 배운 적이 없느냐? 남자는 가관加冠의 예를 거행할 때 부친이 가르침을 주고, 여자는 출가할 때 모친이 가르침을 주어 문가까지 전송하는데, '너의 집에 가게 되면, 공경하고 겸양하여, 남편의 뜻을 어기지 않도록 하라'고 경계하여, 순종을 바른 원칙으로 삼았다. 이것이 부녀의 도이다.

천하에서 가장 넓은 집에서 살고, 천하에서 가장 바른 위치에 서고, 천하에서 가장 큰길을 간다. 뜻을 얻으면 백성과 함께 큰길을 따라 전진하고, 뜻을 얻지 못하면 홀로 자기의 원칙을 굳건히 지키며, 부귀함도 내 마음을 어지럽힐 수 없고, 빈천함도 내 뜻을 변하게 할 수 없고, 무력과 위엄도 내 절개를 굴복시킬 수 없다. 이렇게 해야만 비로소 대장부라고 한다."

○ 공손연과 장의는 유세가이다. 종횡가라고도 한다. 경춘도 이들에게 관심이 많았던 사람인 듯하다. 유세가는 천하의 제후국을 돌아다니며 합종과 연횡을 주도한 것으로 유명하다. 언변과 화술이 뛰어나 각국의 제후를 자기가 원하는 방향으로 설득해 국가

간 외교와 연맹을 좌지우지했다. 맹자는 이익을 추구하는 군주에 영합해 원리 원칙 없이 때에 따라 화려한 언변으로 합종과 연횡을 좌지우지하던 유세가를 싫어했다. 그래서 어떤 형세에도 굽히거나 흔들리지 않고, 당당하게 자기 길을 가는 사람을 대장부라고 했다.

景春曰: "公孫衍•張儀豈不誠大丈夫哉? 一怒而諸侯懼, 安居而天下熄."
경춘왈 공손연 장의기불성대장부재 일노이제후구 안거이천하식

孟子曰: "是焉得爲大丈夫乎? 子未學禮乎? 丈夫之冠也, 父命之;
맹자왈 시언득위대장부호 자미학례호 장부지관야 부명지

女子之嫁也, 母命之, 往送之門, 戒之曰: '往之女家, 必敬必戒, 無違夫子!'
녀자지가야 모명지 왕송지문 계지왈 왕지녀가 필경필계 무위부자

以順爲正者, 妾婦之道也. 居天下之廣居, 立天下之正位, 行天下之大道;
이순위정자 첩부지도야 거천하지광거 립천하지정위 행천하지대도

得志, 與民由之; 不得志, 獨行其道. 富貴不能淫, 貧賤不能移, 威武不能屈,
득지 여민유지 부득지 독행기도 부귀불능음 빈천불능이 위무불능굴

此之謂大丈夫."
차지위대장부

03

주소周霄가 물었다.

"옛날 군자는 관직을 지냈습니까?"

맹자가 대답했다.

"관직을 지냈다. 고적에서 '공자는 자기를 임용하는 군주가 석 달 동안 없으면 매우 조급해 했고, 한 나라를 떠날 때는 반드시 다른 나라 군주를 처음 만날 때 전할 예물을 준비해 갔다'고 했고, 공명의 역시 '옛날 사람들은 석 달 동안 임용하는 군주가 없으면 위로하고 동정했다'고 했다."

주소가 물었다.

"석 달 동안 군주를 찾지 못했다고 해서 위로하는 것은 너무 급한 것 아닙니까?"

맹자가 대답했다.

"선비가 관직을 잃은 것은 마치 제후가 국가를 잃은 것과 같다. 《예기》에서 '제후가 몸소 경작에 참가하는 것은 제사 용품을 마련하기 위해서이며, 부인이 몸소 누에를 치고 실을 뽑는 것은 제사 복장을 마련하기 위해서이다. 소와 양이 살찌고 건강하지 않고, 곡식이 정결하지 않고, 제사 복장을 갖추지 못하면, 감히 제사를 지내지 않았다. 선비가 만약 밭이 없다면, 또한 제사를 지낼 수 없다'고 말했다. 희생, 제기, 제복이 갖추어지지 않으면 감히 제사를 지내지 못했고 감히 연회를 열 수도 없었으니, 위로하면 안 된단 말인가?"

주소가 또 물었다.

"나라의 경계를 떠날 때 예물을 반드시 가지고 간 것은 또 무슨 이치입니까?"

맹자가 대답했다.

"선비가 관리를 하는 것은 마치 농민이 밭을 가는 것과 같다. 농민이 설마 나라의 경계를 떠난다고 해서 농기구를 버리느냐?"

주소가 말했다.

"진나라도 역시 할 만한 관직이 있는 국가인데, 이렇게 급하게 관직을 찾는 것을 일찍이 들어본 적이 없습니다. 이와 같이 급박하게 관직을 찾는데, 군자는 경솔하게 관직을 하지 않는 것은 또 무슨 이치입니까?"

맹자가 말했다.

"남자아이가 일단 태어나면 부모는 아내를 찾아주기를 희망하고, 여자아이가 일단 태어나면 부모는 남편을 찾아주기를 희망한다. 부모의 이와 같은 마음을 모든 사람이 갖고 있다. 그러나 만약 부모가 입을 여는 것도 기다리지 않고, 중매자의 소개도 거치지 않고, 자기가 구멍을 뚫고 문틈을 긁어 서로 엿보다가, 담장을 기어 넘어 몰래 만난다면, 부모와 사회 인사들은 모두 경시할 것이다.

옛날 사람들은 관직을 하고 싶지 않은 것이 아니라, 다만 예의에 맞지 않는 길을 통해 관직을 찾는 것을 싫어했다. 예의에 맞는 길을 통하지 않는 것은 마치 남자와 여자가 구멍을 뚫고 문틈을 긁는 것과 똑같다."

○ 농부는 농사가 생업이라면 군자는 관직이 생업이라고 할 수

있다. 그런 의미에서 군자는 힘써서 관직을 구해야 하고, 석 달 동안 관직을 구하지 못하면 위로를 받기도 하고, 관직을 구할 때 조급할 수도 있다. 그러나 아무리 조급해도 절차를 무시하거나 부정한 수단을 동원하여 관직을 구할 수는 없다는 말이다.

周霄問曰:"古之君子仕乎?"
주소문왈 고지군자사호

孟子曰:"仕. 傳曰:'孔子三月無君, 則皇皇如也, 出疆必載質.' 公明儀曰:
맹자왈 사 전왈 공자삼월무군 즉황황여야 출강필재질 공명의왈

'古之人三月無君, 則弔.'" "三月無君則弔, 不以急乎?"
고지인삼월무군 즉조 삼월무군즉조 불이급호

曰:"士之失位也, 猶諸侯之失國家也. 禮曰:'諸侯耕助, 以供粢盛; 夫人蠶繅,
왈 사지실위야 유제후지실국가야 례왈 제후경조 이공자성 부인잠소

以爲衣服. 犧牲不成, 粢盛不潔, 衣服不備, 不敢以祭. 惟士無田, 則亦不祭.'
이위의복 희생불성 자성불결 의복불비 불감이제 유사무전 즉역부제

牲殺·器皿·衣服不備, 不敢以祭, 則不敢以宴, 亦不足弔乎?" "出疆必載質,
생살 기명 의복불비 불감이제 즉불감이연 역부족조호 출강필재질

何也?"
하야

曰:"士之仕也, 猶農夫之耕也; 農夫豈爲出疆舍其耒耜哉?"
왈 사지사야 유농부지경야 농부기위출강사기뢰사재

曰:"晉國亦仕國也, 未嘗聞仕如此其急. 仕如此其急也, 君子之難仕, 何也?"
왈 진국역사국야 미상문사여차기급 사여차기급야 군자지난사 하야

曰:"丈夫生而願爲之有室, 女子生而願爲之有家; 父母之心, 人皆有之.
왈 장부생이원위지유실 녀자생이원위지유가 부모지심 인개유지

不待父母之命·媒妁之言, 鑽穴隙相窺, 踰牆相從, 則父母國人皆賤之.
부대부모지명 매작지언 찬혈극상규 유장상종 즉부모국인개천지

古之人未嘗不欲仕也, 又惡不由其道. 不由其道而往者, 與鑽穴隙之類也."
고지인미상불욕사야 우오불유기도 불유기도이왕자 여찬혈극지류야

04

팽경彭更이 물었다.

"따르는 수레가 수십 대이고, 따르는 사람이 수백 명인데, 이 나라에서 저 나라로 다니면서 먹고 산다면 너무 지나친 것 아닙니까?"

맹자가 대답했다.

"이치에 맞지 않으면 다른 사람으로부터 밥 한 그릇도 받을 수 없고, 이치에 맞으면 순이 요의 천하를 받아들여도 지나치다고 하지 않았다. 너는 지나치다고 생각하느냐?"

팽경이 말했다.

"그걸 말한 것이 아닙니다. 공부한 사람이 일하지 않고, 먹기만 하는 것은 안 된다는 것입니다."

맹자가 말했다.

"사람들 각각의 성과와 작업이 서로 소통되지 않고, 남은 것이 있어도 모자란 곳에 채워주지 않는다면, 농민은 곡식이 남아돌고, 여성은 옷감이 남아돌 것이다. 있는 것과 없는 것을 서로 소통시킨다면, 목수나 수레공 모두 먹고 살 수 있을 것이다.

만약 어떤 사람이 있는데, 집에 들어가면 부모에게 효도하고, 집을 나서면 윗사람을 존경하고, 옛날 성왕의 예와 법도를 잘 지키며, 후대의 학자를 길러 내는데도 먹고살 수 없다면 이것은 목수나 수레공은 존귀하게 여기면서 인의지사仁義之士는 경시하는 것 아니겠느냐?"

팽경이 말했다.

"목수나 수레공은 그 동기가 본래 생계를 꾸리기 위한 것이었습니다. 군자가 학술을 연구하고 왕도를 추구하는 것도 그 동기가 생계를 꾸리기 위한 것입니까?"

맹자가 말했다.

"너는 왜 동기를 따지려 하느냐? 그들이 너에게 공적이 있어서 먹을 것을 줄만 하면 먹을 것을 주는 것이다. 또한 너는 동기를 따져서 먹을 것을 주느냐, 아니면 공적을 따져서 먹을 것을 주느냐?"

팽경이 대답했다.

"동기를 따집니다."

맹자가 말했다.

"만약 어떤 장인이 있는데, 집의 기와를 부수고 새로 칠한 벽에다 어지럽게 그림을 그렸지만, 그의 동기가 먹을 것을 구하기 위한 것이라면 너는 그에게 먹을 것을 주겠느냐?"

팽경이 대답했다.

"아닙니다."

맹자가 말했다.

"그렇다면, 너는 동기를 따지는 것이 아니라 공적을 따지는 것이다."

○ 팽경은 맹자의 제자라는 설이 있다. 농민은 식량을 직접 생산하고, 목수나 수레공은 전문 기술을 가지고 필요한 곳에 제공해 식량을 대가로 받아 생계를 유지한다. 군자나 선비는 식량을 생산하지도 않고 생활에 필요한 기술을 보유하지도 않아서 생계를

유지하기가 쉽지 않다. 그러므로 군자는 관직에 나가 정치와 행정을 보좌하고 급여를 받아서 생활해야 한다. 이들 또한 적절한 자리에 배치되도록 힘쓰는 것이 군주의 일이란 말이다.

彭更問曰: "後車數十乘, 從者數百人, 以傳食於諸侯, 不以泰乎?"
팽경문왈 후거수십승 종자수백인 이전식어제후 불이태호

孟子曰: "非其道, 則一簞食不可受於人; 如其道, 則舜受堯之天下, 不以爲泰,
맹자왈 비기도 즉일단사불가수어인 여기도 즉순수요지천하 불이위태

子以爲泰乎?"
자이위태호

曰: "否; 士無事而食, 不可也."
왈 부 사무사이식 불가야

曰: "子不通功易事,
왈 자불통공역사

以羨補不足, 則農有餘粟, 女有餘布; 子如通之, 則梓匠輪輿皆得食於子.
이선보부족 즉농유여속 녀유여포 자여통지 즉재장륜여개득식어자

於此有人焉, 入則孝, 出則悌, 守先王之道, 以待後之學者, 而不得食於子;
어차유인언 입즉효 출즉제 수선왕지도 이대후지학자 이부득식어자

子何尊梓匠輪輿而輕爲仁義者哉?"
자하존재장륜여이경위인의자재

曰: "梓匠輪輿, 其志將以求食也; 君子之爲道也, 其志亦將以求食與?"
왈 재장륜여 기지장이구식야 군자지위도야 기지역장이구식여

曰: "子何以其志爲哉? 其有功於子, 可食而食之矣. 且子食志乎? 食功乎?"
왈 자하이기지위재 기유공어자 가식이식지의 차자식지호 식공호

曰: "食志."
왈 식지

曰: "有人於此, 毁瓦畫墁, 其志將以求食也, 則子食之乎?"
왈 유인어차 훼와화만 기지장이구식야 즉자식지호

曰: "否."
왈 부

曰: "然則子非食志也, 食功也."
왈 연즉자비식지야 식공야

05

만장萬章이 물었다.

“송나라는 작은 국가지만, 지금 어진 정치를 실행하려고 합니다. 제나라 초나라 두 대국이 이를 싫어하여 군대를 동원해 공격한다면, 어떻게 합니까?”

맹자가 말했다.

“탕이 박亳 지방에서 살고 있을 때, 갈나라와 이웃 사이였다. 갈백이 매우 방자하여 예법을 지키지 않고, 제사를 지내지 않았다. 탕이 사람을 보내 ‘왜 제사를 지내지 않습니까?’라고 묻자, ‘제사에 쓸 소와 양이 없습니다’라고 하여, 탕이 소와 양을 주었다. 그런데 갈백은 소와 양을 잡아먹고, 제사를 지내지 않았다.

탕이 또 사람을 보내 ‘왜 제사를 지내지 않습니까?’라고 묻자, ‘제물로 쓸 곡식이 없습니다’라고 하여, 탕이 박 지방에 정착해 살던 백성을 보내 갈백을 위해 농사를 짓게 하고, 노약자에게는 농사짓는 사람들에게 음식을 나르게 했다. 갈백은 자기 백성을 거느리고 가서 술과 안주와 좋은 밥을 가지고 가던 사람들을 가로막아 빼앗고, 내놓으려고 하지 않는 사람은 죽였다. 한 어린아이가 밥과 고기를 나르는데, 갈백은 끝내 그 아이를 죽이고 밥과 고기를 빼앗았다. 《서경》에서 ‘갈백은 밥을 나르는 사람들을 원수로 보았다’고 하였으니, 바로 이것을 말한다.

탕은 이 어린아이가 죽임을 당하자 갈백을 토벌했는데, 천하 사람들은 모두 ‘탕은 천하의 재부를 탐낸 것이 아니라 백성의 원한을 갚은 것이다’고 말했다. 탕의 전쟁은 갈나라로부터 시작하여 열한 차례 출정했는데, 항거할 수 있는 자가 없었다. 동쪽으로 출정하면 서쪽 사람들이 기뻐하지 않고, 남쪽으로 출정하면 북쪽 사람들이 기뻐하지 않아, '왜 우리가 있는 이곳을 먼저 공격하지 않는가?'라고 하여, 백성들이 그를 기다리는 것이 마치 큰 가뭄이 들었을 때 비를 고대하는 것과 같았다. 장사하는 사람들은 멈춘 적이 없었고, 호미질하는 사람들은 숨은 적이 없었다. 그 포학한 군주를 죽이고, 그 가련한 백성을 위로하니, 이 역시 때맞춰 비가 내리는 것과 같아서 백성들은 매우 기뻐했다. 《서경》에서 또한 '나의 왕을 기다리네. 왕이 오면 우리는 더 이상 죄를 받지 않으리라'라고 했다.

또 '유국攸國이 따르지 않아, 주왕이 동쪽으로 행차하여 토벌하여, 그 선남선녀들을 안정시켰고, 그들은 흑색과 황색으로 잘 꼰 비단을 광주리에 담아 주왕을 만날 수 있게 소개해줄 것을 간청하고, 영광을 얻어 주나라 신민이 되었다'고 했다. 이는 주 왕조 초년에 동쪽으로 유국을 정벌하던 상황을 설명한 것이다. 관리들이 흑색과 황색의 비단 묶음으로 광주리를 가득 채워 관리들을 영접하러 오고, 백성들은 대광주리에 밥을 담고 호리병에 마실 것을 담아 병사들을 마중하였으니, 주왕의 출병은 오직 백성들을 물과 불 가운데서 꺼내 주고 포악한 군주를 죽이기 위한 것이었음을 알 수 있다.

《서경》의 〈태서泰誓〉에서 '우리의 위무威武가 발양되어, 우국邗國의 강토까지 공격하고, 그 포학한 군왕을 죽이고, 또한 마땅히 죽어야 할 사람들은 모두 처단했으니, 이와 같은 공적은 탕보다 더욱 찬란하다'고 했다.

어진 정치를 실행하지 않으면 그만이지만, 만약 왕도 정치를 실행한다면 천하 사람들이 모두 고개를 들고 기다리면서 그가 와서 군왕이 되는 것을 옹호할 것이니, 제나라와 초나라가 강대하다 해도 무엇을 두려워하겠느냐?"

○ 제나라와 초나라 두 강대국 사이에 있었던 송나라 입장에서 두 강대국이 쳐들어오지 않게 하려면 어떻게 해야 하는지 만장이 물은 것에 맹자가 대답한 것이다.

맹자는 상나라 탕왕과 주나라 무왕을 예로 들어, 백성의 마음을 얻는 정치를 한다면 그 풍문이 이웃 나라에 퍼져서 모두가 귀의할 것이기 때문에 아무리 강대국 사이에 있어도 걱정할 필요가 없다고 말했다.

萬章問曰:"宋, 小國也; 今將行王政, 齊楚惡而伐之, 則如之何?"
만장문왈 송 소국야 금장행왕정 제초오이벌지 즉여지하

孟子曰:"湯居亳, 與葛爲鄰,
맹자왈 탕거박 여갈위린

葛伯放而不祀. 湯使人問之曰:'何爲不祀?', 曰:'無以供犧牲也.' 湯使遺之牛羊.
갈백방이불사 탕사인문지왈 하위불사 왈 무이공희생야 탕사견지우양

葛伯食之, 又不以祀. 湯又使人問之曰:'何爲不祀?' 曰:'無以供粢盛也.'
갈백식지 우불이사 탕우사인문지왈 하위불사 왈 무이공자성야

湯使亳衆往爲之耕, 老弱饋食. 葛伯率其民, 要其有酒食黍稻者奪之,
탕사박중왕이지경 로약궤식 갈백솔기민 요기유주식서도자탈지

不授者殺之. 有童子以黍肉餉, 殺而奪之. 書曰:'葛伯仇餉!' 此之謂也.
불수자살지 유동자이서육향 살이탈지 서왈 갈백구향 차지위야

爲其殺是童子而征之, 四海之內皆曰:'非富天下也, 爲匹夫匹婦復讎也.'
위기살시동자이정지 사해지내개왈 비부천하야 위필부필부복수야

'湯始征, 自葛載', 十一征而無敵於天下. 東面而征, 西夷怨;
탕시정 자갈재 십일정이무적어천하 동면이정 서이원

南面而征, 北狄怨; 曰:'奚爲後我?' 民之望之, 若大旱之望雨也. 歸市者弗止,
남면이정 북적원 왈 해위후아 민지망지 약대한지망우야 귀시자불지

芸者不變, 誅其君, 弔其民, 如時雨降. 民大悅. 書曰: '徯我后, 后來其無罰!'
운자불변 주기군 조기민 여시우강 민대열 서왈 혜아후 후래기무벌

'有攸不惟臣, 東征, 綏厥士女, 篚厥玄黃, 紹我周王見休, 惟臣附于大邑周.'
유유불유신 동정 수궐사녀 비궐현황 소아주왕견휴 유신부우대읍주

其君子實玄黃于篚以迎其君子, 其小人簞食壺漿以迎其小人;
기군자실현황우비이영기군자 기소인단사호장이영기소인

救民於水火之中, 取其殘而已矣. 太誓曰: 我武惟揚, 侵于之疆, 則取于殘,
구민어수화지중 취기잔이이의 태서왈 아무유양 팀우지강 즉취우잔

殺伐用張, 于湯有光.' 不行王政云爾; 苟行王政, 四海之內皆擧首而望之,
살벌용장 우탕유광 불행왕정운이 구행왕정 사해지내개거수이망지

欲以爲君; 齊楚雖大, 何畏焉?"
욕이위군 제초수대 하외언

06

대영지戴盈之가 말했다.

"세율을 10분의 1로 하고 관문과 상품의 부세를 면제하는 것을 올해에는 할 수 없고, 예비적으로 우선 약간 경감하고 내년에 완전히 실행하면 어떻겠습니까?"

맹자가 말했다.

"지금 어떤 사람이 매일 이웃의 닭 한 마리를 훔치는데, 어떤 사람이 그에게 '이것은 바른 사람의 행동이 아니다'고 말하자, 그가 '예비적으로 약간 감소시켜 우선 한 달에 한 마리씩 훔치고, 내년에 완전히 훔치지 않겠다'고 하면 어떻습니까? 만약 그런 행동이 이치에 맞지 않는다는 것을 이해한다면 하루 속히 그만 두면 될 일이지, 왜 내년까지 기다린단 말입니까?"

○ 생산물의 10분의 1을 세금으로 부과하는 것이 옛날부터 행해지던 적정 세율이라고 맹자는 주장했다. 정전제는 9분의 1에 가깝지만 비슷한 것으로 친다. 따라서 맹자는 그 이상 세금을 부과하는 것은 백성의 것을 빼앗는 것이라고 했다.

戴盈之曰:"什一, 去關市之征, 今玆未能, 請輕之, 以待來年, 然後已, 何如?"
대영지왈 십일 거관시지정 금자미능 청경지 이대래년 연후이 하여

孟子曰:"今有人日攘其鄰之雞者, 或告之曰:'是非君子之道.' 曰:'請損之, 月攘一雞, 以待來年, 然後已.' 如知其非義, 斯速已矣, 何待來年?"
맹자왈 금유인일양기린지계자 혹고지왈 시비군자지도 왈 청손지 월양일계 이대래년 연후이 여지기비의 사속이의 하대래년

07

공도자가 물었다.

"사람들이 모두 선생님께서는 변론을 좋아하신다고 합니다. 정말 그렇습니까?"

맹자가 말했다.

"내가 설마 변론을 좋아하겠느냐? 나는 변론을 하지 않을 수 없는 것일 뿐이다. 천하가 생긴 지 아주 오래 되었는데, 한 시기는 태평하고, 또 한 시기는 혼란했다. 당요唐堯 때는 큰물이 거세게 흘러 도처에서 범람하여, 대지는 뱀과 용의 거처가 되었고, 그러자 사람들은 몸을 편안히 쉴 곳이 없었다. 저지대 사람들은 나무 위에 거처를 얽었고, 고지대 사람들은 서로 연결되는 동굴을 뚫었다. 《서경》에서 '홍수洚水가 우리를 떨게 했다'고 하였으니, 홍수洚水란 바로 홍수洪水이다.

그래서 우에게 명하여 물을 다스리게 했다. 우는 땅을 파서 모든 물이 바다로 흘러가게 하고, 뱀과 용을 몰아 늪으로 들어가게 했다. 물은 물길 따라 흘렀으니, 장강長江, 회하淮河, 황하黃河, 한수漢水가 바로 그것이다. 위험이 모두 제거되고, 사람을 해치는 조수 또한 사라지고 나서야, 비로소 사람은 평원에서 거주할 수 있었다.

요순이 세상을 떠난 이후, 성인의 도가 점차 쇠락하고, 잔인하고 포학한 군주가 계속 출현하여, 백성의 집을 부수고 깊은 연못을 만들자 백성은 몸을 편히 쉴 곳이 없게 되었다. 논밭을 파괴하고 동산을 만들어 백성이 의복과 음식을 구하지 못하게 되었다. 황당한 학설, 포악한 행위가 일어나고 동산과 깊은 연못, 늪지가 많아지자 금수가 몰려들었다. 상주商紂의 때가 되어, 천하는 또 크게 어지러워졌다.

주공이 무왕을 보좌해 주왕을 죽이고 또한 엄奄나라를 토벌하고, 삼 년 뒤에는 엄의 군주를 죽이고 비렴飛廉을 바닷가로 쫓아내고 죽였는데, 멸망한 국가가 모두 오십 개였다. 또한 호랑이, 표범, 물소, 코끼리를 멀리 내쫓아 천하의 백성이 매우 기뻐했다. 《서경》에서 '문왕의 모략은 얼마나 광명스러운가, 무왕의 공적은 얼마나 위대한가, 우리를 돕고 우리를 계발하여 후대에 이르기까지 모두 올바르고 결점이 없게 하셨네'라고 했다.

그러나 세상이 퇴락하고 도의가 쇠미하여 황당한 학설과 포악한 행위가 또 일어나니, 신하가 군주를 죽이는 일이 있고, 아들이 아버지를 죽이는 일이 있었다. 공자는 깊이 우려하여, 《춘추》라는 역사서를 썼다. 역사를 기록하는 것은 본래 천자의 권한이다. 그래서 공자는 '나를 이해하는 것은 아마도 《춘추》라는 이 저작에 있을 것이로다, 나를 질책하는 것도 역시 《춘추》라는 이 저작에 있을 것이로다'라고 했다.

성군이 더는 출현하지 않아, 제후들도 거리끼는 것이 없게 되었고, 일반 사인도 어지러이 의론을 내놓아, 양주楊朱와 묵적墨翟의 학설이 천하에 충만했다. 이에 천하의 학설이 양주파에 속하거나 아니면 묵적파에 속하게 되었다. 양주파는 위아설爲我說을 주장하며 개인이 제일이라고 주장하니, 이는 군주를 없는 것으로 취급하는 것이다. 묵적파는 겸아설兼愛說을 주장하며 친소를 구분하지 않고 천하동인天下同仁을 주장하니, 이는 부모를 없는 것으로 취급하는 것이다. 군주를 부정하고, 부모를 부정하는 것은 금수가 되는 것이다.

공명의는 '주방에는 살찐 고기가 있고 마구간에는 살찐 말이 있는데, 백성들의 얼굴에는 굶주린 기색이 있고 야외에는 굶어 죽은 시체가 누워 있다면, 이는 바로 금수를 몰아다가 사람을 먹게 하는 것이다'라고 했다.

양주와 묵적의 학설이 소멸되지 않으면, 공자의 학설이 발양될 길이 없으니, 이는 바로 허황된 학설이 백성을 속이고, 인의의 길을 막는 것이다. 인의의 길이 막히는 것 역시 금수를 몰아다 사람을 먹게 하는 것과 같으니, 사람과 사람 또한 서로 잡아먹을 것이다.

나는 이를 깊이 우려하여 고대 성인의 학설을 보위하고, 양주와 묵적의 학설을 반대하고, 잘못된 언론을 반박하고, 허황된 의론을 발표하는 사람이 고개를 들지 못하도록 하는 것이다. 저 허황된 학설이 마음에서 생겨나면 일을 해칠 것이며, 일을 해치면 또한 정치를 해칠 것이다. 만약 성인이 다시 일어난다 해도 나의 말에 동의할 것이다.

예전에 우가 홍수를 제압하여 천하가 비로소 태평할 수 있었고, 주공이 이적夷狄을 겸병하고 맹수를 쫓아내자 백성이 비로소 편안할 수 있었고, 공자가 《춘추》를 저작하자 반란을 일으킨 신하나 불효자들이 비로소 두려워하게 되었다.

《시경》에서 '융적을 공격하고 형서를 통렬히 응징하니, 감히 내게 항거하는 사람이 없었다'고 했다. 양주 묵적처럼 군주와 윗사람을 눈에 두지 않고 부모를 눈에 두지 않는 자들이 바로 주공이 징벌하려 했던 자들이다. 또한 나도 인심을 바르게 하고 사악한 학설을 소멸시키며, 너무 과격한 행위를 반대하고 황당한 언론을 배척하여 우, 주공, 공자 세 분 성인의 사업을 계승하고자 하는 것이지, 설마 변론을 좋아하는 것이겠느냐? 나는 변론하지 않을 수 없는 것일 뿐이다. 언론으로 양주와 묵적의 무리를 반대할 수 있다면, 역시 성인의 무리일 것이다."

○ 변론을 좋아하는 것 아니냐는 공도자의 물음에 맹자가 대답한 내용이다. 맹자는 어쩔 수 없어서 변론을 하게 되었다고 하면서, 요순시대부터 당시 전국시대까지 역사의 흐름을 개괄했다. 태평했던 시대에서 혼란의 시대로 접어들어 양주와 묵적 같은 사설이 난무하는 시국에서 인의지도를 지키겠다는 사명감 때문이라는 것이다.

公都子曰:"外人皆稱夫子好辯, 敢問何也?"
공도자왈 외인개칭부자호변 감문하야

孟子曰:"予豈好辯哉? 予不得已也. 天下之生久矣,
맹자왈 여기호변재 여부득이야 천하지생구의

一治一亂. 當堯之時, 水逆行, 氾濫於中國, 蛇龍居之, 民無所定; 下者爲巢,
일치일란 당요지시 수역행 범람어중국 사룡거지 민무소정 하자위소

上者爲營窟. 書曰:'洚水警余.' 洚水者, 洪水也. 使禹治之. 禹掘地而注之海,
상자위영굴 서왈 홍수경여 홍수자 홍수야 사우치지 우굴지이주지해

驅蛇龍而放之菹; 水由地中行, 江•淮•河•漢是也. 險阻旣遠,
구사룡이방지저 수유지중행 강 회 하 한시야 험조기원

鳥獸之害人者消, 然後人得平土而居之.
조수지해인자소 연후인득평토이거지

"堯舜旣沒, 聖人之道衰, 暴君代作, 壞宮室以爲汙池,
요순기몰 성인지도쇠 폭군대작 괴궁실이위오지

民無所安息; 棄田以爲園囿, 使民不得衣食. 邪說暴行又作, 園囿•汙池•
민무소안식 기전이위원유 사민부득의식 사설폭행우작 원유 오지

沛澤多而禽獸至. 及紂之身, 天下又大亂. 周公相武王誅紂, 伐奄三年討其君,
패택다이금수지 급주지신 천하우대란 주공상무왕주주 벌엄삼년토기군

驅飛廉於海隅而戮之, 滅國者五十, 驅虎·豹·犀·象而遠之, 天下大悅. 書曰:
구비렴어해우이륙지 멸국자오십 구호 표 서 상이원지 천하대열 서왈

'丕顯哉, 文王謨! 丕承哉, 武王烈! 佑啓我後人, 咸以正無缺.'
비현재 문왕모 비승재 무왕렬 우계아후인 함이정무결

"世衰道微, 邪說暴行有作, 臣弑其君者有之, 子弑其父者有之.
세쇠도미 사설폭행유작 신시기군자유지 자시기부자유지

孔子懼, 作春秋. 春秋, 天子之事也; 是故孔子曰: '知我者其惟春秋乎!
공자구 작춘추 춘추 천자지사야 시고공자왈 지아자기유춘추호

罪我者其惟春秋乎!'
죄아자기유춘추호

"聖王不作, 諸侯放恣, 處士橫議, 楊朱·墨翟之言盈天下.
성왕부작 제후방자 처사횡의 양주 묵적지언영천하

天下之言不歸楊, 則歸墨. 楊氏爲我, 是無君也; 墨氏兼愛, 是無父也.
천하지언불귀양 즉귀묵 양씨위아 시무군야 묵씨겸애 시무부야

無父無君, 是禽獸也. 公明儀曰: '庖有肥肉, 廄有肥馬; 民有飢色, 野有餓莩,
무부무군 시금수야 공명의왈 포유비육 구유비마 민유기색 야유아표

此率獸而食人也.' 楊墨之道不息, 孔子之道不著, 是邪說誣民, 充塞仁義也.
차솔수이식인야 양묵지도불식 공자지도부저 시사설무민 충색인의야

仁義充塞, 則率獸食人, 人將相食. 吾爲此懼, 閑先聖之道, 距楊墨,
인의충색 즉솔수식인 인장상식 오위차구 한선성지도 거양묵

放淫辭, 邪說者不得作. 作於其心, 害於其事; 作於其事, 害於其政. 聖人復起,
방음사 사설자부득작 작어기심 해어기사 작어기사 해어기정 성인부기

不易吾言矣.
불역오언의

"昔者禹抑洪水而天下平, 周公兼夷狄·驅猛獸而百姓寧,
석자우억홍수이천하평 주공겸이적 구맹수이백성녕

孔子成春秋而亂臣賊子懼. 詩云: '戎狄是膺, 荊舒是懲, 則莫我敢承.'
공자성춘추이란신적자구 시운 융적시응 형서시징 즉막아감승

無父無君, 是周公所膺也. 我亦欲正人心, 息邪說, 距詖行, 放淫辭,
무부무군 시주공소응야 아역욕정인심 식사설 거피행 방음사

以承三聖者; 豈好辯哉? 予不得已也. 能言距楊墨者, 聖人之徒也."
이승삼성자 기호변재 여부득이야 능언거양묵자 성인지도야

08

광장匡章이 말했다.

"진중자陳仲子는 정말로 청렴결백한 사람이 아니겠습니까? 오릉於陵 지방에 살 때 사흘 동안 아무것도 먹지 않아 귀에는 들리는 것이 없고 눈에는 들리는 것이 없었습니다. 우물가에 오얏나무 한 그루가 있었는데, 벌레가 이미 반 이상을 먹어 버렸지만 엉금엉금 기어가서 집어먹으니, 세 입을 삼키자 귀에 들리는 것이 있고 눈에 보이는 것이 있게 되었습니다."

맹자가 말했다.

"제나라 인사 중에서, 나는 반드시 중자를 첫손가락으로 꼽을 것이다. 그러나 그가 어찌 청렴결백하다고 할 수 있겠느냐? 중자가 했던 행동은 지렁이가 된 다음에 가능한 것이다. 지렁이는 땅 위에서는 마른 흙을 먹고, 땅 속에서는 샘물을 마신다. 중자가 사는 집은 백이와 같이 청렴결백한 사람이 지은 것인가? 아니면 도척盜跖과 같은 강도가 지은 것인가? 먹는 곡식은 백이와 같이 청렴결백한 사람이 심은 것인가? 아니면 도척과 같은 강도가 심은 것인가? 이것은 아직도 알 수 없다."

광장이 말했다.

"그게 무슨 상관있습니까? 그는 직접 짚신을 삼았고, 그의 처는 삼을 짜고 다듬어서 다른 것과 바꿔 왔습니다."

맹자가 말했다.

"중자는 제나라에서 세족 출신으로 대대로 전하는 봉록전을 향유하고 있다. 그의 형 진대陳戴는 개蓋 읍에서 들어오는 봉록이 몇 백만 석이나 된다. 형의 봉록이 의롭지 못한 봉록이라고 하여 먹지 않았고, 형의 집이 의롭지 못한 집이라고 하여 그곳에서 살지 않았다. 형을 피하고 모친을 떠나 오릉 지방에서 살았다.

어느 날 집에 돌아왔더니, 마침 어떤 사람이 그의 형에게 산거위 한 마리를 보냈는데, 그는 눈썹을 찌푸리며 '이 꽥꽥거리는 것은 어디 쓰는 것인가?'라고 말했다. 후에 어머니가 이 거위를 잡아서 그에게 먹으라고 주었다. 마침 형이 밖에서 돌아와 '이것이 바로 그 꽥꽥거리던 것의 고기이다'라고 하자, 그는 문을 뛰어나가 토했다. 어머니가 만든 음식은 먹지 않고 도리어 처가 만든 것은 먹고, 형의 집에서는 살지 않고 도리어 오릉에서는 살고, 이것이 청렴결백을 궁극하게 실천한 것이라고 할 수 있겠느냐? 중자와 같은 이런 행위는 오직 사람이 지렁이가 되어야만 할 수 있을 것이다."

○ 여기서 언급한 내용으로 보면, 진중자는 허행처럼 극단적으로 자급자족 사상을 추구했던 농가 학파 사람으로 보인다. 결백을 추구하는 정도가 지나쳐서 산물의 교환과 유통을 거부했으므로, 맹자는 지렁이가 되어야만 그런 생활이 가능할 것이라고 비판한 것이다.

匡章曰:"陳仲子豈不誠廉士哉? 居於陵, 三日不食, 耳無聞, 目無見也.
광장왈 진중자기불성렴사재 거오릉 삼일불식 이무문 목무견야

井上有李, 螬食實者過半矣, 匍匐往, 將食之; 三咽, 然後耳有聞, 目有見."
정상유리 조식실자과반의 포복왕 장식지 삼인 연후이유문 목유견

孟子曰:"於齊國之士, 吾必以仲子爲巨擘焉. 雖然, 仲子惡能廉? 充仲子之操,
맹자왈 어제국지사 오필이중자위거벽언 수연 중자오능렴 충중자지조

則蚓而後可者也. 夫蚓, 上食槁壤, 下飮黃泉. 仲子所居之室, 伯夷之所築與?
즉인이후가자야 부인 상식고양 하음황천 중자소거지실 백이지소축여

抑亦盜跖之所築與? 所食之粟, 伯夷之所樹與? 抑亦盜跖之所樹與?
억역도척지소축여 소식지속 백이지소수여 억역도척지소수여

是未可知也."
시미가지야

曰: "是何傷哉? 彼身織屨, 妻辟纑, 以易之也."
왈 시하상재 피신직구 처벽로 이역지야

曰: "仲子, 齊之世家也; 兄戴, 蓋祿萬鍾; 以兄之祿爲不義之祿而不食也,
왈 중자 제지세가야 형대 개록만종 이형지록위불의지록이불식야

以兄之室爲不義之室而不居也, 辟兄離母, 處於於陵. 他日歸,
이형지실위불의지실이불거야 피형리모 처어오릉 타일귀

則有饋其兄生鵝者, 己頻顣曰: '惡用是鶃鶃者爲哉?' 他日, 其母殺是鵝也,
즉유궤기형생아자 기빈축왈 오용시예예자위재 타일 기모살시아야

與之食之. 其兄自外至, 曰: '是鶃鶃之肉也.' 出而哇之. 以母則不食,
여지식지 기형자외지 왈 시예예지육야 출이왜지 이모즉불식

以妻則食之; 以兄之室則弗居, 以於陵則居之, 是尙爲能充其類也乎?
이처즉식지 이형지실즉불거 이오릉즉거지 시상위능충기류야호

若仲子者, 蚓而後充其操者也."
약중자자 인이후충기조자야

제7편

이루 상

(離婁)

01

맹자가 말했다.

“아무리 시력이 이루離婁처럼 좋고 솜씨가 공수자公輸子처럼 뛰어나도 둥근자와 곱자를 사용하지 않으면 네모와 동그라미를 정확하게 그릴 수 없고, 아무리 청력이 사광師曠처럼 좋아도 육률六律을 사용하지 않으면 오음五音을 교정할 수 없다. 요순의 도가 있더라도 어진 정치를 실행하지 않으면 천하를 제대로 관리할 수 없다.

현재 몇몇 제후들이 비록 어진 마음이 있고 어질다는 성망이 들려도 백성은 그 은택을 받지 못하고, 그들의 정치 또한 후대의 모범이 되지 않으니, 이는 바로 전대 성왕의 도를 실행하지 않기 때문이다. 그래서 좋은 마음만 있는 것으로는 정치를 할 수 없고, 좋은 법만 있는 것으로는 좋은 법 자체가 시행될 수 없다고 하는 것이다. 《시경》에서 ‘어긋나지 말 것이요, 잊어서도 안 되리니, 모든 것이 전통의 규범과 법도를 따라야 한다’고 했다. 전대 성왕의 법도를 따라서 잘못을 범한 경우는 없었다.

성인은 우선 시력을 있는 대로 사용하고 또한 둥근자, 곱자, 수준기, 먹줄을 사용해 모난 것, 둥근 것, 평평한 것, 곧은 것을 만드니 그런 물건들은 아무리 써도 없어지지 않는 것이다. 성인은 우선 청력을 있는 대로 사용하고 또한 육률을 사용해 오음을 교정하여, 각종 음계 또한 무궁하게 운용되는 것이다. 성인은 우선 마음과 정성을 있는 대로 다 들이고 또한 불인지심不忍之心의 정치를 실행하니, 그러면 어진 덕이 천하를 뒤덮는 것이다.

그러므로 높은 대臺를 쌓으려면 반드시 산등성이에 의지하고, 깊은 못을 파려면 반드시 연못에 의지하라고 하는 것이다. 만약 정치를 하면서 전대 성왕의 도에 의지하지 않는다면 총명하다고 할 수 있겠느냐? 따라서 오직 어진 사람만이 마땅히 통치 지위에 앉아야 하는 것이다. 어질지 않은 사람이 통치 지위에 앉으면, 죄악을 군중에게 전파할 수 있다.

위에 있는 사람이 도덕규범이 없고, 아래에 있는 사람이 법률제도를 지키지 않고, 조정에서 도의를 믿지 않고, 장인들이 척도를 믿지 않고, 관리들이 의리를 어기고, 백성들이 형법을 어기는데도 국가가 존재할 수 있다면, 그것은 정말 너무나 요행이다.

그러므로 성벽이 견고하지 않고 군비가 충족하지 않은 것이 국가의 재난이 아니며, 들판이 개간되지 않고 경제가 풍요롭지 않은 것이 국가의 화가 아니다. 만약 위에 있는 사람이 예의가 없고, 아래에 있는 사람이 배움이 없으면, 법을 어기고 기강을 어지럽히는 사람이 모두 일어날 것이니 국가의 멸망 역시 빨라진다.

《시경》에서 '하늘이 저렇게 운행하니, 이런저런 말을 많이 하지 말라'고 했다. 《시경》 원문의 '설설泄泄'은 '답답沓沓'과 같은 말이다. 임금을 옳지 않게 섬기고, 관직에 나아가고 관직에서 물러남에 예가 없고, 말만 하면 전대 성인의 도를 헐뜯고, 이런 것을 '답답'이라고 한다. 그러므로 군주의 잘못을 꾸짖는 것을 '공恭'이라고 하고, 바른 길을 진언하고 나쁜 길을 막는 것을 '경敬'이라고 하며, 우리 군주는 안 된다고 생각하는 것을 '적賊'이라고 한다."

○ 이루는 전설에 나오는 눈이 아주 밝은 사람이다. 공수자는 '공수반公輸般' 혹은 '공수반公輸班' 또는 '노반魯班'이라고도 한다. 기술이 매우 뛰어난 사람이었다고 한다. 사광은 귀가 아주 밝은 사람으로, 유명한 음악가였다고 한다. 기술자에게 기본 척도가 필요하고 음악가에게 기본 음률이 필요하듯이, 정치에도 따를 법도가 있어야 하니 그것이 바로 인의라는 것이다.

孟子曰:"離婁之明·公輸子之巧, 不以規矩, 不能成方圓; 師曠之聰,
맹자왈 이루지명 공수자지교 불이규구 불능성방원 사광지총

不以六律, 不能正五音; 堯舜之道, 不以仁政, 不能平治天下.
불이육률 불능정오음 요순지도 불이인정 불능평치천하

今有仁心仁聞而民不被其澤·不可法於後世者, 不行先王之道也. 故曰,
금유인심인문이민불피기택 불가법어후세자 불행선왕지도야 고왈

徒善不足以爲政, 徒法不能以自行. 詩云, '不愆不忘, 率由舊章.'
도선부족이위정 도법불능이자행 시운 불건불망 솔유구장

遵先王之法而過者, 未之有也. 聖人旣竭目力焉, 繼之以規矩準繩,
준선왕지법이과자 미지유야 성인기갈목력언 계지이규구준승

以爲方員平直, 不可勝用也; 旣竭耳力焉, 繼之以六律正五音, 不可勝用也;
이위방원평직 불가승용야 기갈이력언 계지이육률정오음 불가승용야

旣竭心思焉, 繼之以不忍人之政, 而仁覆天下矣. 故曰, 爲高必因丘陵,
기갈심사언 계지이불인인지정 이인복천하의 고왈 위고필인구릉

爲下必因川澤; 爲政不因先王之道, 可謂智乎? 是以惟仁者宜在高位.
위하필인천택 위정불인선왕지도 가위지호 시이유인자이재고위

不仁而在高位, 是播其惡於衆也. 上無道揆也, 下無法守也, 朝不信道,
불인이재고위 시파기악어중야 상무도규야 하무법수야 조불신도

工不信度, 君子犯義, 小人犯刑, 國之所存者幸也. 故曰, 城郭不完, 兵甲不多,
공불신도 군자범의 소인범형 국지소존자행야 고왈 성곽불완 병갑부다

非國之災也; 田野不辟, 貨財不聚, 非國之害也. 上無禮, 下無學, 賊民興,
비국지재야 전야불벽 화재불취 비국지해야 상무례 하무학 적민흥

喪無日矣. 詩曰: '天之方蹶, 無然泄泄.' 泄泄猶沓沓也. 事君無義, 進退無禮,
상무일의 시왈 천지방궐 무연설설 설설유답답야 사군무의 진퇴무례

言則非先王之道者, 猶沓沓也. 故曰, 責難於君謂之恭, 陳善閉邪謂之敬,
언즉비선왕지도자 유답답야 고왈 책난어군위지공 진선폐사위지경

吾君不能謂之賊."
오군불능위지적

02

맹자가 말했다.

"내가 다른 사람을 사랑하는데 그가 나에게 가까이 하지 않는다면 자기의 인애仁愛가 부족한지 반문한다. 내가 다른 사람을 관리하는데 잘 관리되지 않는다면 자신의 지혜와 지식이 부족한지 반문한다. 내가 예의를 갖춰 다른 사람을 대했는데, 이에 상응하는 대답을 얻지 못했다면 자기 공경이 부족했는지 반문한다.

어떤 행위를 하였든 미리 기대했던 효과를 얻지 못하면 언제나 자신을 돌이켜 보고 책망해야 한다. 자기가 확실히 단정하다면 천하 사람들은 자연히 돌아올 것이다. 《시경》에서 '영원히 천명과 짝할지니, 스스로 많은 복을 찾아야 하네'라고 했다."

○ 매사에 자기가 최선을 다했는지, 자기가 부족한 점이 있었는지 돌이켜 보고 반성하라는 말이다.

孟子曰: "愛人不親, 反其仁; 治人不治, 反其智; 禮人不答, 反其敬.
맹자왈 애인불친 반기인 치인불치 반기지 례인부답 반기경

行有不得者皆反求諸己, 其身正而天下歸之. 詩云: '永言配命, 自求多福.'"
행유뷰득자개반구저기 기신정이천하귀지 시운 영언배명 자구다복

03

맹자가 말했다.

"사람들은 입만 열면 늘 '천하 국가'를 말한다. 천하의 기초는 나라에 있고, 나라의 기초는 가정에 있고, 가정의 기초는 자신에게 있다."

○ 《대학》에서 말한 인격 연마와 실현의 단계 수신, 제가, 치국, 평천하와 같은 말이다.

孟子曰:"人有恒言, 皆曰,'天下國家.' 天下之本在國, 國之本在家,
맹자왈 인유항언 개왈 천하국가 천하지본재국 국지본재가

家之本在身."
가지본재신

04

맹자가 말했다.

"천하에 도가 있으면 도덕이 높지 않은 사람이 도덕이 높은 사람에게 부림을 당하고, 그다지 현명하고 능력 있지 않은 사람이 아주 현명하고 능력 있는 사람에게 부림을 당한다. 천하에 도가 없으면 힘이 작은 사람이 힘이 큰 사람에게 부림을 당하고, 약한 사람이 강한 사람에게 부림을 당한다. 이 두 가지 상황은 모두 하늘로부터 결정된다. 하늘을 따르면 생존하고, 하늘을 어기면 멸망한다.

제나라 경공은 '이미 명령할 수 없고, 또한 명령을 받을 수도 없으니, 오직 끊는 길 하나이다'라고 하고, 눈물을 흘리며 딸을 오나라로 시집보냈다. 지금은 약소국가가 강대국가를 스승으로 삼으면서도 도리어 명령을 받는 것을 수치로 여긴다. 이는 마치 학생이 선생님의 명령을 받는 것을 수치로 여기는 것과 같다. 만약 정말로 수치로 여긴다면, 문왕을 스승으로 삼는 것이 가장 좋다. 문왕을 스승으로 삼으면 강대국가는 오 년이면, 작은 국가는 칠 년이면 반드시 천하의 정치권력을 얻을 수 있을 것이다.

《시경》에서 '상商나라의 자손이 어찌 십 만에 그치겠는가? 상제上帝가 문왕에게 명을 주니, 그들은 모두 주 왕조의 신하가 되었네. 그들이 모두 주 왕조의 신하가 되었으니, 하늘의 뜻은 일정하지 않음을 알 수 있네. 상나라의 신하 역시 모두 어여쁘고 총명하여, 관주灌酒의 예절을 집행하며 주경周京에서 제사를 도왔네'라고 했고, 공자 역시 '인仁의 힘은 사람이 많고 적은 것으로 계산할 수 없다. 군주가 만약 인을 좋아하면, 천하에 적이 없다'고 했다.

지금 제후들이 천하에 적이 없기를 바라면서도 어진 정치를 하지 않으니, 이는 마치 더워서 괴로워하면서도 씻으려고 하지 않는 것과 같다.《시경》에서 '어느 누가 더워서 괴로운데도 씻지 않을 수 있을까?'라고 했다."

○ 여기서 핵심이 되는 말은 '천자존順天者存, 역천자망逆天者亡'이다. 즉 하늘을 따르면 생존하고, 하늘을 어기면 멸망한다는 말이다. 오직 인을 실천할 뿐, 결과는 하늘의 순리에 맡기는 것이다.

孟子曰:
맹자왈

"天下有道, 小德役大德, 小賢役大賢; 天下無道, 小役大, 弱役强. 斯二者,
천하유도 소덕역대덕 소현역대현 천하무도 소역대 약역강 사이자

天也. 順天者存, 逆天者亡. 齊景公曰: '旣不能令, 又不受命, 是絶物也.'
천야 순천자존 역천자망 제경공왈 기불능령 우불수명 시절물야

涕出而女於吳. 今也小國師大國而恥受命焉, 是猶弟子而恥受命於先師也.
체출이녀어오 금야소국사대국이치수명언 시유제자이치수명어선사야

如恥之, 莫若師文王. 師文王, 大國五年, 小國七年, 必爲政於天下矣.
여치지 막약사문왕 사문왕 대국오년 소국칠년 필위정어천하의

詩云: '商之孫子, 其麗不億. 上帝旣命, 侯于周服. 侯服于周, 天命靡常.
시운 상지손자 기려불억 상제기명 후우주복 후복우주 천명미상

殷士膚敏, 祼將于京.' 孔子曰: '仁不可爲衆也. 夫國君好仁, 天下無敵.'
은사부민 관장우경 공자왈 인불가위중야 부국군호인 천하무적

今也欲無敵於天下而不以仁, 猶執熱而不以濯也. 詩云: '誰能執熱, 逝
금야욕무적어천하이불이인 유집열이불이탁야 시운 수능집열

不以濯?'"
서불이탁

05

맹자가 말했다.

"어질지 않은 사람과 상의할 수 있겠느냐? 다른 사람의 위험을 보아도 마음속에 움직이는 것이 없고, 다른 사람의 재난을 이용해 이익을 취하고, 망국패가에 이르게 할 수 있는 일을 쾌락으로 알고 추구한다. 어질지 않은 사람과 상의할 수 있다면, 나라가 망하고 집안이 무너지는 일이 어떻게 발생할 수 있겠느냐?

어떤 어린아이가 노래했다. '창랑滄浪 물이 맑으면 내 모자 끈을 씻으면 될 것이요, 창랑 물이 탁하면 내 두 발을 씻으면 될 것이다.' 공자가 말했다. '얘들아 들었느냐, 물이 맑으면 모자 끈을 씻고, 물이 탁하면 발을 씻고, 이는 모두 물 자체에서 결정된다.'

사람은 모욕받을 행위를 먼저 스스로 함으로써 다른 사람이 비로소 그를 모욕하고, 집안은 파괴당할 요소를 먼저 스스로 취함으로써, 다른 사람이 비로소 그 집안을 파괴하고, 나라는 반드시 토벌당할 원인을 먼저 스스로 취함으로써, 다른 사람이 비로소 토벌한다. 《서경》의 〈태갑〉에서 '하늘이 만든 죄의 씨앗은 그래도 피할 수 있지만, 자기가 만든 죄의 씨앗은 피하려고 해도 피할 수 없다'고 하였으니, 바로 이 뜻이다."

○ 모든 일의 원인은 우선 자신에게서 찾아야 하는 것을 말했다. 창랑은 푸른 물결이라는 설도 있고, 지명이라는 설도 있다.

孟子曰:"不仁者可與言哉? 安其危而利其菑, 樂其所以亡者.
맹자왈 불인자가여언재 안기위이리기재 락기소이망자

不仁而可與言, 則何亡國敗家之有? 有孺子歌曰: '滄浪之水淸兮,
불인이가여언 즉하망국패가지유 유유자가왈 창랑지수청혜

可以濯我纓; 滄浪之水濁兮, 可以濯我足.' 孔子曰: '小子聽之! 淸斯濁纓,
가이탁아영 창랑지수탁혜 가이탁아족 공자왈 소자청지 청사탁영

濁斯濯足矣. 自取之也.' 夫人必自侮, 然後人侮之; 家必自毁, 而後人毁之;
탁사탁족의 자취지야 부인필자모 연후인모지 가필자훼 이후인훼지

國必自伐, 而後人伐之. 太甲曰: '天作孽, 猶可違; 自作孽, 不可活.' 此之謂也."
국필자벌 이후인벌지 태갑왈 천작얼 유가위 자작얼 불가활 차지위야

06

맹자가 말했다.

"걸과 주가 천하를 잃은 것은 백성의 지지를 잃었기 때문이요, 백성의 지지를 잃은 것은 민심을 잃었기 때문이다. 천하를 얻는 방법이 있으니, 백성의 지지를 얻으면 천하를 얻는다. 백성의 지지를 얻는 방법이 있으니, 민심을 얻으면 백성의 지지를 얻는다. 민심을 얻는 방법이 있으니, 그들이 바라는 것을 그들을 위해 모아 주고, 그들이 싫어하는 것을 더해 주지 않는 것일 뿐이다.

백성이 인仁으로 돌아가는 것은 마치 물이 아래로 흘러가고 짐승이 광야를 향해 뛰어가는 것과 같다. 그래서 깊은 연못을 위해 물고기를 내몬 것은 수달이요, 삼림을 위해 새들을 내몬 것은 매요, 상나라 탕왕과 주나라 무왕을 위해 백성들을 내몬 것은 하나라 걸왕과 은나라 주왕이다. 지금의 제후 중 인을 좋아하는 사람이 있으면, 다른 제후들이 모두 그를 위해 백성을 내몰 것이다. 가령 천하를 통일하고 싶지 않아도 역시 그렇게 안 될 수 없을 것이다.

그러나 오늘날 천하 통일을 바라는 사람들은 칠 년 병에 걸렸는데, 삼 년 된 쑥을 구해 치료하려는 것과 같다. 만약 평소에 어진 정치를 쌓지 않으면 종신토록 민심을 얻지 못한다. 만약 어진 정치에 뜻이 없으면 종신토록 근심하고 치욕을 당하다가 사망에 이를 것이다. 《시경》에서 '어찌 해야 잘 하리오, 결국 서로 물에 빠져'라고 했으니, 바로 이 뜻이다."

○ 이루려는 것이 있으면 그것을 이룰 길을 찾아야 한다. 천하를 얻으려면 어떻게 하면 천하를 얻을까 길을 찾아야 하니, 그것은 바로 민심을 얻는 것에 있다는 말이다.

孟子曰: "桀紂之失天下也, 失其民也; 失其民者, 失其心也. 得天下有道:
맹자왈 걸주지실천하야 실기민야 실기민자 실기심야 득천하유도

得其民, 斯得天下矣; 得其民有道: 得其心, 斯得民矣; 得其心有道:
득기민 사득천하의 득기민유도 득기심 사득민의 득기심유도

所欲與之聚之, 所惡勿施爾也. 民之歸仁也, 猶水之就下·獸之走壙也.
소욕여지취지 소오물시이야 민지귀인야 유수지취하 수지주광야

故爲淵毆魚者, 獺也; 爲叢毆爵者, 鸇也; 爲湯武毆民者, 桀與紂也.
고위연구어자 달야 위총구작자 전야 위탕무구민자 걸여주야

今天下之君有好仁者, 則諸侯皆爲之毆矣. 雖欲無王, 不可得已. 今之欲王者,
금천하지군유호인자 즉제후개위지구의 수욕무왕 불가득이 금지욕왕자

猶七年之病求三年之艾也. 苟爲不畜, 終身不得. 苟不志於仁, 終身憂辱,
유칠년지병구삼년지애야 구위불축 종신부득 구부지어인 종신우욕

以陷於死亡. 詩云, '其何能淑, 載胥及溺.' 此之謂也."
이함어사망 시운 기하능숙 재서급닉 차지위야

07

맹자가 말했다.

"자기가 자기를 해치는 사람과 함께 가치 있는 말을 할 수 없고, 자기가 자기를 포기하는 사람과 함께 가치 있는 일을 할 수 없다. 말만 하면 예의를 파괴하는 것을 자기가 자기를 해친다고 하고, 자기는 인仁을 마음에 둘 수 없고 의義를 따라 행동할 수 없다고 생각하는 것을 자기가 자기를 포기한다고 하는 것이다.

인은 인류의 가장 편안한 집이요, 의는 인류의 가장 정확한 길이다. 가장 편안한 집을 비워 놓고 살지 않고, 가장 정확한 길을 버리고 따라가지 않는다면, 그야말로 슬픈 일이다!"

○ 인은 편안한 집이요, 의는 정확한 길이다. 편안한 집에 살고, 정확한 길을 가야 하는 것이 바로 인생이다. 나는 그걸 못한다고 발뺌하는 것을 자포자기라고 한다는 말이다.

孟子曰: "自暴者, 不可與有言也; 自棄者, 不可與有爲也.
맹자왈 자포자 불가여유언야 자기자 불가여유위야

言非禮義, 謂之自暴也; 吾身不能居仁由義, 謂之自棄也. 仁, 人之安宅也; 義,
언비례의 위지자포야 오신불능거인유의 위지자기야 인 인지안택야 의

人之安路也. 曠安宅而弗居, 舍正路而不由, 哀哉!"
인지안로야 광안택이불거 사정로이불유 애재

08

맹자가 말했다.

"도는 가까운 곳에 있는데 먼 곳에 가서 구하고, 일을 이루는 쉬운 길이 있는데 어려운 곳에 가서 찾는다. 모든 사람이 자신의 부모를 친애하고 어른을 어른으로 존경한다면, 천하는 태평할 것이다."

○ 길을 찾아 가다 보면 결국 사람이 저마다 일상의 윤리를 하나씩 하나씩 실천하는 것에 달려 있음을 깨닫게 된다.

孟子曰: "道在邇而求諸遠, 事在易而求諸難: 人人親其親•長其長, 而天下平."
맹자왈 도재이이구저원 사재이이구저난 인인친기친 장기장 이천하평

09

맹자가 말했다.

"직위가 낮고 상급자의 신임을 얻지 못하면 백성을 잘 다스릴 수 없다. 상급자의 신임을 얻으려면 방법이 있으니, 친구의 신임을 얻지 못하면 상급자의 신임을 얻을 수 없다. 친구의 신임을 얻으려면 방법이 있으니, 부모를 모시는데 부모를 기쁘게 하지 못하면 친구가 믿지 않는다. 부모를 기쁘게 하려면 방법이 있으니, 자신에게 돌이켜 물어서 마음이 정성되지 않으면 부모를 기쁘게 할 수 없다. 자신의 마음을 참되고 성실하게 하려면 방법이 있으니, 무엇이 선인지 잘 알지 않으면 자신의 마음을 참되고 성실하게 할 수 없다.

따라서 성誠은 자연의 규율이요, 성誠을 추구하는 것은 사람의 규율이다. 지성을 다하여 다른 사람이 감동하게 하지 못했던 적은 일찍이 없었다. 지성을 다하지 않으면서 다른 사람을 감동시킬 수 있었던 적은 일찍이 없었다."

○ 《중용》에도 같은 구절이 나온다. 모든 행실의 근원을 찾아가면 결국 사람이 저마다 지성을 다하는 것으로 귀결된다는 말이다.

孟子曰:"居下位而不獲於上, 民不可得而治也. 獲於上有道, 不信於友,
맹자왈 거하위이불획어상 민불가득이치야 획어상유도 불신어우

弗獲於上矣. 信於友有道, 事親弗悅, 弗信於友矣. 悅親有道, 反身不誠,
불획어상의 신어우유도 사친불열 불신어우의 열친유도 반신불성

不悅於親矣. 誠身有道, 不明乎善, 不誠其身矣. 是故誠者, 天之道也; 思誠者,
불열어친의 성신유도 불명호선 불성기신의 시고성자 천지도야 사성자

人之道也. 至誠而不動者, 未之有也; 不誠, 未有能動者也."
인지도야 지성이부동자 미지유야 불성 미유능동자야

10

맹자가 말했다.

"백이가 주왕을 피해 북해 바닷가에서 살다가, 문왕이 일어났다는 것을 듣고 '어찌 서백西伯에게 가지 않으리오. 나는 그가 노인을 잘 봉양하는 사람이라고 들었다'고 했다. 강태공姜太公이 주왕을 피해 동해 바닷가에서 살다가, 문왕이 일어났다는 것을 듣고 '어찌 서백에게 가지 않으리오. 나는 그가 노인을 잘 봉양하는 사람이라고 들었다'고 했다.

백이와 태공 두 노인은 천하에서 가장 성망 있는 노인으로, 모두 서백에게 돌아갔으니, 이는 천하의 부모가 모두 서백에게 돌아간 것과 같다. 천하의 부모가 모두 갔으니, 그들의 자식은 또한 어디로 가겠는가? 만약 제후 중 문왕의 정치를 실행할 수 있는 사람이 있다면, 아무리 많아도 칠 년 안에 반드시 천하의 정권을 장악할 수 있을 것이다."

○ 백이는 고죽국孤竹國의 왕자였다고 한다. 강태공의 원명은 여상呂尙으로, 문왕 입장에서 '할아버지太公 때부터 만나기를 원했던望 인물'이라는 뜻에서 '태공망太公望'이라고 불렀으며, 무왕을 보좌하여 공을 세운 후 강姜에 책봉되어 강태공이라고 부르게 되었다.

孟子曰: "伯夷辟紂, 居北海之濱, 聞文王作, 興曰: '盍歸乎來!
맹자왈 백이피주 거북해지빈 문문왕작 흥왈 합귀호래

吾聞西伯善養老者.' 太公辟紂, 居東海之濱, 聞文王作, 興曰: '盍歸乎來!
오문서백선양로자 태공피주 거동해지빈 문문왕작 흥왈 합귀호래

吾聞西伯善養老者.' 二老者, 天下之大老也, 而歸之, 是天下之父歸之也.
오문서백선양로자 이로자 천하지대로야 이귀지 시천하지부귀지야

天下之父歸之, 其子焉王? 諸侯有行文王之政者, 七年之內,
천하지부귀지 기자언왕 제후유행문왕지정자 칠년지내

必爲政於天下矣."
필위정어천하의

11

맹자가 말했다.

"염구冉求는 계강자季康子의 총관이 되어, 계강자의 행위를 고치게 하지 못하고, 반대로 세입을 배로 늘렸다. 공자는 '염구는 내 제자가 아니다. 너희들은 깃발을 들고 북을 울리며 그를 공격해도 된다'고 했다.

이로써 보자면 군주가 어진 정치를 실행하지 않는데, 도리어 재부를 거두어들이는 것을 돕는 사람은 모두 공자에게 버림받은 사람들이다. 하물며 어질지 않은 군주를 도와 전쟁에 힘쓰는 사람들이야 어떻겠느냐? 토지를 빼앗기 위해 전쟁을 해서 사람을 죽이고, 죽은 사람들이 들판에 널리고, 성을 빼앗기 위해 전쟁을 해서 사람을 죽이고, 죽은 사람들이 성에 가득 차니, 이것이 이른바 토지를 거느리고 와서 사람 고기를 먹게 하는 것으로, 사형을 시켜도 그들의 죄과를 용서받지 못할 것이다.

따라서 전쟁을 좋아하는 사람은 마땅히 가장 무거운 형벌을 받아야 하고, 합종연횡에 종사하는 사람은 그다음 등급의 형벌을 받아야 하고, 풀밭을 개간하여 지력을 다하게 하는 사람은 그다음 등급의 형벌을 받아야 한다."

○ 백성의 고혈을 짜내 가혹하게 징세하고, 전쟁터로 내몰아 죽이는 것은 정치에서 가장 나쁜 것이므로 그 죄를 면할 수 없다는 말이다.

孟子曰:“求也爲季氏宰, 無能改於其德, 而賦粟倍他日.
맹자왈 구야위계씨재 무능개어기덕 이부속배타일

孔子曰:‘求非我徒也, 小子鳴鼓而攻之可也.’ 由此觀之, 君不行仁政而富之,
공자왈 구비아도야 소자명고이공지가야 유차관지 군불행인정이부지

皆棄於孔子者也, 況於爲之强戰? 爭地以戰, 殺人盈野; 爭城以戰, 殺人盈城,
개기어공자자야 황어위지강전 쟁지이전 살인영야 쟁성이전 살인영성

此所謂率土地而食人肉, 罪不容於死. 故善戰者服上刑, 連諸侯者次之,
차소위솔토지이식인육 죄불용어사 고선전자복상형 련제후자차지

辟草萊·任土地者次之.”
벽초래 임토지자차지

12

맹자가 말했다.

"다른 사람을 공경하는 사람은 다른 사람을 모욕할 리 없고, 자기가 절검하는 사람은 다른 사람을 약탈할 리 없다. 어떤 제후는 줄곧 다른 사람을 모욕하고 다른 사람을 약탈하면서, 오직 다른 사람이 자기에게 순종하지 않을까 염려하는데, 그러면 어떻게 공경과 절검을 할 수 있겠느냐? 공경과 절검 이 두 가지 덕목이 설마 오로지 듣기 좋은 소리와 웃는 얼굴로만 할 수 있는 것이란 말이냐?"

○ '공경'과 '절검'의 미덕을 남에게 요구하기 전에 자기가 먼저 실천해야 한다는 것을 말했다.

孟子曰: "恭者不侮人, 儉者不奪人. 侮奪人之君, 惟恐不順焉, 惡得爲恭儉?
맹자왈 공자불모인 검자불탈인 모탈인지군 유공불순언 오득위공검

恭儉豈可以聲音笑貌爲哉?"
공검기가이성음소모위재

13

순우곤淳于髡이 물었다.

"남녀 사이에는 직접 손으로 물건을 건네주지 않는 것이 예법입니까?"

맹자가 대답했다.

"예법입니다."

순우곤이 말했다.

"만약 형수가 물에 빠졌다면, 손을 내밀어 끌어당겨 줘야 합니까?"

맹자가 말했다.

"형수가 물에 빠졌는데 손을 내밀어 끌어당겨 주지 않는다면, 이는 그야말로 승냥이나 이리와 같습니다. 남녀 사이에 직접 손으로 물건을 주고받지 않는 것은 정상의 예법이고, 형수가 물에 빠졌을 때 손을 내밀어 끌어당겨 주는 것은 변통의 방법입니다."

순우곤이 말했다.

"지금 천하 사람이 모두 물에 빠졌는데, 선생님께서는 가서 구원해 주시지 않으니, 이는 무슨 까닭입니까?"

맹자가 말했다.

"천하 사람이 모두 물에 빠진 것은 '도道'로 구원해야 하고, 형수가 물에 빠진 것은 손으로 구원하는 것입니다. 설마 내게 손으로 천하를 구원하라는 말입니까?"

○ 순우곤은 제나라 사람으로, 당시 언변이 뛰어나기로 유명했다. 평상시 지켜야 하는 변함없는 규범인 '상도常道'와 위급시 융통성 있게 대처해야 하는 규범인 '변도變道'의 대표적 사례로 자주 인용되는 문답이다.

淳于髡曰: "男女授受不親, 禮與?"
순우곤왈 남녀수수불친 례여

孟子曰: "禮也."
맹자왈 례야

曰: "嫂溺, 則援之以手乎?"
왈 수닉 즉원지이수호

曰: "嫂溺不援, 是豺狼也. 男女授受不親, 禮也; 嫂溺, 援之以手者, 權也."
왈 수닉불원 시시랑야 남녀수수불친 례야 수닉 원지이수자 권야

曰: "今天下溺矣, 夫子之不援, 何也?"
왈 금천하닉의 부자지불원 하야

曰: "天下溺, 援之以道; 嫂溺, 援之以手. 子欲手援天下乎?"
왈 천하닉 원지이도 수닉 원지이수 자욕수원천하호

14

공손추가 물었다.

"군자가 직접 자식을 교육하지 않는 것은 무엇 때문입니까?"

맹자가 대답했다.

"정세가 통하지 않기 때문이다. 교육은 반드시 바른 이치로 해야 한다. 바른 이치로 해도 효과가 없으면 분노가 따른다. 분노하면 도리어 감정을 해친다. '아버지는 바른 이치로 나를 가르치시는데, 아버지 행동은 도리어 바른 이치에서 나오지 않습니다'라고 하면 부자 사이에 감정을 상하게 된다. 부자 사이에 감정을 상하는 것은 아주 좋지 않다. 옛날에는 서로 자식을 바꾸어 교육하여, 부자간에 서로 책망하지 않게 했다. 부자간에 서로 책망하면 사이가 멀어지고, 부자간에 사이가 멀어지는 일보다 나쁜 것은 없다."

○ 아무리 훌륭한 스승도 자기 자식을 직접 가르칠 수는 없다. 평정심을 잃고 감정이 먼저 발동해 관계를 해치기 때문이다.

公孫丑曰: "君子之不教子, 何也?"
공손추왈 군자지불교자 하야

孟子曰: "勢不行也. 教者必以正; 以正不行, 繼之以怒. 繼之以怒, 則反夷矣.
맹자왈 세불행야 교자필이정 이정불행 계지이노 계지이노 즉반이의

'夫子教我以正, 夫子未出於正也.' 則是父子相夷也. 父子相夷, 則惡矣.
부자교아이정 부자미출어정야 즉시부자상이야 부자상이 즉악의

古者易子而教之. 父子之間不責善. 責善則離, 離則不祥莫大焉."
고자역자이교지 부자지간불책선 책선즉리 이즉불상막대언

15

맹자가 말했다.

"누구를 섬기는 것이 가장 중요할까? 부모를 섬기는 것이 가장 중요하다. 무엇을 지키는 것이 가장 중요할까? 자기를 지키는 것이 가장 중요하다. 자기의 품행 절조를 잃지 않고 부모를 섬길 수 있었다는 것을 내가 들은 적이 있지만, 자기의 품행 절조가 불의에 빠졌는데 부모를 섬길 수 있었다는 것을 나는 들어본 적이 없다.

섬기는 일은 모두 마땅히 해야 하되 부모를 섬기는 것이 근본이요, 지키는 일은 모두 마땅히 해야 하되 자기의 품행 절조를 지키는 것이 근본이다. 예전에 증자가 부친 증석曾皙을 봉양하는데, 끼니마다 반드시 술과 고기를 올렸다. 상을 치울 때 '남은 것은 누구에게 줄까요'라고 반드시 물어, 증석이 만약 남은 것이 있느냐고 물으면 반드시 '있습니다'라고 대답했다.

증석이 죽고 증원曾元이 증자를 봉양했다. 역시 반드시 술과 고기가 있었는데, 상을 치울 때 남은 것은 누구에게 줄까 묻지 않고, 증자가 만약 남은 것이 있느냐 물으면 '없습니다'라고 했다. 남겼다가 다음에 낼 것에 대비하려는 것이었다.

이것을 구체口體의 봉양이라고 한다. 증자가 부친에게 했던 것처럼 한다면 비로소 어버이의 뜻에 순종하는 봉양이라고 할 수 있다. 부모를 봉양하는 것은 증자처럼 하면 된다."

○ 증석, 증자, 증원 삼대의 부모 봉양을 말했다. 증자가 증석을 봉양한 것은 부친의 마음까지 배려한 봉양이라면, 증원이 증자를 봉양한 것은 먹을 것 걱정이 없고 몸이 편한 것만 신경 쓴 까닭에 구체의 봉양이라고 한 것이다.

孟子曰, "事, 孰爲大?" 事親爲大; 守, 孰爲大? 守身爲大.
맹자왈 사 숙위대 사친위대 수 숙위대 수신위대

不失其身而能事其親者, 吾聞之; 失其身而能事其親者, 吾未之聞也.
불실기신이능사기친자 오문지 실기신이능사기친자 오미지문야

孰不爲事? 事親, 事之本也; 孰不爲守? 守身, 守之本也. 曾子養曾晳,
숙불위사 사친 사지본야 숙불위수 수신 수지본야 증자양증석

必有酒肉; 將徹, 必請所與; 問有餘, 必曰, '有.' 曾晳死, 曾元養曾子, 必有酒肉;
필유주육 장철 필청소여 문유여 필왈 유 증석사 증원양증자 필유주육

將徹, 不請所與; 問有餘, 曰, '亡矣.' 將以復進也. 此所謂養口體者也. 若曾子,
장철 불청소여 문유여 왈 무의 장이부진야 차소위양구체자야 약증자

則可謂養志也. 事親若曾子者, 可也."
즉가위양지야 사친약증자자 가야

16

맹자가 말했다.

"저들 정치를 맡고 있는 소인들은 견책할 만한 가치가 없고, 그들의 정치 또한 비난할 가치가 없다. 오직 대인만이 군주의 옳지 않은 사상을 바로잡을 수 있다. 군주가 어질면 어질지 않은 사람이 없으며, 군주가 의로우면 의롭지 않은 사람이 없으며, 군주가 바르면 바르지 않은 사람이 없다. 일단 군주를 바르게 하면 국가 또한 안정된다."

○ 양백준의 풀이를 따라서 원문 '적適'을 '적謫'으로 풀어서 '견책하다'라고 했다. 군주가 인의를 지키면 그 밑에는 인의를 지키지 않는 사람이 없다는 말이다.

孟子曰: "人不足與適也, 政不足閒也; 惟大人爲能格君心之非. 君仁, 莫不仁;
맹자왈 인부족여적야 정부족한야 유대인위능격군심지비 군인 막불인

君義, 莫不義; 君正, 莫不正. 一正君而國定矣."
군의 막불의 군정 막부정 일정군이국정의

17

맹자가 말했다.

"사람이 말을 경솔하게 한다고 책망할 것은 없다."

○ 여기서는 양백준의 설을 따라 '말을 경솔하게 하는 것은 자기가 덕이 없어서이니, 남이 그렇게 하는 것을 책망하고 어쩌고 할 것이 없다'는 뜻으로 풀었다. 전통적으로는 주희 등의 설을 따라 '사람이 말을 경솔하게 하는 것은 꾸짖음을 받은 적이 없었기 때문이다'는 뜻으로 풀었다.

孟子曰:"人之易其言也, 無責耳矣."
맹자왈 인지이기언야 무책이의

18

맹자가 말했다.

"사람들의 병통은 다른 사람의 선생님이 되기 좋아하는 것에 있다."

○ 가르치는 것의 중요성과 어려움을 잘 모른 채, 권위 있고 존경받는 것만 보고 선생님이 되려는 사람을 경계한 것이다.

孟子曰:"人之患在好爲人師."
맹자왈 인지환재호위인사

19

악정자가 왕자오王子敖를 따라 제나라에 도착했다.

악정자가 맹자를 만나러 갔다.

맹자가 물었다.

"너도 나를 만나러 왔느냐?"

악정자가 말했다.

"선생님께서는 왜 이런 말씀을 하십니까?"

맹자가 물었다.

"너는 언제 왔느냐?"

악정자가 대답했다.

"어제입니다."

맹자가 말했다.

"어제라구! 그렇다면 내가 이런 말을 하는 것 또한 마땅하지 않느냐?"

악정자가 말했다.

"묵을 곳을 아직 정하지 못했습니다."

맹자가 말했다.

"네가 배운 것에서는 묵을 곳을 찾고 나서 윗사람을 찾아뵙는 것이라고 들었느냐?"

악정자가 말했다.

"제가 잘못했습니다."

○ 왕자오는 왕환이다. 자오는 자字이다. 맹자는 악정자가 제나라에 도착하고 바로 자기를 찾아오지 않은 것을 책망한 것이다.

樂正子從於子敖之齊.
악정자종어자오지제

樂正子見孟子. 孟子曰: "子亦來見我乎?"
악정자견맹자 맹자왈 자역래견아호

曰: "先生何爲出此言也?"
왈 선생하위출차언야

曰: "子來幾日矣?"
왈 자래기일의

曰: "昔者."
왈 석자

曰: "昔者, 則我出此言也, 不亦宜乎?"
왈 석자 즉아출차언야 불역의호

曰: "舍館未定."
왈 사관미정

曰: "子聞之也, 舍館定, 然後求見長者乎?"
왈 자문지야 사관정 연후구견장자호

曰: "克有罪."
왈 극유죄

20

맹자가 말했다.

"인仁의 주요 내용은 부모를 봉양하는 것이고, 의義의 주요 내용은 어른을 따르는 것이고, 지智의 주요 내용은 이 두 가지 이치를 알아서 굳게 지켜나가는 것이고, 예禮의 주요 내용은 이 둘을 적절하게 조절할 수 있는 것이고, 악樂의 주요 내용은 이 둘을 즐겨 하는 것이니, 그럼 즐거움이 일어날 것이다. 일단 즐거움이 일어나면 멈출 방법이 없으니, 멈출 방법이 없으면 저도 모르는 사이게 손이 춤추고 발이 뛰기 시작한다."

○ 인 · 의 · 지 · 예 · 악의 내용과 효용을 말했다.

孟子曰:"仁之實, 事親是也; 義之實, 從兄是也; 智之實, 知斯二者弗去是也;
맹자왈 인지실 사친시야 의지실 종형시야 지지실 지사이자불거시야

禮之實, 節文斯二者是也; 樂之實, 樂斯二者, 樂則生矣; 生則惡可已也,
례지실 절문사이자시야 악지실 락사이자 락즉생의 생즉악가이야

惡可已, 則不知足之蹈之手之舞之."
악가이 즉부지족지도지수지무지

21

맹자가 말했다.

"천하 사람들 모두가 매우 기뻐하며 자기를 따르려고 했다. 천하 사람들이 기뻐하며 자기를 따르려고 한 것을 마치 초개와 같이 보는 것은 오직 순만 그럴 수 있었다. 부모의 환심을 얻을 수 없으면 사람이라고 할 수 없고, 부모의 뜻을 순종하지 못하면 자식이라고 할 수 없다. 순은 모든 마음을 다하여 부모를 봉양하여 결국 아버지 고수瞽瞍가 기뻐하게 되었으며, 고수가 기뻐하자 천하의 풍속이 이롭게 변했고, 고수가 기뻐하자 천하의 부자 윤리도 이로 인해 확정되었으니, 이를 위대한 효라고 하는 것이다."

○ 순은 천하 사람들이 자기를 따르려고 하였지만, 자기는 효를 다하여 부모의 마음을 얻지 못하는 것을 가장 염려했다는 말이다.

孟子曰:"天下大悅而將歸己, 視天下悅而歸己, 猶草芥也, 惟舜爲然.
맹자왈 천하대열이장귀기 시천하열이귀기 유초개야 유순위연

不得乎親, 不可以爲人; 不順乎親, 不可以爲子. 舜盡事親之道而瞽瞍厎豫,
부득호친 불가이위인 불순호친 불가이위자 순진사친지도이고수지예

瞽瞍厎豫而天下化, 瞽瞍厎豫而天下之爲父子者定, 此之謂大孝."
고수지예이천하화 고수지예이천하지위부자자정 차지이대효

제8편

이루 하

(離婁)

01

맹자가 말했다.

"순은 제풍諸馮에서 출생하여, 부하負夏로 옮겨 살다가, 명조鳴條에서 세상을 떠났으니, 동이東夷 사람이다. 문왕은 기주岐周에서 태어나, 필영畢郢에서 세상을 떠났으니, 서이西夷 사람이다. 두 지방은 서로 천여 리나 떨어져 있고, 시대는 서로 천여 년이나 떨어져 있다. 그런데 뜻을 얻어 중국에서 했던 것은 마치 부절을 합한 듯 똑같았으니, 고대의 성인과 후대의 성인의 길이 같았다."

○ 여기서 말한 지명이 지금 어디에 해당되는지 확실히 고증할 수는 없다. 다만 성인은 시대나 지역을 초월해 같은 길을 걸었다는 것을 말한다.

孟子曰:"舜生於諸馮, 遷於負夏, 卒於鳴條, 東夷之人也. 文王生於岐周,
맹자왈 순생어저풍 천어부하 졸어명조 동이지인야 문왕생어기주

卒於畢郢, 西夷之人也. 地之相去也, 千有餘里; 世之相後也, 千有餘歲.
졸어필영 서이지인야 지지상거야 천유여리 세지상후야 천유여세

得志行乎中國, 若合符節, 先聖後聖, 其揆一也."
득지행호중국 약합부절 선성후성 기규일야

02

자산子産이 정鄭나라 정치를 주관할 때, 자기가 타던 수레로 사람들이 진수溱水와 유수洧水를 건너는 것을 도와주었다.

맹자가 말했다.

"자그마한 은혜를 베푼 것일 뿐, 정치를 이해하지 못했다. 11월에 사람이 다니는 다리를 건설하고, 12월에 수레가 다니는 다리를 건설했다면, 백성들이 강 건널 걱정을 하지 않았을 것이다. 군자가 정치를 잘하면 밖에 나가 행차할 때 징을 울리며 길을 여는 것도 할 수 있다. 어찌 하나하나 다른 사람이 강을 건너는 것을 도와줄 수 있겠느냐? 그러므로 정치를 하는 사람이 하나하나 다른 사람의 환심을 사려고 하면 시간 또한 너무 부족할 것이다."

○ 자산은 춘추시대 정나라의 명재상이다. 맹자는 자산이 보여준 덕목을 '혜惠'라고 하여, 맹자 자신이 주장하는 '인仁', '의義' 등으로 표현하지는 않았다. 자기 수레를 이용하여 사람들이 강 건너는 것을 도와준 마음씨는 좋았지만, 자산 정도의 위치에서는 사람들이 강 건너는 것을 더는 염려하지 않도록 다리를 건설할 수도 있었기 때문이다.

子産聽鄭國之政, 以其乘輿濟人於溱洧. 孟子曰: "惠而不知爲政.
자산청정국지정 이기승여제인어진유 맹자왈 혜이부지위정

歲十一月, 徒杠成; 十二月, 輿梁成, 民未病涉也. 君子平其政, 行辟人可也,
세십일월 도강성 십이월 여량성 민미병섭야 군자평기정 행벽인가야

焉得人人而濟之? 故爲政者, 每人而悅之, 日亦不足矣."
언득인인이제지 고위정자 매인이열지 일역부족의

03

맹자가 제나라 선왕에게 말했다.

"군주가 신하를 자기 수족으로 대하면 신하는 군주를 자기의 복심腹心으로 대할 것이요, 군주가 신하를 개나 말로 대하면 신하는 군주를 일반 사람으로 대할 것이요, 군주가 신하를 진흙이나 지푸라기처럼 대하면 신하는 군주를 원수로 대할 것입니다."

왕이 말했다.

"예법에 따르면 이미 자리를 떠난 신하도 섬기던 군주를 위해 상복을 입어야 한다고 했는데, 군주가 어떻게 신하를 대해야 신하가 그를 위해 상복을 입습니까?"

맹자가 말했다.

"간언하면 받아들이고 건의하면 따르고, 정치의 은혜가 아래로 일반 백성에까지 이르고, 어떤 사고가 있어서 신하가 그 나라를 떠나야 할 경우, 군주는 사람을 보내 그가 국경을 떠날 때까지 그를 인도하게 하고, 그가 가려는 곳에 먼저 사람을 보내서 편의를 봐주게 하고, 떠난 이후 삼 년 동안 돌아오지 않으면, 그때 토지와 주택을 회수합니다. 이것을 '삼유례三有禮'라고 합니다. 이와 같이 하면 신하가 군주를 위해 상복을 입을 것입니다.

지금은 신하가 되어서 간언해도 받아들이지 않고 건의해도 따라주지 않고, 정치의 은혜가 백성에게 이르지 못하고, 어떤 사고가 있어서 신하가 떠나야 할 경우에 군주는 그를 묶어 두고, 그가 어떤 지방으로 가면 온갖 방법을 동원해 곤경에 빠지게 하고, 떠난 그날 즉시 토지와 주택을 회수합니다. 이것을 원수라고 합니다. 원수 같은 옛날 군주에게 신하가 또 무슨 상복을 입는단 말입니까?"

○ 군주가 신하를 어떻게 대해야 하는지 말했다. 군주가 신하를 수족으로 대하느냐, 개나 말로 대하느냐, 진흙이나 지푸라기처럼 대하느냐 각각의 경우에 따라서 신하도 군주를 복심으로 대하기도 하고, 일반 사람으로 대하기도 하고, 원수처럼 대하기도 한다는 말이다.

孟子告齊宣王曰:"君之視臣如手足, 則臣視君如腹心; 君之視臣如犬馬,
맹자고제선왕왈 군지시신여수족 즉신시군여복심 군지시신여견마

則臣視君如國人; 君之視臣如土芥, 則臣視君如寇讎."
즉신시군여국인 군지시신여토개 즉신시군여구수

王曰:"禮, 爲舊君有服, 何如斯可爲服矣?"
왕왈 례 위구군유복 하여사가위복의

曰:"諫行言聽, 膏澤下於民; 有故而去, 則君使人導之出疆, 又先於其所往;
왈 간행언청 고택하어민 유고이거 즉군사인도지출강 우선어기소왕

去三年不反, 然後收其田里. 此之謂三有禮焉. 如此, 則爲之服矣.
거삼년불반 연후수기전리 차지위삼유례언 여차 즉위지복의

今也爲臣, 諫則不行, 言則不聽; 膏澤不下於民; 有故而去, 則君搏執之,
금야위신 간즉불행 언즉불청 고택불하어민 유고이거 즉군박집지

又極之於其所往; 去之日, 遂收其田里. 此之謂寇讎. 寇讎, 何服之有?"
우극지어기소왕 거지일 수수기전리 차지위구수 구수 하복지유

04

맹자가 말했다.

"죄가 없는데 선비를 죽이면 대부는 떠나가도 되고, 죄가 없는데도 백성을 죽이면 선비는 옮겨가도 된다."

○ 죄가 없는데 사람을 죽이는 군주 밑에서는 머물러 있을 필요가 없다는 말이다.

孟子曰: "無罪而殺士, 則大夫可以去; 無罪而戮民, 則士可以徙."
맹자왈 무죄이살사 즉대부가이거 무죄이륙민 즉사가이사

05

맹자가 말했다.

"군주가 어질면 어질지 않은 사람이 없으며, 군주가 의로우면 의롭지 않은 사람이 없다."

○ 모두가 군주를 그대로 따라 한다는 말이다.

孟子曰: "君仁, 莫不仁; 君義, 莫不義."
맹자왈 군인 막불인 군의 막불의

06

맹자가 말했다.

"옳은 것 같으면서 옳지 않은 예禮와 옳은 것 같으면서 옳지 않은 의義를 대인은 행하지 않는다."

○ 대인은 사리를 잘 분별해서 비슷하지만 아닌 것에 현혹되지 않는다는 말이다.

孟子曰: "非禮之禮, 非義之義, 大人弗爲."
맹자왈 비례지례 비의지의 대인불의

07

맹자가 말했다.

"도덕 품성이 좋은 사람이 도덕 품성이 좋지 않은 사람을 가르치고, 재능 있는 사람이 재능 없는 사람을 가르친다. 그러므로 사람마다 모두 좋은 부형이 있는 것을 좋아한다. 만약 도덕 품성이 좋은 사람이 도덕 품성이 좋지 않은 사람을 가르치지 않고, 재능 있는 사람이 재능 없는 사람을 가르치지 않는다면, 이른바 좋다는 것과 좋지 않다는 것 사이의 거리가 가까워져서 분촌分寸으로는 재지 못한다."

○ 여기서 분分과 촌寸은 짧은 길이 단위를 상징한다. 분촌으로는 재지 못한다는 것은 거의 차이가 나지 않는다는 말이다.

孟子曰:"中也養不中, 才也養不才, 故人樂有賢父兄也. 如中也棄不中,
맹자왈 중야양부중 재야양부재 고인락유현부형야 여중야기부중

才也棄不才, 則賢不肖之相去, 其間不能以寸."
재야기부재 즉현불초지상거 기간불능이촌

08

맹자가 말했다.

"사람은 하지 않는 것이 있어야, 하는 것이 있을 수 있다."

○ 아무리 좋아도, 아무리 원해도, 무엇이든 다 할 수는 없다. 절제 또는 선택을 할 줄 알아야 한다는 말이다.

孟子曰:"人有不爲也, 而後可以有爲."
맹자왈 인유불위야 이후가이유이

09

맹자가 말했다.

"다른 사람의 좋지 않은 것을 퍼뜨리다가 후환이 따르면 어찌 할 것인가?"

○ 남을 험담할 겨를이 없다는 말이다.

孟子曰: "言人之不善, 當如後患何?"
맹자왈 언인지불선 당여후환하

10

맹자가 말했다.

"공자는 무엇을 하든 너무 지나치지 않았던 사람이다."

○ 지나친 것은 모자란 것과 마찬가지라고 했다.

孟子曰:"仲尼不爲已甚者."
맹자왈 충니불위이심자

11

맹자가 말했다.

"대인은 말을 할 때 꼭 구절구절 믿음을 심으려고 하지 않고, 행동할 때 꼭 시종일관 관철하려 하지 않고, 오직 의義와 함께 한다."

○ 언행은 오로지 의를 기준으로 한다는 말이다.

孟子曰:"大人者, 言不必信, 行不必果, 惟義所在."
맹자왈 대인자 언불필신 행불필과 유의소재

12

맹자가 말했다.

"대인은 어린아이의 마음을 잃지 않는 사람이다."

○ 대인은 어린아이의 순수한 마음을 잃지 않는다는 말이다. 일설에는 대인을 군주로 보아, 군주는 백성을 어린아이처럼 대하는 마음을 잃지 말아야 한다는 뜻으로 풀었다.

孟子曰:"大人者, 不失其赤子之心者也."
맹자왈 대인자 불실기적자지심자야

13

맹자가 말했다.

"군자가 옳은 방법에 따라 높고 깊은 조예를 얻으려는 것은 스스로 깨달아 얻는 것이 있게 하려는 것이다. 스스로 깨달아 얻는 것이 있으면 굳게 잡아 동요하지 않을 수 있고, 굳게 잡아 동요하지 않으면 깊게 축적할 수 있으며, 깊게 축적하면 좌우에서 취하여도 근원을 만날 수 있다. 그러므로 군자는 스스로 깨달아 얻는 것이 있게 하려 한다."

○ 스스로 깨닫는 것이 중요하다는 말이다.

孟子曰: "君子深造之以道, 欲其自得之也. 自得之, 則居之安; 居之安,
맹자왈 군자심조지이도 욕기자득지야 자득지 즉거지안 거지안

則資之深; 資之深, 則取之左右逢其原, 故君子欲其自得之也."
즉자지심 자지심 즉취지좌우봉기원 고군자욕기자득지야

14

맹자가 말했다.

"넓게 공부하고 상세하게 해설하여, 간략하게 대의를 서술하는 단계로 돌아가라."

○ 넓고 깊고 상세하게 공부해서, 마지막 단계는 간단명료하게 개괄할 수 있어야 한다.

孟子曰:"博學而詳說之, 將以反說約也."
맹자왈 박학이상설지 장이반설약야

15

맹자가 말했다.

"선을 가지고 사람들이 복종하게 하려면 사람들이 복종하게 할 수 있는 사람이 없다. 선을 가지고 사람들을 가르치고 이끌어야 비로소 천하 사람을 모두 복종시킬 수 있다. 천하 사람이 마음으로 복종하지 않는데, 천하를 통일할 수 있었던 경우는 지금까지 없었다."

○ 천하 통일의 길은 천하 백성의 마음을 얻는 것에 달려 있다.

孟子曰:"以善服人者, 未有能服人者也; 以善養人, 然後能服天下.
맹자왈 이선복인자 미유능복인자야 이선양인 연후능복천하

天下不心服而王者, 未之有也."
천하불심복이왕자 이지유야

16

맹자가 말했다.

"말을 했는데 내용과 결과가 없다면 좋지 않은 것이다. 이런 좋지 않은 결과는 현자가 임용되는 것을 방해하는 사람이 떠맡을 것이다."

○ 말은 실속이 있어야 한다는 말이다.

孟子曰:"言無實不祥. 不祥之實, 蔽賢者當之."
맹자왈 언무실불상 불상지실 폐현자당지

17

서자徐子가 말했다.

"공자께서는 여러 번 물을 칭찬하여 '물이여, 물이여!'라고 하셨다고 합니다. 물에서 무엇을 취하신 겁니까?"

맹자가 말했다.

"샘에서 발원한 물은 졸졸 밤낮으로 쉬지 않고 흘러, 움푹 패인 곳을 가득 채운 다음 계속해서 흘러 곧장 바다에 이른다. 근원이 있는 것은 이와 같으니, 공자께서는 이 점을 취하신 것일 뿐이다.

만약 근원이 없다면, 칠팔월 사이에는 비가 아주 많이 내려서, 크고 작은 도랑마다 모두 가득 찬다. 그러나 잠깐 있으면 말라 버린다. 그러므로 명예가 실제를 넘어서는 것을 군자는 치욕으로 여겼다."

○ 공자는 물이 밤낮없이 쉬지 않고, 아래로 흐르는 것을 취하여 도로 삼았다는 말이다.

徐子曰: "仲尼亟稱於水, 曰, '水哉, 水哉!' 何取於水也?"
서자왈 중니극칭어수 왈 수재 수재 하취어수야

孟子曰: "源泉混混, 不舍晝夜, 盈科而後進, 放乎四海. 有本者如是, 是之取爾.
맹자왈 원천혼혼 불사주야 영과이후진 방호사해 유본자여시 시지취이

苟爲無本, 七八月之閒雨集, 溝澮皆盈; 其涸也, 可立而待也. 故聲聞過情,
구위무본 칠팔월지간우집 구회개영 기학야 가립이대야 고성문과정

君子恥之."
군자치지

18

맹자가 말했다.

"사람이 금수와 다른 점은 아주 작을 뿐이다. 보통 사람은 그것을 잃고 군자는 그것을 보존한다. 순은 사물의 이치를 깨닫고, 인류의 상식을 이해하여, 인의의 길을 따라 갔으며, 인의를 억지로 행한 것이 아니다."

○ 사람이 금수와 다른 점은 아주 미세하여, 인의의 길을 감으로써 미세한 차이를 점점 넓혀 사람답게 된다는 말이다.

孟子曰: "人之所以異於禽獸者幾希, 庶民去之, 君子存之. 舜明於庶物,
맹자왈 인지소이이어금수자기희 서민거지 군자존지 순명어서물

察於人倫, 由仁義行, 非行仁義也."
찰어인륜 유인의행 비행인의야

19

맹자가 말했다.

"우는 좋은 술을 좋아하지 않고, 좋은 말을 좋아했다. 탕은 중정中正을 잘 지켜서, 현인을 발탁할 때 일정한 규칙에 매이지 않았다. 문왕은 백성을 마치 상처를 입은 사람처럼 어여삐 대했으며, 진리를 마치 본 적이 없는 것처럼 갈구했다. 무왕은 조정에 있는 근신들을 업신여기지 않았고, 멀리 나가 있는 신하를 잊지 않았다. 주공은 하·상·주 삼대의 군왕을 겸하여 배워서 우, 탕, 문왕, 무왕이 행한 업적을 실천하고자 했다. 만약 당시 상황에 맞지 않는 것이 있으면 고개 들고 생각했고, 낮 동안 잘 생각나지 않으면 밤까지 이어 생각했고 다행히 깨닫게 되면, 앉아서 날이 밝기를 기다렸다."

○ 우왕부터 주공까지 성인군자의 자세와 행실을 소개한 것이다.

孟子曰, "禹惡旨酒而好善言. 湯執中, 立賢無方. 文王視民如傷,
맹자왈 우오지주이호선언 탕집중 립현무방 문왕시민여상

望道而未之見. 武王不泄邇, 不忘遠. 周公思兼三王, 以施四事; 其有不合者,
망도이미지견 무왕불설이 불망원 주공사겸삼왈 이시사사 기유불합자

仰而思之, 夜以繼日; 幸而得之, 坐以待旦."
앙이사지 야이계일 행이득지 좌이대단

20

맹자가 말했다.

"왕이 시를 채집하는 것이 폐지되어 시 역시 없게 되었고, 시가 없게 되어 공자가《춘추》를 저술했다. 진나라에서는 '승乘'이라고 했고, 초나라에서는 '도올檮杌'이라고 했고, 노나라에서는 '춘추'라고 하였으니, 모두 마찬가지였다. 기재된 일이 제환공齊桓公, 진문공晉文公 같은 종류에 불과했고, 사용한 필법은 일반 역사서의 필법에 불과했다. 공자는 '선을 찬양하고 악을 비판하는 대의를 빌어서 나는《춘추》를 썼다'고 했다."

○ 치세와 수양의 거울로서 기록의 전통을 말했다. 민심을 살피기 위해 시를 채집하는 전통이 사라지면서 역사 기록이 시작되었고, 공자는 선을 찬양하고 악을 비판하는 전통을 이어서《춘추》를 쓰게 되었다고 말했다. 그래서 역사를 지칭하는 말로 춘추, 승, 도올 등이 쓰이게 되었다.

孟子曰:"王者之迹熄而詩亡, 詩亡然後春秋作. 晉之乘, 楚之檮杌, 魯之春秋,
맹자왈 왕자지적식이시망 시망연후춘추작 진지승 초지도올 로지춘추

一也: 其事則齊桓晉文, 其文則史. 孔子曰:'其義則丘竊取之矣.'"
일야 기사즉제환진문 기문즉사 공자왈 기의즉구절취지의

21

맹자가 말했다.

"가질 수도 있고 가지지 않을 수도 있으나, 가져서 청렴결백에 손해가 있으면 가지지 않으며, 줄 수도 있고 주지 않을 수도 있으나, 줘서 은혜에 손해가 있으면 주지 않으며, 죽을 수도 있고 죽지 않을 수도 있으나, 죽어서 용기에 손해가 있으면 죽지 않는다."

○ 줘도 되고 안 줘도 될 경우에는 주는 것이 낫다고 생각하고, 죽어도 되고 안 죽어도 될 경우에는 죽는 것이 낫다고 생각할지 모르겠지만, 맹자는 그렇지 않았다는 말이다. 주는 것은 은혜를 해치는 것이고 죽는 것은 용기를 해치는 것으로 보았기 때문이다.

孟子曰:"可以取, 可以無取, 取傷廉; 可以與, 可以無與, 與傷惠; 可以死,
맹자왈 가이취 가이무취 취상렴 가이여 가이무여 여상혜 가이사

可以無死, 死傷勇."
가이무사 사상용

22

옛날에 봉몽逢蒙이 예羿에게서 활쏘기를 배웠는데, 예의 기교를 완전히 습득하고 나서 천하에서 오직 예 한 사람만이 자기보다 강하다고 생각하여 예를 죽이고 말았다.

맹자가 말했다.

"여기에는 예의 죄도 있다."

공명의가 말했다.

"예는 아무 죄도 없는 것 같습니다."

맹자가 말했다.

"그리 크지 않을 뿐, 어찌 죄가 없다고 할 수 있겠느냐? 정나라에서 자탁유자子濯孺子를 시켜 위衛나라를 침범하게 했는데, 위나라는 유공지사庾公之斯를 시켜 그를 추격하게 했다. 자탁유자가 '오늘은 내가 몸이 아파서 활을 가지고 다닐 수가 없구나. 나는 살지 못하겠다'라고 하고, 수레를 모는 사람에게 물었다. '나를 추격하는 사람이 누구냐?' 수레를 모는 사람이 '유공지사입니다'라고 대답했다. 자탁유자는 '나는 죽지 않겠구나'라고 했다. 마차를 모는 사람이 '유공지사는 위나라의 유명한 명사수입니다. 그런데 나리께서는 죽지 않을 거라고 말씀하시니, 이는 무슨 이치입니까?'라고 물었다. '유공지사는 윤공지타尹公之他에게 활쏘기를 배웠고, 윤공지타는 나에게 활쏘기를 배웠다. 윤공지타는 정파 사람으로, 그가 선택한 친구나 학생은 틀림없이 정파일 것이다.'

유공지사가 따라붙어 물었다. '선생님께서는 왜 활을 가지고 오지 않으셨습니까?' 자탁유자는 '오늘 몸이 아파서 활을 가지고 오지 못했다'라고 말했다. 유공지사가 말했다. '저는 윤공지타에게 활쏘기를 배웠고, 윤공지타는 또 나리에게 활쏘기를 배웠습니다. 저는 차마 나리의 기교로 도리어 나리를 해칠 수가 없습니다. 그러나 오늘 일은 국가의 공적인 일로, 저 또한 감히 망칠 수는 없습니다.' 이에 화살을 뽑아 수레바퀴에 몇 번 두드려 화살촉을 뽑아내고, 네 발을 쏜 연후에 돌아갔다."

○ 예와 봉몽, 자탁유자와 유공지사, 이들은 각각 활쏘기 비법을 전수해 주고 전수받은 관계로, 예는 자기가 가르친 봉몽에게 살해당했고, 자탁유자는 자기의 비법을 전수받은 윤공지타에게서 배운 유공지사를 만나 살해당하지 않았다. 예는 자신의 도를 제대로 전해 주지 못했고, 자탁유자의 도는 유공지사에게 제대로 전수되었다고 할 수 있다. 그런 의미에서 맹자는 예에게도 죄가 있다고 한 것이다.

逢蒙學射於羿, 盡羿之道, 思天下惟羿爲愈己, 於是殺羿.
봉몽학사어예 진예지도 사천하유예위유기 어시살예

孟子曰: "是亦羿有罪焉."
맹자왈 시역예유죄언

公明儀曰: "宜若無罪焉."
공명의왈 의약무죄언

曰: "薄乎云爾, 惡得無罪? 鄭人使子濯孺子侵衛, 衛使庾公之斯追之.
왈 박호운이 오득무죄 정인사자탁유자침위 위사유공지사추지

子濯孺子曰: '今日我疾作, 不可以執弓, 吾死矣夫!' 問其僕曰; '追我者誰也?'
자탁유자왈 금일아질작 불가이집궁 오사의부 문기복왈 추아자수야

其僕曰: '庾公之斯也.' 曰: '吾生矣.' 其僕曰: '庾公之斯, 衛之善射者也;
기복왈 유공지사야 왈 오생의 기복왈 유공지사 위지선사자야

夫子曰吾生, 何謂也?' 曰:'庾公之斯學射於尹公之他, 尹公之他學射於我.
부자왈오생 하위야 왈 유공지사학사어윤공지타 윤공지타학사어아

夫尹公之他, 端人也, 其取友必端矣.' 庾公之斯至, 曰:'夫子何爲不執弓?'
부윤공지타 단인야 기취우필단의 유공지사지 왈 부자하위불집궁

曰:'今日我疾作, 不可以執弓.' 曰:'小人學射於尹公之他,
왈 금일아질작 불가이집궁 왈 소인학사어윤공지타

尹公之他學射於夫子, 我不忍以夫子之道反害夫子. 雖然, 今日之事, 君事也,
윤공지타학사어부자 아불인이부자지도반해부자 수연 금일지사 군사야

我不敢廢. 抽矢, 扣輪, 去其金, 發乘矢而後反."
아불감폐 추시 구륜 거기금 발승시이후반

23

맹자가 말했다.

"천하에서 인성을 말하는 것은 그 소이연을 따질 뿐이다. 소이연은 순리를 따르는 것을 기본으로 한다. 총명함을 싫어하는 것은 견강부회에 빠지기 쉽기 때문이다. 만약 총명하여 우가 물길을 뚫어서 흘러가게 한 것과 같이 한다면, 총명함을 싫어할 필요는 없다. 우가 물길을 뚫어서 흘러가게 한 것은 형세를 따라서 아무 일 없듯이 한 것이다. 만약 총명한 사람이 형세를 따라서 아무 일 없듯이 흘러가게 할 수 있다면, 그 총명함 역시 큰 것이다. 하늘은 지극히 높고, 별은 지극히 멀어서, 그 소이연을 따질 수 있어야만, 천 년 후 동지도 앉아서 추산해낼 수 있을 것이다."

○ 총명함보다는 인성을 우선시해야 한다는 말이다. 총명함은 오만과 독선에 빠지기 쉽기 때문이다. 순리를 따라서 천하에 도움이 되는 방향으로 총명함을 발휘해야 한다.

孟子曰:"天下之言性也, 則故而已矣. 故者以利爲本. 所惡於智者,
맹자왈 천하지언성야 즉고이이이 고자이리위본 소오어지자

爲其鑿也. 如智者若禹之行水也, 則無惡於智矣. 禹之行水也, 行其所無事也.
위기착야 여지자약우지행수야 즉무악어지의 우지행수야 행기소무사야

如智者亦行其所無事也, 則智亦大矣. 天之高也, 星辰之遠也, 苟求其故,
여지자역행기소무사야 즉지역대의 천지고야 성진지원야 구구기고

千歲之日至, 可坐而致也."
천세지일지 가좌이치야

24

우와 직稷은 정치가 청명한 시대에 처하여, 세 번이나 자기 집 문을 지나갔어도 들어가지 않았으니, 공자가 그들을 칭찬했다. 안자顔子는 정치가 혼란한 시대에 처하여, 좁은 골목에서 한 광주리 밥과 한 표주박 물로 버티며 살았다. 다른 사람들은 그런 괴로운 생활을 받아들이지 못했을 것이로되, 안자는 도리어 그 즐거움을 스스로 얻었으니, 공자 또한 그를 칭찬했다.

맹자가 말했다.

"우와 직 그리고 안회의 이치는 똑같다. 우는 천하 사람들이 물에 빠진 것이 마치 자기가 그들을 빠뜨린 것처럼 생각했고, 직은 천하 사람들이 굶주리는 것을 마치 자기가 그들을 굶주리게 한 것처럼 생각했다. 그러므로 그토록 서둘러 백성을 구제했다. 우와 직과 안자가 서로 입장을 바꿨더라면, 안자 역시 세 번 집 문 앞을 지나가도 들어가지 않았을 것이요, 우와 직도 그 즐거움을 스스로 얻었을 것이다.

한 집안 사람이 서로 때리고 싸우고 있어 말려야 한다면 머리를 풀어헤치고 모자 끈도 묶지 못 하고 가서 말려도 괜찮다. 그런데 한 동네 사람이 때리고 싸우고 있는데, 머리를 풀어헤치고 모자 끈을 묶지 않고 가서 구해 주는 것은 바보스런 짓이니, 문을 꼭 닫아 걸어도 괜찮은 것이다."

○ 우, 직, 안회의 사례를 말했다. 우와 직은 공무를 맡아서 정성을 다했고, 안회는 공무가 없어 힘들게 살아도 도를 행하는 즐거

움을 잊지 않았다. 그들은 처지가 바뀌어도 마찬가지였을 것이라고 했다.

禹·稷當平世, 三過其門而不入, 孔子賢之. 顔子當亂世,
우 직당평세 삼과기문이불입 공자현지 인자당란세

居於陋巷, 一簞食, 一瓢飮; 人不堪其憂, 顔子不改其樂, 孔子賢之.
거어루항 일단사 일표음 인불감기우 안자불개기락 공자현지

孟子曰: "禹·稷·顔回同道. 禹思天下有溺者, 由己溺之也; 稷思天下有飢者,
맹자왈 우 직 안회동도 우사천하유닉자 유기닉지야 직사천하유기자

由己飢之也, 是以如是其急也. 禹·稷·顔子易地則皆然. 今有同室之人鬪者,
유기기지야 시이여시기급야 우 직 안자역지즉개연 금유동실지인투자

救之, 雖被髮纓冠而救之, 可也; 鄕鄰有鬪者, 被髮纓冠而往救之, 則惑也;
구지 수피발영관이구지 가야 향린유투자 피발영관이왕구지 즉혹야

雖閉戶可也."
수폐호가야

25

공도자가 말했다.

"광장은 전국에서 모두 불효하다고 합니다. 그런데 선생님께서는 광장과 왕래하고 또한 광장을 상당히 공경하는 것 같습니다. 이를 어떻게 설명해야 할지 묻고 싶습니다."

맹자가 말했다.

"세상에서 불효라고 하는 것에 다섯 가지가 있다. 사지를 게을리해서 부모의 생활에 관심을 두지 않는 것이 첫 번째 불효요, 바둑 두고 술 마시기는 것을 좋아하면서 부모의 생활에 관심을 두지 않는 것이 두 번째 불효요, 재물을 좋아하고 처자식만 편애하면서 부모의 생활에 관심을 두지 않는 것이 세 번째 불효요, 귀와 눈의 욕망을 방종하게 하여 부모가 이로 인해 치욕을 당하게 하는 것이 네 번째 불효요, 용감함을 자랑하며 싸우기를 좋아하여 위험이 부모에게 미치는 것이 다섯 번째 불효이다.

광장에게는 다섯 가지 중 한 가지라도 있느냐? 광장은 단지 부자지간에 서로 선善으로 책망하여 관계를 악화시킨 것일 뿐이다. 선으로 서로 책망하는 것은 친구끼리 취하는 도요, 부자지간에 선으로 서로 책망하는 것은 가장 감정을 해치는 일이다. 광장이 설마 부부 모자가 모여 살기를 바라지 않는단 말이냐? 부친에게 죄를 지어 가까이 갈 수 없기 때문에 자기 처도 쫓아내고 자기의 자식도 멀리 가게 하여 종신토록 그들의 봉양을 멀리했다. 그가 이와 같이 생각하지 않았다면 그 죄는 더욱 커질 것이니, 이것이 바로 광장의 사람됨이다."

○ 공도자가 모든 사람들이 불효자라고 욕하는 광장과 맹자가 어울리는 것을 보고 의아해하며 맹자에게 묻고, 맹자가 이에 관해 대답한 것이다. 광장이 부모와 불화를 일으키기는 했지만 선을 책하는 친구의 도를 부자 사이에 구현하려다 그렇게 된 것이지 악의나 불효로 그런 것은 아니라는 말이다.

公都子曰: "匡章, 通國皆稱不孝焉, 夫子與之遊, 又從而禮貌之, 敢問何也?"
공도자왈 광장 통국개칭불효언 부자여지유 우종이례모지 감문하야

孟子曰: "世俗所謂不孝者五: 惰其四支, 不顧父母之養,
맹자왈 세속소위불효자오 타기사지 불고부모지양

一不孝也; 博奕好飮酒, 不顧父母之養, 二不孝也; 好貨財, 私妻子,
일불효야 박혁호음주 불고부모지양 이불효야 호화재 사처자

不顧父母之養, 三不孝也; 從耳目之欲, 以爲父母戮, 四不孝也; 好勇鬭很,
불고부모지양 삼불효야 종이목지욕 이위부모륙 사불효야 호용투흔

以危父母, 五不孝也. 章子有一於是乎? 夫章子, 子父責善而不相遇也. 責善,
이위부모 오불효야 장자유일어시호 부장자 자부책선이불상우야 책선

朋友之道也; 父子責善, 賊恩之大者. 夫章子, 豈不欲有夫妻子母之屬哉?
붕우지도야 부자책선 적은지대자 부장자 기불욕유부처자모지속재

爲得罪於父, 不得近, 出妻屛子, 終身不養焉. 其設心以爲不若是,
위득죄어부 부득근 출처병자 종신불양언 기설심이위불약시

是則罪之大者, 是則章子而已矣."
시즉죄지대자 시즉장자이이의

26

증자가 무성武城에서 거주할 때 월越나라 군대가 침략했다.

어떤 사람이 말했다. "도적이 쳐들어오는데 왜 잠시 피하지 않으십니까?" 증자가 (잠시 피하면서) 말했다. "다른 사람이 내가 살던 곳에 살게 해서 저 수목을 훼손하게 하는 일이 없도록 해야 한다." 적이 물러가자 증자가 말했다. "담과 집을 수리해라. 내가 돌아가야겠다." 적이 물러가자 증자가 돌아왔다. 그의 곁에 있는 사람이 말했다. "무성 관리들이 선생님을 그토록 정성과 공경으로 대했는데, 적이 쳐들어오니까 일찌감치 도망하여 백성들에게 나쁜 모범을 보이시고, 적이 물러나자 즉시 돌아오셨으니, 그러면 안 될 듯합니다."

심유행沈猶行이 말했다.

"이는 네가 제대로 안 것이 아니다. 예전에 선생님께서 나와 함께 계실 때 부추負芻라고 하는 사람이 난을 일으켰는데, 선생님을 따르던 칠십 명 모두가 일찌감치 도망했다."

자사가 위나라에서 묵고 있었는데 제나라 군대가 침범했다. 어떤 사람이 "적이 쳐들어오는데 어찌 도망하지 않으십니까?"라고 하자, 자사는 "만약 나까지 도망간다면 군주는 누구와 함께 성을 지키겠느냐?"라고 했다.

맹자가 말했다.

"증자, 자사 두 사람이 걸은 길을 같다. 증자는 당시에 선생님이요 선배였으며, 자사는 당시에 신하요 작은 관리였다. 증자와 자사가 만약 입장이 바뀌었다면, 그들의 행위 역시 이와 같았을 것이다."

○ 적이 쳐들어올 때 선생님으로 있었던 증자와 신하로 있었던 자사의 대처가 각각 달랐는데, 둘은 처지가 바뀌어도 상대방처럼 했을 것이라는 말이다.

曾子居武城, 有越寇. 或曰:"寇至, 盍去諸?" 曰:"無寓人於我室,
증자거무성 유월구 혹왈 구지 합거저 왈 무우인어아실

毁傷其薪木." 寇退, 則曰:"修我牆屋, 我將反." 寇退, 曾子反. 左右曰:
훼상기신목 구퇴 즉왈 수아장옥 아장반 구퇴 증자반 좌우왈

"待先生如此其忠且敬也, 寇至, 則先去以爲民望; 寇退, 則反, 殆於不可."
대선생여차기충차경야 구지 즉선거이위민망 구퇴 즉반 태어불가

沈猶行曰:"是非汝所知也. 昔沈猶有負芻之禍, 從先生者七十人, 未有與焉."
심유행왈 시비여소지야 석심유유부추지화 종선생자칠십인 미유여언

子思居於衛, 有齊寇. 或曰:"寇至, 盍去諸?" 子思曰:"如伋去, 君誰與守?"
자사거어위 유제구 혹왈 규자 합거저 자사왈 여급거 군수여수

孟子曰:"曾子·子思同道. 曾子, 師也, 父兄也; 子思, 臣也, 微也. 曾子·
맹자왈 증자 자사동도 증자 사야 부형야 자사 신야 미야 증자

子思易地則皆然."
자사역지즉개연

27

제나라 사람 집에 처와 첩이 있었다. 남편이 외출만 했다 하면 반드시 배불리 먹고 술을 실컷 마시고 집에 돌아왔다. 누구하고 먹고 마셨냐고 처가 물어보면, 그가 언급하는 사람들은 모두 부귀한 인물이었다. 처가 첩에게 말했다. "남편이 외출만 했다 하면 늘 술과 고기를 실컷 먹고 돌아온다. 같이 먹고 마신 사람이 누구냐고 물으면, 모두 부귀한 사람들이다. 그런데 나는 지금까지 어떤 부귀한 인물도 우리 집에 오는 것을 보지 못했다. 남편이 도대체 어디에 가는지 내가 몰래 가볼 작정이다."

다음날 일찍 일어나서 남편이 가는대로 뒤를 밟았다. 성안을 다 다니도록 남편과 함께 서서 이야기를 하는 사람이 없었다. 마지막으로 동쪽 성 밖의 묘지까지 갔다. 제사를 지냈던 사람에게 가서 남은 것을 구걸하여 먹고, 모자라면 또 두리번거리며 다른 곳으로 달려가서 구걸했다. 이것이 바로 그가 배불리 먹고 취하는 방법이었다.

그의 처가 집으로 돌아와, 첩에게 알리고 말했다. "남편은 우리가 종신토록 우러르고 의지하는 사람인데, 지금까지 결국 이런 사람이었다니." 이렇게 두 여인은 함께 마당에서 저주하고 곡을 했다. 남편은 그것도 모르고 신이 나서 밖에서 돌아와, 처와 첩에게 위풍을 떨었다.

군자 입장에서 사람들이 부귀와 영달을 추구하는 방법을 보자면 그 처첩들이 부끄러워 함께 울지 않게 할 수 있는 것이 거의 없다.

○ 위선으로 행세했던 제나라 남자와 그의 일처일첩에 얽힌 이야기이다.

齊人有一妻一妾而處室者, 其良人出,
제인유일처일첩이처실자 기양인출

則必饜酒肉而後反. 其妻問所與飲食者, 則盡富貴也. 其妻告其妾曰:
즉필염주육이후반 기처문소여음식자 즉진부귀야 기처고기첩왈

"良人出, 則必饜酒肉而後反; 問其與飲食者, 盡富貴也, 而未嘗有顯者來,
양인출 즉필염주육이후반 문기여음식자 진부귀야 이미상유현자래

吾將瞯良人之所之也."
오장간양인지소지야

蚤起, 施從良人之所之, 徧國中無與立談者. 卒之東郭墦間, 之祭者, 乞其餘;
조기 시종양인지소지 편국중무여립담자 졸지동곽번간 지제자 걸기여

不足, 又顧而之他. 此其爲饜足之道也.
부족 우고이지타 차기위염족지도야

其妻歸, 告其妾, 曰: "良人者, 所仰望而終身也, 今若此." 與其妾訕其良人,
기처귀 고기첩 왈 양인자 소앙망이종신야 금약차 여기첩산기양인

而相泣於中庭, 而良人未之知也, 施施從外來, 驕其妻妾.
이상읍어중정 이양인미지지야 시시종외래 교기처첩

由君子觀之, 則人之所以求富貴利達者, 其妻妾不羞也, 而不相泣者, 幾希矣.
유군자관지 즉인지소이구부귀리달자 기처첩불수야 이불상읍자 기희의

제9편

만장 상

(萬章)

01

만장이 물었다.

"순이 밭에 가서 하늘을 향해 고통을 호소하면서 울었다고 합니다. 왜 그렇게 고통을 호소하면서 울었습니까?"

맹자가 "원망하기도 하고 사랑하기도 했기 때문이다"라고 답했다.

만장이 물었다.

"증자는 '부모가 자기를 사랑하면 기쁘지만 그로 인해 태만하지 말고, 부모가 자기를 미워하면 힘들지만 그로 인해 원망하지 말라'고 말했습니다. 그러면 순은 부모를 원망했습니까?"

맹자가 말했다.

"예전에 장식長息이 공명고公明高에게 '순이 밭에 간 것은 제가 말씀을 들어서 알고 있습니다. 그런데 하늘을 향해 고통을 호소하면서 울었다고 합니다. 왜 그렇게 부모를 대했는지, 저는 모르겠습니다'라고 하자, 공명고는 '이건 네가 이해할 수 있는 게 아니다'라고 했다. 공명고의 뜻은 효자의 마음이란 그렇게 조금도 걱정이 없는 게 아니라, 내가 힘을 다해 밭을 갈고 자식이 할 일을 다하면 되는 것이지, 부모가 나를 사랑하지 않는데, 내게 무슨 방법이 있겠느냐는 것이다.

요는 자녀 9남 2녀를 보내서 백관과 더불어 소와 양 그리고 곡식을 준비하여 밭에 가서 순을 위해 봉사하게 했다. 천하의 인재들 중에 순에게 간 사람이 아주 많아서, 요도 천하를 순에게 물려주었다. 순은 부모의 환심을 얻지 못했기 때문에 의지할 곳

없는 환과고독의 사람들과 똑같았다.

천하의 인재들이 자신을 좋아하는 것은 누구나 원하는 것이지만, 근심을 풀 수 없었고, 아름다운 여인은 누구나 원하는 것이지만, 요의 두 딸에게 장가들었어도 순의 근심을 풀 수 없었다. 재산은 누구나 원하는 것이고, 부유함이 천하를 차지하기에 이르렀지만 순의 근심을 풀 수는 없었다. 존귀함은 누구나 원하는 것이고, 군주가 될 만큼 존귀해졌지만 근심을 풀 수 없었다. 사람들이 모두 좋아하고, 아름다운 여인을 맞아들이고, 부귀를 얻어도 근심을 없앨 수 없었고, 오직 부모에게 인정받아야만 근심을 없앨 수 있었다.

사람은 어렸을 때는 부모를 생각하고, 아름다운 것을 알게 되면 아름다운 것을 생각하고, 아내와 자녀가 생기면 처자식에 푹 빠지고, 관직에 오르면 군주에게 잘 보이려고 하고, 군주의 환심을 얻지 못하면 내심 초조해 하며 근심한다. 오로지 효심이 깊은 사람만이 종신토록 부모를 생각한다. 오십 세가 되어서도 부모를 생각하는 경우를 나는 위대한 순에게서 보았다."

○ 순이 들판에 가서 울부짖으며 고통을 호소했다는 것에 대해 문답한 것이다. 만장은 순이 부모를 원망한 것인지, 그렇다면 부모를 원망하지 말라는 효의 규범을 어긴 것이 아닌지 물었다. 이에 대해 맹자는 부모가 자기에게 극악무도하게 대하는데 고통스럽지 않을 수 없으며, 고통을 호소한 것과 원망을 품은 것은 다른 문제라고 대답했다. 만인이 원하는 모든 것을 얻었어도 개의치 않고, 부모의 마음을 얻기 위해 끝까지 정성을 다한 순이야말로

위대한 효를 보여 주었다는 것이다.

萬章問曰: "舜往于田, 號泣于旻天, 何爲其號泣也?"
만장문왈 순왕우전 호읍우민천 하위기호읍야

孟子曰: "怨慕也."
맹자왈 원모야

萬章曰: "'父母愛之, 喜而不忘; 父母惡之, 勞而不怨.' 然則舜怨乎?"
만장왈 부모애지 희이불망 부모오지 로이불원 연즉순원호

曰: "長息問於公明高曰: '舜往于田, 則吾旣得聞命矣;
왈 장식문어공명고왈 순왕우전 즉오기득문명의

號泣于旻天, 于父母, 則吾不知也.' 公明高曰: '是非爾所知也.'
호읍우민천 우부모 즉오부지야 공명고왈 시비이소지야

夫公明高以孝子之心, 爲不若是恝, 我竭力耕田, 共爲子職而已矣,
부공명고이효자지심 위불약시괄 아갈력경전 공위자직이이의

父母之不我愛, 於我何哉? 帝使其子九男二女, 百官牛羊倉廩備,
부모지불아애 어아하재 제사기자구남이녀 백관우양창름비

以事舜於畎畝之中, 天下之士多就之者, 帝將胥天下而遷之焉.
이사순어견무지중 천하지사다취지자 제장서천하이천지언

爲不順於父母, 如窮人無所歸. 天下之士悅之, 人之所欲也,
위불순어부모 여궁인무소귀 천하지사열지 인지소욕야

而不足以解憂; 好色, 人之所欲, 妻帝之二女, 而不足以解憂; 富, 人之所欲,
이부족이해우 호색 인지소욕 처제지이녀 이부족이해우 부 인지소욕

富有天下, 而不足以解憂; 貴, 人之所欲, 貴爲天子, 而不足以解憂. 人悅之·
부유천하 이부족이해우 귀 인지소욕 귀위천자 이부족이해우 인열지

好色·富貴, 無足以解憂者, 惟順於父母可以解憂. 人少, 則慕父母; 知好色,
호색 부귀 무족이해우자 유순어부모가이해우 인소 즉모부모 지호색

則慕少艾, 有妻子, 則慕妻子; 仕則慕君, 不得於君則熱中. 大孝終身慕父母.
즉모소애 유처자 즉모처자 사즉모군 부득어군즉열중 대효종신모부모

五十而慕者, 予於大舜見之矣."
오십이모자 여어대순견지의

02

만장이 물었다.

"《시경》에서 말하기를 '아내를 얻을 때 어찌 할지? 부모에게 알려야지'라고 했습니다. 이 말을 믿어야 할 사람이라면 순만한 사람이 없습니다. 순은 부모에게 알리지 않고 아내를 얻었습니다. 왜 그랬습니까?"

맹자가 대답했다.

"알렸다면 아내를 얻지 못했을 것이다. 남녀의 결혼은 인륜 중에서 가장 큰 것이다. 만약 순이 먼저 부모에게 알렸다면, 가장 큰 인륜이 폐기되어서 부모를 원망하게 되었을 것이다. 그래서 알리지 않은 것이다."

만장이 말했다.

"순이 부모에게 알리지 않은 것은 제가 그 이치를 이해했습니다. 요가 딸을 순에게 처로 주면서 순의 부모에게 알리지 않은 것은 또 무슨 이치입니까?"

맹자가 말했다.

"순의 부모에게 알리면 딸을 순에게 아내로 주지 못한다는 것을 요도 알고 있었기 때문이다."

만장이 물었다.

"순의 부모는 순에게 곡식 창고를 수리하라고 하고, 순이 지붕에 올라가자 사다리를 치우고 나서 아버지 고수가 곡식 창고에 불을 놓았습니다. 또한 우물을 파라고 순을 내려보내고, 순이 다른 출구로 나온 것을 모르고 흙으로 우물 입구를 막았습니다. 순의 동생 상象은 '순을 해치는 꾀를 낸 것은 모두 나의 공로이니, 소와 양은 부모에게 주고, 창고도 부모에게 주고, 방패와 창은 내가 가지고, 비파도 내가 가지고, 활도 내가 가지고, 두 형수는 나를 위해 침대와 이불을 정돈하게 해야겠다'라고 했습니다.

상이 순의 방에 가니, 순이 침상 곁에 앉아서 비파를 뜯고 있자, '아이고, 제가 형님을 매우 걱정했습니다!'라고 하되, 마음속으로는 매우 기분이 좋지 않았습니다. 순은 '내가 걱정하는 것은 신하와 백성이니라, 네가 나를 위해 도와라'라고 했다고 합니다. 상이 자기를 죽이려고 했다는 것을 순이 정말 몰랐는지 의아합니다."

맹자가 대답했다.

"왜 몰랐겠느냐? 상이 근심하면 순도 근심했고, 상이 기뻐하면 순도 기뻐했다."

만장이 말했다.

"그렇다면 순이 기뻤던 것은 가식이었습니까?"

맹자가 말했다.

"아니다. 옛날 어떤 사람이 산 물고기 한 마리를 정나라 자산에게 보냈다. 자산은 연못을 관리하는 사람에게 키우도록 했다. 연못 관리인은 물고기를 삶아 먹고 돌아가 '처음 연못에 풀어 주었을 때는 비실비실하더니, 조금 있자 꼬리를 흔들며 움직이더니 갑자기 멀리 가 버렸습니다'라고 보고했다. 자산은 '그것들이 좋은 곳을 찾았구나, 좋은 곳을 찾았구나'라고 했다. 연못 관리인이 나와서 말했다. '누가 자산이 총명하다고 말했지? 내가 그 물고기를 삶아 먹었는데도, '좋은 곳을 찾았구나, 좋은 곳을 찾

왔구나'라고 했는데 말이다.'

그러므로 군자는 술수를 써서 속일 수는 있지만, 이치를 위반한 거짓으로 속일 수는 없다. 상이 먼저 형을 경애하는 모습으로 가장하여 오니, 순은 이로 인해 진정으로 믿고 기뻐한 것이지, 어찌 가식이 있었겠느냐?"

○ 순이 가족에게 당한 온갖 학대와 고통을 말한 부분이다. 요가 딸을 순에게 보내자 순이 부모에게 알리지도 않고 요의 딸을 아내로 맞이한 것은 불효가 아니냐고 물은 것이다. 맹자는 순이 부모에게 알렸다면 순의 부모는 틀림없이 반대했을 것이며, 그렇게 되면 대를 잇지 못하는 더 큰 불효를 저지르게 되는 것이니, 순이 부모에게 알리지 않고 요의 딸을 아내로 맞이했다는 것이다.

萬章問曰:"詩云,'娶妻如之何? 必告父母.' 信斯言也, 宜莫如舜.
만장문왈 시운 취처여지하 필고부모 신사언야 의막여순

舜之不告而娶, 何也?" 孟子曰:"告則不得娶. 男女居室, 人之大倫也. 如告,
순지불고이취 하야 맹자왈 고즉부득취 남녀거실 인지대륜야 여고

則廢人之大倫, 以懟父母, 是以不告也."
즉폐인지대륜 이대부모 시이불고야

萬章曰:"舜之不告而娶, 則吾旣得聞命矣; 帝之妻舜而不告, 何也?"
만장왈 순지불고이취 즉오기득문명의 제지처순이불고 하야

曰:"帝亦知告焉則不得妻也."
왈 제역지고언즉부득처야

萬章曰:"父母使舜完廩, 捐階, 瞽瞍焚廩. 使浚井, 出, 從而揜之. 象曰:
만장왈 부모사순완름 연계 고수분름 사준정 출 종이엄지 상왈

'謨蓋都君咸我績, 牛羊父母, 倉廩父母, 干戈朕, 琴朕, 弤朕, 二嫂使治朕棲.'
모개도군함아적 우양부모 창름부모 간과짐 금짐 저짐 이수사치짐서

象往入舜宮, 舜在牀琴. 象曰:'鬱陶思君爾.' 忸怩. 舜曰:'惟兹臣庶,
상왕입순궁 순재상금 상왈 울도사군이 뉴니 순왈 유자신서

汝其于予治.' 不識舜不知象之將殺己與?"
여기우여치 불식순부지상지장살기여

曰:“奚而不知也? 象憂亦憂, 象喜亦喜.” 曰:“然則舜僞喜者與?”
왈 해이부지야 상우역우 상희역희 왈 연즉순위희자여

曰:“否; 昔者有饋生魚於鄭子産, 子産使校人畜之池.
왈 부 석자유궤생어어정자산 자산사교인축지지

校人烹之, 反命曰:‘始舍之, 圉圉焉; 少則洋洋焉; 攸然而逝.’
교인팽지 반명왈 시사지 어어언 소즉양양언 유연이서

子産曰:‘得其所哉! 得其所哉!’ 校人出, 曰:‘孰謂子産智? 予旣烹而食之, 曰,
자산왈 득기소재 득기소재 교인출 왈 숙위자산지 여기팽이식지 왈

得其所哉, 得其所哉.’ 故君子可欺以其方, 難罔以非其道. 彼以愛兄之道來,
득기소재 득기소재 고군자가기이기방 난망이비기도 피이애형지도래

故誠信而喜之, 奚僞焉?”
고성신이희지 해위언

03

만장이 물었다.

"상은 매일 순을 죽일 꾀를 꾸미는 것을 일로 삼았고, 순이 천자가 되자 그를 쫓아냈다고 했는데, 이는 어찌 된 것입니까?"

맹자가 대답했다.

"사실 순은 상을 제후로 책봉했는데, 쫓아냈다고 누군가 말한 것일 뿐이다."

만장이 말했다.

"순은 공공共公을 유주幽州로 쫓아냈고, 환두驩兜를 숭산崇山으로 유배하고, 삼묘三苗의 군주를 삼위三危로 몰아냈고, 곤鯀에게 우산羽山에서 군역을 채우도록 했습니다. 이 네 사람을 응징하자 천하가 모두 복종하였으니, 어질지 않은 자를 토벌했기 때문입니다. 상은 가장 어질지 않은 사람인데, 도리어 유비有庳라는 나라에 제후로 책봉했습니다. 유비국 백성은 무슨 죄가 있습니까? 다른 사람은 응징하고, 동생은 책봉을 하다니요?"

맹자가 말했다.

"어진 사람은 동생에 대해 분노가 있어도 마음속에 담아 두지 않고, 원망이 있어도 가슴속에 남겨 두지 않고, 오직 그를 친하게 대하고 사랑할 뿐이다. 친하게 대하는 것은 귀하게 되기를 바라는 것이요, 사랑하는 것은 부유하길 바라는 것이다. 유비 땅에 책봉한 것은 부귀하게 해준 것이다. 본인이 천자가 되었는데 동생은 보통 백성이라면, 친하게 대하고 사랑한다고 말할 수 있겠느냐?"

만장이 말했다.

"묻겠습니다만, 왜 어떤 사람은 쫓아냈다고 하는 겁니까?"

맹자가 말했다.

"상은 그의 국토에서 욕심대로 할 수가 없었고, 천자가 관리를 파견하여 국가를 다스리고 세금을 납부하게 했다. 그러므로 어떤 사람들은 순이 상을 쫓아냈다고 한 것이다. 상이 설마 마음대로 백성에게 포학하게 굴었겠느냐? 비록 그렇게 했지만 항상 상을 보고 싶어 했고, 자주 와서 만나도록 했다. '조공 때가 되지 않았어도 정치상 필요로 유비국과 접촉한다'고 한 것은 바로 이 뜻이다."

○ 천자 순은 형으로서 동생인 상을 추방할 수도 없고 남처럼 지낼 수도 없었다. 그래서 상을 제후로 책봉해 부귀는 누리게 하고, 정치는 멋대로 하지 못하도록 별도로 관리를 내려보냈다는 말이다.

萬章問曰:"象日以殺舜爲事, 立爲天子則放之, 何也?"
만장문왈 상일이살순위사 립위천자즉방지 하야

孟子曰:"封之也; 或曰, 放焉."
맹자왈 봉지야 혹왈 방언

萬章曰:"舜流共工于幽州, 放驩兜于崇山, 殺三苗于三危, 殛鯀于羽山,
만장왈 순류공공우유주 방환두우숭산 살삼묘우삼위 극곤우우산

四罪而天下咸服, 誅不仁也. 象至不仁, 封之有庳. 有庳之人奚罪焉?
사죄이천하함복 주불인야 상지불인 봉지유비 유비지인해죄언

仁人固如是乎 — 在他人則誅之, 在弟則封之?"
인인고여시호 재타인즉주지 재제즉봉지

曰:"仁人之於弟也, 不藏怒焉, 不宿怨焉, 親愛之而已矣. 親之, 欲其貴也;
왈 인인지어제야 부장노언 불숙원언 친애지이이의 친지 욕기귀야

愛之, 欲其富也. 封之有庳, 富貴之也. 身爲天子, 弟爲匹夫, 可謂親愛之乎?"
애지 욕기부야 봉지유비 부귀지야 신위천자 제위필부 가위친애지호

"敢問或曰放者, 何謂也?"
감문혹왈방자 하위야

曰: "象不得有爲於其國, 天子使吏治其國而納其貢稅焉, 故謂之放.
왈 상부득유위어기국 천자사리치기국이납기공세언 고위지방

豈得暴彼民哉? 雖然, 欲常常而見之, 故源源而來, '不及貢, 以政接于有庳.'
기득폭피민재 수연 욕상상이견지 고원원이래 불급공 이정접우유비

此之謂也."
차지위야

04

만장이 물었다.

"요가 천하를 순에게 주었다는데, 그런 일이 있었습니까?"

맹자가 대답했다.

"아니다. 천자라도 천하를 다른 사람에게 줄 수 없다."

만장이 물었다.

"그렇다면 순은 천하를 얻었는데, 누가 준 것입니까?"

맹자가 대답했다.

"하늘이 준 것이다."

만장이 물었다.

"하늘이 준 것이면, 반복해서 지성으로 명했습니까?"

맹자가 대답했다.

"아니다. 하늘은 말을 하지 않고, 행동과 일로 보여줄 뿐이다."

만장이 물었다.

"행동과 일로 보여주는 것은 어떤 것입니까?"

맹자가 대답했다.

"천자가 하늘에 사람을 추천할 수는 있어도, 하늘이 천하를 주게 할 수는 없다. 제후가 천자에게 사람을 추천할 수는 있어도, 천자가 제후의 직위를 주게 할 수는 없는 것과 같으며, 대부가 제후에게 사람을 추천할 수는 있어도, 제후가 대부의 직위를 주게 할 수는 없는 것과 같다. 옛날 요는 순을 하늘에 추천했고 하늘은 받아들였으며, 순을 백성에게 공개하자 백성들이 받아들였다. 그러므로 하늘은 말을 하지 않고 행동과 일로 보여줄 뿐이라고 말한 것이다."

만장이 물었다.

"하늘에 추천하여 하늘이 받아들이고, 백성에게 공개하여 백성 또한 받아들였다는 것은 어떻게 한 것입니까?"

맹자가 대답했다.

"순에게 제사를 주재하게 하자 모든 신이 와서 흠향하였으니, 이것이 바로 하늘이 받아들인 것이요. 순이 일을 주관하게 하자 일이 아주 잘 되어 백성이 매우 만족했으니, 이것이 바로 백성이 받아들인 것이다. 하늘이 주고 백성이 주었으니, 그러므로 천자는 천하를 사람에게 줄 수 없다고 하는 것이다.

순이 요를 도와 천하를 다스린 것이 모두 이십팔 년으로, 이는 사람의 의지로 할 수 있는 것이 아니라 하늘의 뜻이다. 요가 죽고 삼년상이 끝나자 순은 요의 아들이 천하를 계승할 수 있도록 남하南河의 남쪽으로 피신했다. 그러나 천자를 조회하려는 천하 제후들이 요의 아들에게 가지 않고 순에게 갔다. 소송을 하는 사람들도 요의 아들에게 가지 않고 순에게 갔다. 구가謳歌하는 사람들도 요의 아들을 구가하지 않고 순을 구가하였으니, 그래서 하늘의 뜻이라고 하는 것이다. 그리하여 순은 수도로 돌아와 천자의 자리에 앉았다. 만약 요의 궁실에 거주하면서 요의 아들에게 강요했다면, 그것은 찬탈이지 하늘이 준 것이 아니다. 《서경》의 〈태서〉에서 '백성의 눈은 하늘의 눈이요, 백성의 귀는 하늘의 귀다'라고 한 적이 있는데, 바로 이 뜻이다."

○ 요에게서 순에게로 천자의 자리가 이양되었으니, 요가 순에게 전해준 것이라고 하는 것에 대해 맹자는 요가 순을 하늘에 추천한 것으로, 사실상 하늘의 뜻이었다고 풀이한 것이다. 제사를 흠향하니 하늘이 받아들인 것이고, 백성이 만족하니 백성이 받아들인 것으로 본다는 것이다. 결국 하늘의 뜻은 백성을 통해 나타난다는 말이다.

萬章曰: "堯以天下與舜, 有諸?"
만장왈 요이천하여순 유저

孟子曰: "否; 天子不能以天下與人."
맹자왈 부 천자불능이천하여인

"然則舜有天下也, 孰與之乎?"
연즉순유천하야 숙여지호

曰: "天與之."
왈 천여지

"天與之者, 諄諄然命之乎?"
천여지자 순순연명지호

曰: "否; 天不言, 以行與事示之而已矣."
왈 부 천불언 이행여사시지이이의

曰: "以行與事示之者, 如之何?"
왈 이행여사시지자 여지하

曰: "天子能薦人於天, 不能使天與之天下; 諸侯能薦人於天子,
왈 천자능천인어천 불능사천여지천하 제후능천인어천자

不能使天子與之諸侯; 大夫能薦人於諸侯, 不能使諸侯與之大夫.
불능사천자여지제후 대부능천인어제후 불능사제후여지대부

昔者, 堯薦舜於天, 而天受之; 暴之於民, 而民受之; 故曰, 天不言,
석자 요천순어천 이천수지 폭지어민 이민수지 고왈 천불언

以行與事示之而已矣."
이행여사시지이이의

"曰: 敢問薦之於天, 而天受之; 暴之於民, 而民受之, 如何?"
왈 감문천지어천 이천수지 폭지어민 이민수지 여하

曰: "使之主祭, 而百神享之,
왈 사지주제 이백신향지

是天受之, 使之主事, 而事治, 百姓安之, 是民受之也. 天與之, 人與之, 故曰,
사천수지 사지주사 이사치 백성안지 시민수지야 천여지 인여지 고왈

天子不能以天下與人. 舜相堯二十有八載, 非人之所能爲也, 天也. 堯崩,
천자불능이천하여인 순상요이십유팔재 비인지소능위야 천야 요붕

三年之喪畢, 舜避堯之子於南河之南, 天下諸侯朝覲者, 不之堯之子而之舜;
삼년지상필 순피요지자어남하지남 천하제후조근자 부지요지자이지순

訟獄者, 不之堯之子而之舜; 謳歌者, 不謳歌堯之子而謳歌舜, 故曰, 天也.
송옥자 부지요지자이지순 구가자 불구가요지자이구가순 고왈 천야

夫然後之中國, 踐天子位焉. 而居堯之宮, 逼堯之子, 是簒也, 非天與也.
부연후지중국 천천자위언 이거요지궁 핍요지자 시찬야 비천여야

太誓曰, '天視自我民視, 天聽自我民聽', 此之謂也."
태서왈 천시자아민시 천청자아민청 차지위야

05

만장이 물었다.

"어떤 사람이 '우왕 때에 이르러 도덕이 쇠미해져서, 현명하고 성스러운 사람에게 천하가 전해지지 않고 아들에게 전해주게 되었다'고 합니다. 그런 적이 있습니까?"

맹자가 대답했다.

"아니다. 그렇지 않다. 하늘이 현명하고 성스러운 사람에게 주려고 하면 현명하고 성스러운 사람에게 주었고, 하늘이 군주의 아들에게 주려고 하면 군주의 아들에게 주었다. 옛날에 순이 우를 하늘에 추천하고 십칠 년 후에 세상을 떠났다. 우는 삼년상이 끝나고 순의 아들에게 제위를 양보하기 위해 자기는 양성陽城으로 피신하여 숨었다. 그러나 천하의 백성이 우를 따라가는 것이 마치 요가 죽은 이후 요의 아들을 따라가지 않고 순을 따라간 것과 똑같았다.

우는 익益을 하늘에 추천하고 칠 년 후에 세상을 떠났고, 익이 삼년상을 마치고 우의 아들에게 자리를 양보하기 위해 자기는 기산의 북쪽에 피신하여 숨었다. 당시 천자를 조회하는 사람이나 관리를 하는 사람이 모두 익에게 가지 않고 계啓에게 가면서, '그는 우리 군주의 아들이다'라고 하고, 구가하는 사람들도 익을 구가하지 않고 계를 구가하면서 '그는 우리 군주의 아들이다'라고 했다.

요의 아들 단주丹朱는 좋지 않았고, 순의 아들도 좋지 않았다. 또한 순이 요를 도와주고 우가 순을 도왔는데, 경과된 햇수가 길었고 백성에게 은택을 베푼 시간이 길었다. 계는 아주 현명하여 성실하게 우의 전통을 계승할 수 있었다. 익이 우를 도왔지만 경과된 햇수가 적었고, 백성에게 은택을 베푼 시간이 짧았다. 순 · 우 · 익 사이에 시간 간격의 길고 짧음이 있고, 그들의 아들의 좋고 나쁜 것이 있는 것은 모두 하늘의 뜻이지 인력으로 할 수 있는 것이 아니다. 그들에게 그렇게 하라고 한 사람이 없는데 결국 그렇게 했으니, 바로 하늘의 뜻이요, 그들에게 오라고 한 사람이 없는데 결국 그렇게 왔으니, 바로 운명이다.

일반 백성이 천하를 얻으려면 도덕이 반드시 순과 우와 같아야 하며 또한 그를 추천하는 천자가 있어야 한다. 그러므로 공자는 천하를 얻을 수 없었다. 대대로 천하를 얻은 경우이지만 하늘이 폐기하려고 하는 것은 반드시 하나라 걸왕과 상나라 주왕 같이 포악무도한 경우이다. 그러므로 익 · 이윤 · 주공은 천하를 얻을 수 없었다.

이윤이 탕을 도와 천하를 통일했고, 탕이 세상을 떠나자 태정太丁이 채 서지 못하고 죽고, 외병外丙이 이 년 동안 재위했고, 중임仲壬이 사 년 동안 재위했다. 태갑은 탕의 법도를 파괴하여, 이윤이 그를 동읍桐邑으로 추방하고, 삼 년 뒤에 태갑이 잘못을 뉘우쳐 자기를 원망하고 회개하여, 동읍에 있으면서 마음을 인仁에 두고 오직 의義를 따라, 삼 년 후 완전히 이윤이 자기에게 준 교훈을 들은 연후에 다시 박도亳都로 돌아와 천자가 되었다.

주공이 천하를 얻지 못한 것은 마치 익이 하 왕조에서와 이윤이 은 왕조에서와 마찬가지이다. 공자는 말한 적이 있다. '당요우순唐堯虞舜은 천하를 현명한 자에게 물려주고, 하·상·주 삼대는 대대 세세로 자손에게 전해졌는데, 그 이치는 마찬가지이다.'"

○ 천자의 자리는 요에게서 순에게로, 순에게서 우에게로 전해졌다. 이때는 천자가 뛰어난 인물을 선발하여 오랫동안 일을 맡겨 보고 나서 천자의 자리를 물려주는 선양 형식이었다. 하나라 우왕 이후부터 자식에게 전해졌다. 제위 상속이 시작된 것이다. 이에 대해 맹자는 선양에서 상속으로 바뀌긴 했어도 유능한 인물에게 맡기는 것은 애초에 변함이 없었다고 했다.

萬章問曰:"人有言,'至於禹而德衰, 不傳於賢, 而傳於子.' 有諸?"
만장문왈 인유언 지어우이덕쇠 부전어현 이전어자 유저

孟子曰:"否, 不然也; 天與賢, 則與賢; 天與子,
맹자왈 부 불연야 천여현 즉여현 천여자

則與子. 昔者, 舜薦禹於天, 十有七年, 舜崩, 三年之喪畢, 禹避舜之子於陽城,
즉여자 석자 순천우어천 십유칠년 순붕 삼년지상필 우피순지자어양성

天下之民從之, 若堯崩之後不從堯之子而從舜也. 禹薦益於天, 七年,
천하지민종지 약요붕지후부종요지자이종순야 우천익어천 칠년

禹崩, 三年之喪畢, 益避禹之子於箕山之陰. 朝覲訟獄者不之益而之啓,
우붕 삼년지상필 익피우지자어기산지음 조근송옥자부지익이지계

曰,'吾君之子也.' 謳歌者不謳歌益而謳歌啓, 曰,'吾君之子也.'
왈 오군지자야 구가자불구가익이구가계 왈 오군지자야

丹朱之不肖, 舜之子亦不肖. 舜之相堯·禹之相舜也, 歷年多, 施澤於民久.
단주지불초 순지자역불초 순지상요 우지상순야 력년다 시택어민구

啓賢, 能敬承繼禹之道. 益之相禹也, 歷年少, 施澤於民未久. 舜·禹·
계현 능경승계우지도 익지상우야 력년소 시택어민미구 순 우

益相去久遠, 其子之賢不肖, 皆天也, 非人之所能爲也. 莫之爲而爲者, 天也;
익상거구원 기자지현불초 개천야 비인지소능위야 막지위이위자 천야

莫之致而至者, 命也. 匹夫而有天下者, 德必若舜禹, 而又有天子薦之者,
막지치이치자 명야 필부이유천하자 덕필약순우 이우유천자천지자

故仲尼不有天下. 繼世而有天下, 天之所廢, 必若桀紂者也, 故益·
고중니불유천하 계세이유천하 천지소폐 필약걸주자야 고익

伊尹·周公不有天下. 伊尹相湯以王於天下, 湯崩, 太丁未立, 外丙二年,
이윤 주공불유천하 이윤상탕이왕어천하 탕붕 태정미립 외병이년

仲壬四年, 太甲顚覆湯之典刑, 伊尹放之於桐, 三年, 太甲悔過, 自怨自艾,
중임사년 태갑전복탕지전형 이윤방지어동 삼년 태갑회과 자원자애

於桐處仁遷義, 三年, 以聽伊尹之訓己也, 復歸于亳. 周公之不有天下,
어동처인천의 삼년 이청이윤지훈기야 부귀우박 주공지불유천하

猶益之於夏·伊尹之於殷也. 孔子曰: '唐虞禪, 夏后殷周繼, 其義一也.'"
유익지어하 이윤지어은야 공자왈 당우선 하후은주계 기의일야

06

만장이 물었다.

"'백리혜百里奚는 양가죽 다섯 장 값을 받고 자기를 진나라에 가축 기르는 사람으로 팔고, 남을 위해 소 먹이며 살다가 진나라 목공에게 영달을 구했다'고 어떤 사람이 말합니다. 이 말을 믿을 수 있겠습니까?"

맹자가 대답했다.

"아니다. 그렇지 않다. 호사자 무리가 날조한 것이다. 백리혜는 우虞나라 사람이다. 진나라 군대가 수극垂棘의 아름다운 옥과 굴屈 지방에서 나는 좋은 말을 주면서 우나라에게 길을 빌려 괵나라를 공격하려고 했다. 당시 우나라의 대신 궁지기宮之奇는 허락하면 안 된다고 우공을 저지하는 간언을 하였는데 백리혜는 간언하지 않았다.

백리혜는 우공을 말릴 수 없다는 것을 알고 우나라를 떠나 진나라로 옮겨 갔다. 그때 이미 일흔 살이었다. 소를 먹이면서 진나라 목공에게 발탁되기를 추구하는 것이 일종의 추악한 행위라는 것을 그가 몰랐다면, 총명하다고 할 수 있겠느냐? 우공을 말릴 수 없다는 것을 알고 말리지 않았으니 총명하지 않다고 할 수 있겠느냐? 우공이 장차 망하리라는 것을 알고 일찌감치 떠났으니 총명하지 않다고 할 수 없다. 진나라에서 추천될 때, 진나라 목공은 무언가 이루게 할 수 있는 군주라는 것을 알고 보좌하였으니, 또한 총명하지 않다고 할 수 있겠느냐? 진나라의 경상이 되어서, 진나라 목공이 천하에 혁혁한 명망이 있게 하고 후대에 전해지게 하였으니, 현자가 아니면 이렇게 할 수 있겠느냐? 자기를 팔아서 군주를 이루게 하는 것은 향리 중의 일개 수양자도 하지 않는 행동인데 현명한 자가 그렇게 하려고 한단 말이냐?"

○ 백리혜에 대한 이야기는 몇 가지가 전해진다. 그는 오고대부五羖大夫라는 별명이 있다. '오고五羖'는 '양가죽 다섯 장'이다. 이에 대해 일설에는 백리혜가 진나라 목공을 만나기 위해 자기 자신을 진나라 사람에게 양가죽 다섯 장에 팔았다고 하기도 하고, 일설에는 진나라 목공이 백리혜를 만나려고 초나라에서 목동으로 일하고 있던 백리혜를 양가죽 다섯 장을 주고 대속해 데려왔다고 하기도 한다.

萬章問曰:"或曰,'百里奚自鬻於秦養牲者五羊之皮食牛以要秦穆公.' 信乎?"
만장문왈 혹왈 백리해자육어진양생자오양지피식우이요진목공 신호

孟子曰:"否, 不然; 好事者爲之也. 百里奚, 虞人也.
맹자왈 부 불연 호사자위지야 백리해 우인야

晉人以垂棘之璧與屈產之乘假道於虞以伐虢, 宮之奇諫, 百里奚不諫.
진인이수극지벽여굴산지승가도어우이벌괵 궁지기간 백리해불간

知虞公之不可諫而去之秦, 年已七十矣; 曾不知以食牛干秦穆公之爲汙也,
지우공지불가간이거지진 년이칠십의 증부지이식우간진목공지위오야

可謂智乎? 不可諫而不諫, 可謂不智乎? 知虞公之將亡而先去之,
가위지호 불가간이불간 가위부지호 지우공지장망이선거지

不可謂不智也. 時擧於秦, 知穆公之可與有行也而相之, 可謂不智乎?
불가위부지야 시거어진 지목공지가여유행야이상지 가위부지호

相秦而顯其君於天下, 可傳於後世, 不賢而能之乎? 自鬻以成其君,
상진이현기군어천하 가전어후세 불현이능지호 자육이성기군

鄕黨自好者不爲, 而謂賢者爲之乎?"
향당자호자불위 이위현자위지호

제10편

만장 하

(萬章)

01

맹자가 말했다.

“백이는 눈으로는 좋지 않은 사물을 보지 않았고, 귀로는 좋지 않은 소리를 듣지 않았다. 이상적인 군주가 아니면 섬기지 않았고, 이상적인 백성이 아니면 시키지 않았다. 천하가 태평하면 나와서 일을 하고, 천하가 혼란하면 초야로 물러났다. 폭정을 시행하는 국가와 포악한 백성이 사는 지방에서는 차마 거주하지 않았다. 마을 사람들과 함께 있는 것을 마치 예복을 입고 예모를 쓰고 진흙탕이나 잿더미 위에 앉아 있는 것처럼 생각했다. 상나라 주왕 때 북해 해변에서 살면서, 천하가 맑아지기를 기다렸다. 그러므로 백이의 기풍을 듣는 사람은 탐욕이 끝이 없는 사람조차 모두 청렴결백해지고, 나약한 사람 역시 독립불굴의 의지가 있게 된다.

이윤은 ‘어떤 군주인들 섬기지 못하리오? 어떤 백성인들 시키지 못하리오?’라고 했다. 따라서 천하가 태평해도 나와서 관직을 하고, 천하가 혼란해도 나와서 관직을 했다. 아울러 ‘하늘이 이 백성들을 생육하는 것은 선지자와 선각자가 후지자와 후각자를 이끌어 주게 하려는 것이다. 나는 이 사람들 중 선각자이니, 내가 장차 요순의 도道로 이 사람들을 이끌 것이다’라고 했다. 천하의 백성 중 오직 한 남자 혹은 한 여자라도 요순의 도의 혜택을 받지 못한 사람이 있으면, 마치 자기가 산골짜기로 밀어 넣은 것처럼 생각했다. 이와 같이 그는 천하의 중책을 자기가 짊어진 것이다.

류하혜는 나쁜 군주를 섬기는 것을 수치로 여기지 않았고, 또한 관직이 낮다고 해서 사양하지 않았다. 조정에 서면 자기의 재능을 숨기지 않고 반드시 자기의 원칙에 따라 일을 처리했다. 버림을 받아도 원망하지 않았고, 곤궁에 처해도 걱정하지 않았다. 향리의 사람들과 함께 있으면 신나서 차마 떠나지 않았다. '너는 너요, 나는 나다. 네가 설령 내 옆에서 발가벗고 있는다고 해도, 어찌 나를 물들게 할 수 있겠느냐?'라고 생각했다. 그래서 류하혜의 기풍을 듣는 사람은 흉금이 좁은 사람도 넓어지고, 각박한 사람도 두터워진다.

공자가 제나라를 떠날 때는 쌀을 씻는 것도 기다리지 않고 곧바로 떠났고, 노나라를 떠날 때는 도리어 '우리 천천히 가자, 이것이 부모의 나라를 떠나는 태도이다'라고 했다. 즉시 떠나야 할 때는 즉시 떠나고, 계속 있어야 할 때는 계속 있고, 관직에 나가지 말아야 할 때는 관직에 나가지 않고, 관직에 나가야 할 때는 관직에 나갔으니, 이것이 바로 공자이다."

맹자가 또 말했다.

"백이는 성인 중 맑고 높은 사람이요, 이윤은 성인 중 책임지는 사람이요, 류하혜는 성인 중 조화를 이룬 사람이요, 공자는 성인 중 시무時務를 안 사람이다. 공자는 집대성한 사람이라고 할 수 있다. '집대성集大成'의 의미는 먼저 종을 치고 최후에 경을 사용하는 것과 같다. 먼저 종을 치는 것은 리듬과 박자의 시작이요, 경으로 마무리하는 것은 리듬과 박자의 종결이다. 조리의 시작은 지智에 있고, 조리의 종결은 성聖에 있다. 지는 기교에 비유할 수 있고, 성은 기력에 비유할 수 있다. 비유하면, 백 보

밖에서 활을 쏘는데, 거리가 미치는 것은 너의 힘이요, 명중하는 것은 너의 힘이 아닌 것과 같다."

○ 백이, 이윤, 류하혜, 공자는 모두 옛날 성인으로 일컬어지는데, 채택한 길은 각자 달랐다. 이를 각각 한자 한 글자로 개괄하여, 백이는 '청淸'으로, 이윤은 '임任'으로, 류하혜는 '화和'로, 공자는 '시時'로 표현했다. 그중 공자를 가장 높게 평가하여 모든 것을 한데 모아 '집대성'했다고 표현했다.

孟子曰:"伯夷, 目不視惡色, 耳不聽惡聲. 非其君, 不事; 非其民,
맹자왈 백이 목불시악색 이불청악성 비기군 불사 비기민

不使. 治則進, 亂則退. 橫政之所出, 橫民之所止, 不忍居也. 思與鄕人處,
불사 치즉진 란즉퇴 횡정지소출 횡민지소지 불인거야 사여향인처

如以朝衣朝冠坐於塗炭也. 當紂之時, 居北海之濱, 以待天下之淸也.
여이조의조관좌어도탄야 당주지시 거북해지빈 이대천하지청야

故聞伯夷之風者, 頑夫廉, 懦夫有立志.
고문백이지풍자 완부렴 나부유립지

"伊尹曰:'何事非君? 何使非民?' 治亦進, 亂亦進, 曰:'天之生斯民也,
이윤왈 하사비군 하사비민 치역진 란역진 왈 천지생사민야

使先知覺後知, 使先覺覺後覺. 予, 天民之先覺者也. 予將以此道覺此民也.'
사선지각후지 사선각각후각 여 천민지선각자야 여장이차도각차민야

思天下之民 匹夫匹婦有不與被堯舜之澤者, 若己推而內之溝中.
사천하지민 필부필부유불여피요순지택자 약기추이납지구중

其自任以天下之重也.
기자임이천하지중야

"柳下惠不羞汙君, 不辭小官. 進不隱賢, 必以其道.
류하혜불수오군 불사소관 진불은현 필이기도

遺佚而不怨, 阨窮而不憫, 與鄕人處, 由由然不忍去也. '爾爲爾, 我爲我,
유일이불원 액궁이불민 여향인처 유유연불인거야 이위이 아위아

雖袒裼裸裎於我側, 爾焉能浼我哉?' 故聞柳下惠之風者, 鄙夫寬, 薄夫敦.
수단석라정어아측 이언능매아재 고문류하혜지풍자 비부관 박부돈

"孔子之去齊, 接淅而行; 去魯, 曰:'遲遲吾行也, 去父母國之道也.' 可以速而速,
공자지거제 접석이행 거로 왈 지지오행야 거부모국지도야 가이속이속

可以久而久, 可以處而處, 可以仕而仕, 孔子也."
가이구이구 가이처이처 가이사이사 공자야

孟子曰: "伯夷, 聖之淸者也; 伊尹, 聖之任者也; 柳下惠, 聖之和者也;
맹자왈 백이 성지청자야 이윤 성지임자야 류하혜 성지화자야

孔子, 聖之時者也. 孔子之謂集大成. 集大成也者, 金聲而玉振之也.
공자 성지시자야 공자지위집대성 집대성야자 금성이옥진지야

金聲也者, 始條理也; 玉振之也者, 終條理也. 始條理者, 智之事也; 終條理者,
금성야자 시조리야 옥진지야자 종조리야 시조리자 지지사야 종조리자

聖之事也. 智, 譬則巧也; 聖譬則力也. 由射於百步之外也, 其至, 爾力也; 其中,
성지사야 지 비즉교야 성비즉력야 유사어백보지외야 기지 이력야 기중

非爾力也."
비이력야

02

만장이 물었다.

“어떻게 친구를 사귀는지 묻고 싶습니다.”

맹자가 대답했다.

“나이가 많다는 것에 의지하지 않고, 지위가 높다는 것에 의지하지 않고, 형제가 부귀하다는 것에 의지하지 않는다. 친구를 사귄다는 것은 그 품덕을 사귀는 것이다. 다른 의지하는 것이 있으면 안 된다. 맹헌자孟獻子는 수레 백 대를 가진 대부로, 다섯 친구가 있었다. 악정구樂正裘, 목중牧仲 그리고 나머지 세 사람은 내가 잊어 버렸다. 맹헌자는 이 다섯 친구와 사귀면서 자기가 대부라는 관념이 전혀 없었다. 이 다섯 친구도 맹헌자에게 대부라는 관념이 존재했다면 벗으로 사귀지 않았을 것이다.

수레 백 대를 가진 대부가 이와 같았을 뿐만 아니라, 작은 나라 군주라고 해도 역시 친구가 있었다. 비費나라 혜공惠公은 ‘나는 자사는 선생님으로 생각하고, 안반顏般은 친구로 생각한다. 왕순王順과 장식은 나를 위해 일하는 사람일 뿐이다’라고 했다.

작은 나라의 군주만 이와 같을 뿐 아니라, 큰 나라 군주 역시 그랬다. 진나라 평공은 해당亥唐과의 관계에서, 해당이 들어가라고 하면 들어갔고, 앉으라고 하면 앉았고, 먹으라고 하면 먹었다. 잡곡밥 채소국이라도 배불리 먹지 않은 적이 없었다. 감히 배불리 먹지 않을 수 없었기 때문이다. 그러나 진나라 평공도 오직 이것만 했을 뿐이다. 함께 관위를 공유하지 않았고, 함께 정치를 하지 않았고, 함께 봉록을 누리지 않았다. 이는 단지 일반 사인이 현자를 존중하는 태도일 뿐이요, 왕공이 현자를 존중하는 태도는 아니다.

순이 요를 알현하면, 요는 사위인 순을 다른 관저에서 묵게 하고, 또한 순을 청하여 밥을 먹기도 하며, 서로 손님과 주인을 번갈아 했으니, 이는 천자이면서 필부와 벗한 것이다.

직위가 낮은 사람이 고귀한 사람을 존경하는 것을 귀인을 존중하는 것이라고 하고, 고귀한 사람이 직위가 낮은 사람을 존경하는 것을 현자를 존경하는 것이라고 한다. 귀인을 존중하는 것과 현자를 존경하는 것은 그 이치가 같다."

○ 나이, 지위, 빈부 등에 기대거나 얽매이지 않고 품덕을 사귀는 것이 친구를 사귀는 것임을 말했다. 맹헌자는 노나라 대부 중손멸仲孫蔑이다.

萬章問曰: "敢問友."
만장문왈 감문우

孟子曰: "不挾長, 不挾貴, 不挾兄弟而友. 友也者,
맹자왈 불협장 불협귀 불협형제이우 우야자

友其德也, 不可以有挾也. 孟獻子, 百乘之家也, 有友五人焉: 樂正裘, 牧仲,
우기덕야 불가이유협야 맹헌자 백승지가야 유우오인언 악정구 목중

其三人, 則予忘之矣. 獻子之與此五人者友也, 無獻子之家者也. 此五人者,
기삼인 즉여망지의 헌자지여차오인자우야 무헌자지가자야 차오인자

亦有獻子之家, 則不與之友矣. 非惟百乘之家爲然也, 雖小國之君亦有之.
역유헌자지가 즉불여지우의 비유백승지가위연야 수소국지군역유지

費惠公曰, '吾於子思, 則師之矣; 吾於顔般, 則友之矣; 王順·長息則事我者也.'
비혜공왈 오어자사 즉사지의 오어안반 즉우지의 왕순 장식즉사아자야

非惟小國之君爲然也, 雖大國之君亦有之. 晉平公之於亥唐也,
비유소국지군위연야 수대국지군역유지 진평공지어해당야

入云則入, 坐云則坐, 食云則食; 雖疏食菜羹, 未嘗不飽, 蓋不敢不飽也.
입운즉입 좌운즉좌 식운즉식 수소식채갱 미상불포 개불감불포야

然終於此而已矣. 弗與共天位也, 弗與治天職也, 弗與食天祿也,
연종어차이이의 불여공천위야 불여치천직야 불여식천록야

士之尊賢者也, 非王公之尊賢也. 舜尙見帝, 帝館甥于貳室, 亦饗舜,
사지존현자야 비왕공지존현야 순상견제 제관생우이실 역향순

迭爲賓主, 是天子而友匹夫也. 用下敬上, 謂之貴貴; 用上敬下, 謂之尊賢.
질위빈주 시천자이우필부야 용하경상 위지귀귀 용상경하 위지존현

貴貴尊賢, 其義一也."
귀귀존현 기의일야

03

만장이 물었다.

"묻겠습니다만, 교제할 때는 어떤 마음을 가져야 합니까?"

맹자가 대답했다.

"공경하는 마음을 가져야 한다."

만장이 물었다.

"'거절하고 거절하면 공경하는 게 아니다'라는 속담이 있는데, 왜입니까?"

맹자가 대답했다.

"존귀한 사람이 무엇을 내려주는데, '저 분이 이것을 입수할 때 의義에 맞았을까 아니면 의에 맞지 않았을까?'라고 생각한 다음에 받아들이면, 이것은 공경이 아니다. 따라서 거절하지 않는다."

만장이 물었다.

"제 생각으로는, 대놓고 이유를 말해서 거절하지 않고 마음으로만 거절하면서 '이것은 백성으로부터 빼앗은 불의의 물건이다'라고 하되 다른 핑계를 내세워 받지 않는다면 괜찮지 않겠습니까?"

맹자가 말했다.

"규범에 따라서 왕래하고 예절에 따라서 접촉하면 공자 역시 예물을 받았을 것이다."

만장이 물었다.

"지금 어떤 자가 수도 성 밖 교외에서 사람들을 가로막고 강도질을 하는데, 그 역시 규범에 따라 왕래하고 예절에 따라 물건을 보내 준다면, 이런 장물도 받아들일 수 있습니까?"

맹자가 대답했다.

"안 된다. 《서경》의 〈강고康誥〉에서 '사람을 죽여서 재물을 빼앗고, 흉폭하여 죽음을 두려워하지 않는 자를 통한히 여기지 않는 사람이 없다'고 했다. 그런 자는 가르칠 필요 없이 주살해도 된다. 은나라는 하나라의 이런 법률을 받아들이고, 주나라는 은나라의 이런 법률을 받아들여서, 고치지 않았다. 지금은 빼앗고 죽이는 행위가 더 심한데, 어찌 받아들일 수 있겠느냐?"

만장이 물었다.

"지금의 제후는 민간에서 재물을 빼앗는 것이 길을 막고 강도질하는 것과 다를 바 없습니다. 만약 교제의 예절을 잘 따르면 군자 역시 받아들인다는데, 이는 또 무슨 이치인지 묻겠습니다."

맹자가 대답했다.

"너는 만약 성왕이 일어난다면 오늘날의 제후들을 전부 주살할 거라고 생각하느냐? 아니면 우선 가르치되 그래도 회개하지 않으면 주살할 거라고 생각하느냐? 자기 소유가 아닌데 빼앗는 행위를 강도질이라고 하는 것은 표면적 행위를 지나치게 원칙에 적용해 해석한 것이다. 공자는 노나라에서 관직을 할 때, 노나라 사람들이 사냥물을 쟁탈하자 공자 역시 사냥물을 쟁탈했다. 사냥물을 쟁탈하는 것도 가능한데, 하물며 내려 주는 것을 받는 것은 왜 못하겠느냐?"

만장이 물었다.

"그렇다면 공자께서 관직을 지낸 것은 도를 행하기 위한 것이 아니었습니까?"

맹자가 대답했다.

"도를 행하기 위한 것이었다."

만장이 물었다.

"도를 행하기 위한 것이었는데, 왜 사냥물을 쟁탈했습니까?"

맹자가 대답했다.

"공자는 제사에 사용할 기물과 제품을 우선 장부로 정하고, 다르게 입수한 음식으로 제사를 지내지 않았다."

만장이 물었다.

"공자는 왜 관직을 사퇴하고 떠나지 않았습니까?"

맹자가 대답했다.

"공자는 관직을 할 때 우선 시험해 보아야 했다. 시험해 본 결과 자기의 주장을 행할 수 있는데 군주가 행하지 않으면 비로소 떠났다. 그래서 공자는 일찍이 한 조정에서 만 삼 년 동안 머무른 적이 없다. 공자는 도를 행할 수 있었기 때문에 관직을 한 경우가 있었고, 군주의 예우가 괜찮았기 때문에 관직을 한 경우가 있었고, 또한 군주가 현자를 키우기 때문에 관직을 한 경우가 있었다. 노나라 계환자季桓子의 경우에는 도를 행할 수 있었기 때문에 관직을 했고, 위나라 영공의 경우에는 예우가 괜찮았기 때문에 관직을 했고, 위나라 효공孝公의 경우에는 군주가 현자를 키우기 때문에 관직을 했다."

○ 교제의 기본은 서로 공경하는 마음에 있음을 말했다. 여기서는 교제 중에서 예물을 주고받는 것에 대해 주로 말을 했다. 원문의 '엽각獵較'은 사냥해서 잡은 동물을 비교하는 내기의 일종이다.

萬章問曰:"敢問交際, 何心也?"
만장문왈 감문교제 하심야

孟子曰:"恭也."
맹자왈 공야

曰:"'卻之卻之爲不恭', 何哉?"
왈 각지각지위불공 하재

曰: 尊者賜之, 曰, '其所取之者義乎, 不義乎?' 而後受之, 以是爲不恭,
왈 존자사지 왈 기소취지자의호 불의호 이후수지 이시위불공

故弗卻也.
고불각야

曰:"請無以辭卻之, 以心卻之, 曰, '其取諸民之不義也', 而以他辭無受,
왈 청무이사각지 이심각지 왈 기취저민지불의야 이이타사무수

不可乎?"
불가호

曰:"其交也以道, 其接也以禮, 斯孔子受之矣."
왈 기교야이도 기접야이례 사공자수지의

萬章曰:"今有禦人於國門之外者, 其交也以道, 其餽也以禮, 斯可受禦與?"
만장왈 금유어인어국문지외자 기교야이도 기궤야이례 사가수어여

曰:"不可; 康誥曰: '殺越人于貨, 閔不畏死, 凡民罔不譈.' 是不待教而誅者也.
왈 불가 강고왈 살월인우화 민불외사 범민망부대 시부대교이주자야

殷受夏, 周受殷, 所不辭也; 於今爲烈, 如之何其受之?"
은수하 주수은 소불사야 어금위렬 여지하기수지

曰:"今之諸侯取之於民也, 猶禦也. 苟善其禮際矣, 斯君子受之,
왈 금지제후취지어민야 유어야 구선기례제의 사군자수지

敢問何說也?"
감문하설야

曰:"子以爲有王者作, 將比今之諸侯而誅之乎? 其教之不改而後誅之乎?
왈 자이위유왕자작 장비금지제후이주지호 기교지불개이후주지호

夫謂非其有而取之者盜也, 充類至義之盡也. 孔子之仕於魯也, 魯人獵較,
부위비기유이취지자도야 충류지의지진야 공자지사어로야 로인렵각

孔子亦獵較. 獵較猶可, 而況受其賜乎?"
공자엽력각 렵각유가 이황수기사호

曰:"然則孔子之仕也, 非事道與?"
왈 연즉공자지사야 비사도여

曰:"事道也."
왈 사도야

"事道奚獵較也?"
사도해렵각야

曰:"孔子先簿正祭器, 不以四方之食供簿正."
왈 공자선부정제기 불이사방지식공부정

曰:"奚不去也?"
왈 해불거야

曰:"爲之兆也. 兆足以行矣, 而不行, 而後去, 是以未嘗有所終三年淹也.
왈 위지조야 조족이행의 이불행 이후거 시이미상유소종삼년엄야

孔子有見行可之仕, 有際可之仕, 有公養之仕. 於季桓子, 見行可之仕也;
공자유견행가지사 유제가지사 유공양지사 어계환자 견행가지사야

於衛靈公, 際可之仕也; 於衛孝公, 公養之仕也."
어위령공 제가지사야 어위효공 공양지사야

04

만장이 말했다.

"선비가 제후에게 기대어 살지 않는다는데, 왜 그렇습니까?"

맹자가 말했다.

"감히 기대어 살지 못하는 것이다. 제후가 자기 국가를 잃고 나서 다른 제후에게 기대어 산다면 예에 맞다. 선비가 제후에게 기대어 사는 것은 예에 맞지 않다."

만장이 물었다.

"군주가 만약 쌀을 준다면, 받아들입니까?"

맹자가 말했다.

"받아들인다."

만장이 물었다.

"받아들이는 것은 무슨 이치입니까?"

맹자가 말했다.

"군주는 외국에서 온 인사를 본래 구제할 수 있다."

만장이 물었다.

"구제하는 것은 받아들이고, 하사하는 것은 받아들이지 않는 것은 무슨 이치입니까?"

맹자가 말했다.

"감히 받아들일 수 없기 때문이다."

만장이 물었다.

"감히 받아들일 수 없는 것은 무슨 이치입니까?"

맹자가 말했다.

"문을 지키거나 딱다기를 치는 사람은 모두 일정한 직무가 있는 것이므로 위에서 주는 것을 받는다. 일정한 직무가 없는데 위에서 내려주는 것은 공경스럽지 않은 것이다."

만장이 물었다.

"군왕이 구제해주면 받는데, 항상 이렇게 할 수 있는지 모르겠습니다."

맹자가 말했다.

"노나라 목공이 자사를 여러 차례 문안하고 여러 차례 고기를 보내주었는데 자사는 기분이 나빴다. 마지막으로 왔을 때 자사는 심부름 온 사람더러 즉시 대문을 나가게 하고, 북면하고 머리를 조아린 다음 재배하고 거절하면서 '오늘에서야 비로소 군주가 나를 개나 말처럼 대우했다는 것을 알았다'고 말했다. 아마 그때부터 자사에게 예물을 보내지 않았을 것이다. 현명한 사람을 좋아한다고 하면서 높은 자리에 등용하지 못하고, 또한 예의 바르게 생활을 보살피지 못한다면, 현명한 사람을 좋아한다고 할 수 있겠느냐?"

만장이 물었다.

"군주가 군자의 생활을 보살피려고 한다면, 어떻게 해야 예의 바르게 보살핀다고 할 수 있습니까?"

맹자가 말했다.

"먼저 군주의 뜻을 말하고 물건을 전해 주면 재배하고 머리를 조아리고 나서 받는다. 그런 다음 창고를 관리하는 사람이 항상 곡식을 보내오고, 음식을 관리하는 사람이 항상 고기를 보내오지만 이런 것은 모두 군주의 뜻을 알릴 필요가 없는 것이다. 자사는 고기 한 덩이 때문에 자기가 자꾸자꾸 읍하고 예를 행하게 하는 것은 군자를 보살피는 방식이 아니라고 생각했다.

요와 순의 경우 요는 아홉 아들더러 순을 모시라고 하고, 두 딸을 순에게 보냈고, 또한 각종 관리 및 소, 양, 창고에 이르기까지 구비되지 않은 것이 없었다. 이로써 밭에서 순을 보살피고 후에 높은 자리에 발탁했으니, 그러므로 이는 왕공이 현명한 사람을 존경하는 범례라고 하는 것이다."

○ 군왕이 물품을 보내거나 하사할 때 대처하는 방법에 대해 말했다. 예물로 보내는 경우와 군신 관계로서 하사하는 경우가 있었다. 구제 차원에서 군왕이 보내는 것은 받아도 괜찮지만 최소한의 필요한 양만 받는다.

萬章曰: "士之不託諸侯, 何也?"
만장왈 사지불탁제후 하야

孟子曰: "不敢也. 諸侯失國, 而後託於諸侯, 禮也; 士之託於諸侯, 非禮也."
맹자왈 불감야 제후실국 이후탁어제후 례야 사지탁어제후 비례야

萬章曰: "君餽之粟, 則受之乎?"
만장왈 군궤지속 즉수지호

曰: "受之."
왈 수지

"受之何義也?"
수지하의야

曰: "君之於氓也, 固周之."
왈 군지어맹야 고주지

曰: "周之則受, 賜之則不受, 何也?"
왈 주지즉수 사지즉불수 하야

曰: "不敢也."
왈 불감야

曰: "敢問其不敢何也?"
왈 감문기불감하야

曰:"抱關擊柝者皆有常職以食於上. 無常職而賜於上者, 以爲不恭也."
왈 포관격탁자개유상직이식어상 무상직이사어상자 이위불공야

曰:"君餽之, 則受之, 不識可常繼乎?"
왈 군궤지 즉수지 불식가상계호

曰:"繆公之於子思也, 亟問, 亟餽鼎肉, 子思不悅. 於卒也,
왈 목공지어자사야 극문 극궤정육 자사불열 어졸야

摽使者出諸大門之外, 北面稽首再拜而不受, 曰:'今而後知君之犬馬畜伋.'
표사자출저대문지외 북면계수재배이불수 왈 금이후지군지견마축급

蓋自是臺無餽也. 悅賢不能擧, 又不能養也, 可謂悅賢乎?"
개자시대무궤야 열현불능거 우불능양야 가위열현호

曰:"敢問國君欲養君子, 如何斯可謂養矣?"
왈 감문국군욕양군자 여하사가위양의

曰:"以君命將之, 再拜稽首而受. 其後廩人繼粟, 庖人繼肉, 不以君命將之.
왈 이군명장지 재배계수이수 기후름인계속 포인계육 불이군명장지

子思以爲鼎肉使己僕僕爾亟拜也, 非養君子之道也. 堯之於舜也,
자사이위정육사기복복이극배야 비양군자지도야 요지어순야

使其子九男事之, 二女女焉, 百官牛羊倉廩備, 以養舜於畎畝之中,
사기자구남사지 이녀녀언 백관우양창름비 이양순어견무지중

後擧而加諸上位, 故曰, 王公之尊賢者也."
후거이가저상위 고왈 왕공지존현자야

05

만장이 물었다.

"선비가 제후를 만나러 가지 않는 것은 무슨 이치인지요?"

맹자가 대답했다.

"도성 안에서 거주하면 시정지신市井之臣이라고 하고, 도성 밖에서 거주하면 초망지신草莽之臣이라고 한다. 모두를 서인庶人이라고 한다. 서인으로서 예물을 보내서 신하가 되었던 적이 없었으면 제후를 만나러 가지 않는 것이 예에 맞다."

만장이 물었다.

"서인은 불러서 일을 시키면 가서 일을 하고, 군주가 만나고 싶어서 부르면 가지 않는 것은 왜 그렇습니까?"

맹자가 말했다.

"가서 일하는 것은 당연한 것이고, 가서 만나는 것은 당연하지 않은 것이다. 군주가 만나고 싶은 것은 무엇 때문이냐?"

만장이 말했다.

"좋은 말을 많이 듣기 위함이요, 그분이 현명하기 때문입니다."

맹자가 말했다.

"좋은 말을 많이 듣기 위해서라면, 천자도 스승을 부를 수 없는데, 하물며 제후는 어떻겠느냐? 그 사람이 현명하기 때문이라면, 현인과 만나고 싶어서 마음대로 불렀다는 것을 나 또한 일찍이 들어본 적이 없다.

노나라 목공이 여러 차례 자사를 찾아가 '옛날에 전차 천 대를 가진 군주가 선비와 친구로 사귀었는데 어떻습니까?'라고 물었다. 그러자 자사는 좋아하지 않으면서 '옛날 사람 말은 군주가 선비를 스승으로 삼았다는 것을 말한 것이겠지요, 설마 선비와 친구로 사귀었겠습니까?'라고 했다. 자사가 좋아하지 않은 것은 '지위를 따지면 폐하는 군주요 저는 신하인데, 어찌 감히 폐하와 친구로 사귀겠습니까? 도덕을 따지면 폐하는 저한테 배우는 사람인데, 어떻게 친구로 사귈 수 있겠습니까?'라는 뜻 아니겠느냐. 전차 천 대를 가진 군주가 친구로 사귀는 것도 이루지 못하였는데, 하물며 부를 수 있겠느냐?

제나라 경공이 사냥을 갔다가, 깃털로 장식한 깃발을 사용해 사냥터 관리인을 불렀는데 오지 않자 관리인을 죽이려고 했다. 뜻있는 사람은 죽어서 시체가 산골짜기에 버려지는 것을 두려워하지 않고, 용감한 사람은 머리가 잘리는 것을 두려워하지 않는다. 공자는 이 관리인으로부터 어떤 점을 취했겠느냐? 바로 자기가 받아들이면 안 되는 소환의 예를 받아서는 안 되므로 끝내 가지 않은 점을 취하였다."

만장이 물었다.

"사냥터 관리인을 부를 때는 무엇을 사용해야 했습니까?"

맹자가 말했다.

"가죽 모자를 사용한다. 일반 백성을 부를 때는 온폭 비단 주단으로 만든 자루가 굽은 깃발을 사용하고, 선비를 부를 때는 방울이 있는 깃발을 사용하고, 대부를 부를 때 비로소 깃털이 있는 깃발을 사용한다. 대부를 부르는 깃발로 사냥터 관리인을 부르자 사냥터 관리인은 죽어도 가지 않았는데, 선비를 부르는 깃발로 일반 백성을 부르면, 일반 백성은 감히 가겠느냐? 하물며 현명하지 않은 사람을 부르는 예절로 현명한 사람을 부르면 어떻겠느냐? 현인과 만나 이야기하고 싶어 하면서, 규칙과 예절을 따르지 않는 것은 마치 들어오라고 해 놓고 대문을 닫는 것과 같다. 의義는 길에 비유할 수 있고, 예禮는 문에 비유할 수 있다. 오직 군자만 이 길을 따라 갈 수 있고, 이 문을 통해 드나들 수 있다.《시경》에서 '주나라 대로는 숫돌처럼 평평하고 화살처럼 곧다. 이는 군자가 가는 길이요, 소인이 본받는 것이다'라고 했다."

만장이 물었다.

"공자는 군주가 부르는 명이 있었다는 것을 들으면 수레에 말을 다 매는 것도 기다리지 않고 자기가 먼저 뛰어갔다고 하는데, 그렇다면 공자가 잘못입니까?"

맹자가 말했다.

"그때는 공자가 마침 관직에 있을 때로, 왕은 그의 관직으로 그를 부른 것이다."

○ 군왕의 부름에 찾아가는지 여부에 대한 말이다. 군신 관계이면 군왕이 부르면 당연히 달려가야 한다. 군신 관계가 아닌데 어떤 자문이나 상담을 위하여 군왕이 부르면 무턱대고 가지 말고 신중을 기해야 한다. 군신 관계가 아닌데 선비를 만나 자문을 구하려면 우선 군주가 찾아가는 것이 관례이다.

萬章曰:"敢問不見諸侯, 何義也?"
만장왈 감문불견제후 하의야

孟子曰:"在國曰市井之臣, 在野曰草莽之臣, 皆謂庶人. 庶人不傳質爲臣,
맹자왈 재국왈시정지신 재야왈초망지신 개위서인 서인부전질위신

不敢見於諸侯, 禮也."
불감견어제후 례야

萬章曰: "庶人, 召之役, 則往役; 君欲見之, 召之, 則不往見之, 何也?"
만장왈 서인 소지역 즉왕역 군욕견지 소지 즉불왕견지 하야

曰: "往役, 義也; 往見, 不義也. 且君之欲見之也, 何爲也哉?"
왈 왕역 의야 왕견 불의야 차군지욕견지야 하위야재

曰: "爲其多聞也, 爲其賢也."
왈 위기다문야 위기현야

曰: "爲其多聞也, 則天子不召師, 而況諸侯乎? 爲其賢也,
왈 위기다문야 즉천자불소사 이황제후호 위기현야

則吾未聞欲見賢而召之也. 繆公亟見於子思, 曰: '古千乘之國以友士, 何如?
즉오미문욕견현이소지야 목공극견어자사 왈 고천승지국이우사 하여

子思不悅, 曰: '古之人有言曰, 事之云乎, 豈曰友之云乎?' 子思之不悅也,
자사불열 왈 고지인유언왈 사지운호 가왈우지운호 자사지불열야

豈不曰, '以位, 則子, 君也; 我, 臣也; 何敢與君友也? 以德, 則子事我者也,
기불왈 이위 즉자 군야 아 신야 하감여군우야 이덕 즉자사아자야

奚可以與我友?' 千乘之君求與之友而不可得也, 而況可召與? 齊景公田,
해가이여아우 천승지군구여지우이불가득야 이황가소여 제경공전

招虞人以旌, 不至, 將殺之. 志士不忘在溝壑, 勇士不忘喪其元. 孔子奚取焉?
초우인이정 부지 장살지 지사불망재구학 용사불망상기원 공자해취언

取非其招不往也."
취비기초불왕야

曰: "敢問招虞人何以?"
왈 감문초우인하이

曰: "以皮冠, 庶人以旃, 士以旂, 大夫以旌. 以大夫之招招虞人, 虞人死不敢往;
왈 이피관 서인이전 사이기 대부이정 이대부지초초우인 우인사불감왕

以士之招招庶人, 庶人豈敢往哉? 況乎以不賢人之招招賢人乎?
이사지초초서인 서인기감왕재 황호이불현인지초초현인호

欲見賢人而不以其道, 猶欲其入而閉之門也. 夫義, 路也; 禮,
욕견현인이불이기도 유욕기입이폐지문야 부의 로야 례

門也. 惟君子能由是路, 出入是門也. 詩云, '周道如底, 其直如矢; 君子所履,
문야 유군자능유시로 출입시문야 시운 주도여저 기직여시 군자소리

小人所視.'"
소인소시

萬章曰: "孔子, 君命召, 不俟駕而行; 然則孔子非與?"
만장왈 공자 군명소 불사가이행 연즉공자비여

曰: "孔子當仕有官職, 而以其官召之也."
왈 공자당사유관직 이이기관소지야

06

맹자가 만장에게 말했다.

"한 향촌의 뛰어난 인물은 한 향촌의 뛰어난 인물을 친구로 사귀고, 전국적으로 뛰어난 인물은 전국적으로 뛰어난 인물을 친구로 사귀고, 천하에서 뛰어난 인물은 천하에서 뛰어난 인물을 친구로 사귄다. 천하에서 뛰어난 인물을 친구로 사귀는 것 또한 충분하지 않다고 하여, 또한 고대의 인물을 추론한다. 그의 시가를 읊고 그의 저작을 연구하는데 그 사람을 이해하지 못하는 것이 가능하겠느냐? 그러므로 그 시대를 토론해야 한다. 이리하여 바로 역사를 거슬러 올라가 옛사람을 친구로 사귀는 것이다."

○ 친구의 범위를 말했다. 향촌, 전국, 천하의 뛰어난 인물을 사귀되, 그래도 충분하지 않으면 고서를 통하여 옛사람도 친구로 사귈 수 있다는 것이다.

孟子謂萬章曰:"一鄕之善士斯友一鄕之善士, 一國之善士斯友一國之善士,
맹자위만장왈 일향지선사사우일향지선사 일국지선사사우일국지선사

天下之善士斯友天下之善士. 以友天下之善士爲未足, 又尙論古之人.
천하지선사사우천하지선사 이우천하지선사위미족 우상론고지인

頌其詩, 讀其書, 不知其人, 可乎? 是以論其世也. 是尙友也."
송기시 독기서 부지기인 가호 시이론기세야 시상우야

제11편

고자 상
(告子)

01

고자가 말했다.

"사람의 본성은 고리버들 나무와 같고, 의리는 잔이나 쟁반과 같습니다. 사람의 본성을 어질고 의롭게 만드는 것은 고리버들 나무로 잔이나 쟁반을 만드는 것과 같습니다."

맹자가 말했다.

"귀하는 고리버들 나무의 본성을 따라 잔이나 쟁반을 만든다고 하는 것입니까? 아니면 고리버들 나무의 본성을 훼손하여 잔이나 쟁반을 만든다고 하는 것입니까? 만약 고리버들 나무의 본성을 훼손한 다음에 잔이나 쟁반을 만든다면, 또한 사람의 본성을 훼손한 다음에 어질고 의롭게 만든다는 것입니까? 천하의 사람을 이끌어 인의에 해를 끼치는 것은 필시 귀하의 이런 학설일 것입니다."

○ 인간의 본성은 선하다는 것이 맹자의 입장이고, 인간의 본성은 결정된 것이 없고 자라는 환경에 따라서 이렇게 될 수도 있고 저렇게 될 수도 있다는 것이 고자의 입장이다. 맹자와 고자의 논쟁이 시작되는 부분이다.

告子曰: "性猶杞柳也, 義猶桮棬也; 以人性爲仁義, 猶以杞柳爲桮棬."
고자왈 성유기류야 의유배권야 이인성위인의 유이기류위배권

孟子曰: "子能順杞柳之性而以爲桮棬乎? 將戕賊杞柳而後以爲桮棬也?
맹자왈 자능순기류지성이이위배권호 장장적기류이후이위배권야

如將戕賊杞柳而以爲桮棬, 則亦將戕賊人以爲仁義與?
여장장적기류이이위배권 즉역장장적인이위인의여

率天下之人而禍仁義者, 必子之言夫!"
솔천하지인이화인의자 필자지언부

02

고자가 말했다.

“사람의 본성은 급히 흐르는 물과 같아서, 동쪽으로 물길을 트면 동쪽으로 흐르고, 서쪽으로 물길을 트면 서쪽으로 흐릅니다. 사람의 본성은 선하고 선하지 않은 구분이 없습니다. 마치 물이 동쪽으로 흐를지 서쪽으로 흐를지 정해진 방향이 없는 것과 같습니다.”

맹자가 말했다.

“물이 동쪽으로 흐를지 서쪽으로 흐를지 정해진 방향이 없는 것은 맞습니다. 하지만 위로 흐를지 아래로 흐를지 정해진 방향도 없단 말입니까? 사람의 본성이 선량한 것은 마치 물의 본성이 아래로 흐르는 것과 같습니다. 사람은 선량하지 않은 사람이 없고, 물은 아래로 흐르지 않는 물이 없습니다. 물론 물을 쳐서 튀게 하면 이마까지 높이 올라가게 할 수 있고, 물을 떠다 붓는다면 높은 산까지 끌어올릴 수는 있습니다. 이것이 설마 물의 본성이란 말입니까? 형세가 그렇게 만드는 것입니다. 사람이 나쁜 일을 하게 할 수 있으니, 본성을 바꾸면 또한 그럴 것입니다.”

○ 고자는 물이 동서남북 중 어느 방향으로 흐를 지 결정된 것이 없다는 관점에서 인간의 본성은 결정된 것이 없다고 보았고, 맹자는 물이 동서남북 중 어느 방향으로 흐를 지는 결정되지 않았지만 위에서 아래로 흐르는 것은 결정되었다는 관점에서 인간의 본성은 결정되었다고 보았다.

告子曰:“性猶湍水也, 決諸東方則東流, 決諸西方則西流.
고자왈 성유단수야 결저동방즉동류 결저서방즉서류

人性之無分於善不善也, 猶水之無分於東西也.”
인성지무분어선불선야 유수지무분어동서야

孟子曰:“水信無分於東西, 無分於上下乎? 人性之善也, 猶水之就下也.
맹자왈 수신무분어동서 무분어상하호 인성지선야 유수지취하야

人無有不善, 水無有不下. 今夫水, 搏而躍之, 可使過顙; 激而行之, 可使在山.
인무유불선 수무유불하 금부수 박이약지 가사과상 격이행지 가사재산

是豈水之性哉? 其勢則然也. 人之可使爲不善, 其性亦猶是也.”
시기수지성재 기세즉연야 인지가사위불선 기성역유시야

03

고자가 말했다.

"천생의 자질을 성性이라고 합니다."

맹자가 말했다.

"천생의 자질을 성이라고 하는 것은 모든 하얀 색을 하얗다고 하는 것과 같습니까?"

고자가 답했다

"그렇습니다."

맹자가 물었다.

"하얀 깃털의 하얀 색이 하얀 눈의 하얀 색과 같고, 하얀 눈의 하얀 색이 백옥의 하얀 색과 같습니까?"

고자가 답했다.

"그렇습니다."

맹자가 말했다.

"그렇다면 개의 본성이 소의 본성과 같고, 소의 본성이 사람의 본성과 같습니까?"

○ 글자 '성'을 풀이한 것으로 문답을 주고받았다. 고자는 일단 '생生'과 '성性'이 발음과 모양이 비슷한 것을 감안하여 풀이를 시작한 것으로 보이며, 맹자는 의미를 차이를 들어 반박한 것으로 보인다.

告子曰:"生之謂性."
고자왈 생지위성

孟子曰;“生之謂性也, 猶白之謂白與?
맹자왈 생지위성야 유백지위백여

曰:“然.”
왈 연

“白羽之白也, 猶白雪之白; 白雪之白猶白玉之白與?”
백우지백야 유백설지백 백설지백유백옥지백여

曰:“然.”
왈 연

“然則犬之性猶牛之性, 牛之性猶人之性與?”
연즉견지성유우지성 우지성유인지성여

04

고자가 말했다.

"먹고 마시는 것과 남녀 관계, 이것이 본성입니다. 인仁은 내재적인 것이지 외재적인 것이 아닙니다. 의義는 외재적인 것이지 내재적인 것이 아닙니다."

맹자가 말했다.

"어찌해서 인은 내재적인 것이고 의는 외재적인 것이란 말입니까?"

고자가 말했다.

"상대방 나이가 많아서 내가 공경하는 것이므로 공경하는 마음이 내게 미리 있었던 것이 아닙니다. 마치 어떤 것이 하얀 것이어서 하얗다고 내가 인식하는 것과 같습니다. 이는 외물이 하얗기 때문에 내가 인식하는 것입니다. 그러므로 외재적인 것이라고 하는 것입니다."

맹자가 말했다.

"흰말의 하얀색과 하얀 사람의 하얀색이 다른 점이 없을지 모르겠지만, 늙은 말을 연민하는 마음과 늙은 사람을 공경하는 마음, 이 두 마음에 다른 점이 없겠습니까? 또한 귀하는 이른바 의라는 것이 늙은 것에 있다는 말입니까? 아니면 늙은 사람을 공경하는 것에 있다는 것입니까?"

고자가 말했다.

"내 동생이니까 사랑한다든가 진나라 사람 동생이니까 사랑하지 않는다든가 하는 것은 나와의 관계로 인하여 좋아서 그런 것이므로 인은 내재적이라고 하는 것입니다. 초나라의 노인을 공경하고 또한 우리 노인을 공경하는 것은 외재적으로 노인이어서 그런 것이므로 의는 외재적이라고 하는 것입니다."

맹자가 말했다.

"진나라 사람이 구운 고기를 좋아하는 것과 자기가 구운 고기를 좋아하는 것은 다른 점이 없습니다. 만물 역시 이와 같은 경향이 있으니, 그렇다면 구운 고기를 좋아하는 것 역시 외재적인 것입니까?"

○ 맹자가 묻는 것으로 끝을 맺어서 이후 어떻게 진행되고 어떻게 결말이 났는 지 알 수 없다. 인간의 본성에 대한 고자와 맹자의 논쟁은 원래 더욱 팽팽하게 진행된 것으로 추측된다.

告子曰;"食婦, 性也. 仁, 內也, 非外也; 義, 外也, 非內也."
고자왈 식부 성야 인 내야 비외야 의 외야 비내야

孟子曰:"何以謂仁內義外也?"
맹자왈 하이위인내의외야

曰:"彼長而我長之, 非有長於我也; 猶彼白而我白之, 從其白於外也,
왈 피장이아장지 비유장어아야 유피백이아백지 종기백어외야

故謂之外也."
고위지외야

曰:"異於白馬之白也, 無以異於白人之白也; 不識長馬之長也,
왈 이어백마지백야 무이이어백인지백야 불식장마지장야

無以異於長人之長與? 且謂長者義乎? 長之者義乎?"
무이이어장인지장여 차위장자의호 장지자의호

曰:"吾弟則愛之, 秦人之弟則不愛也, 是以我爲悅者也, 故謂之內.
왈 오제즉애지 진인제제즉불애야 시이아위열자야 고위지내

長楚人之長, 亦長吾之長, 是以長爲悅者也, 故謂之外也."
장초인지장 역장오지장 시이장위열자야 고위지외야

曰:"耆秦人之炙, 無以異於耆吾炙, 夫物則亦有然者也, 然則耆炙亦有外歟?"
왈 기진인지자 무이이어기오자 부물즉역유연자야 연즉기자역유외여

05

맹계자孟季子가 공도자에게 물었다.

"왜 의義는 내재적이라고 하는 것입니까?"

공도자가 대답했다.

"나의 내심에서 우러나와 공경하는 것이므로 내재적이라고 하는 것입니다."

맹계자가 물었다.

"동네 사람이 큰형보다 한 살 많으면, 누구를 공경합니까?"

공도자가 대답했다.

"형을 공경합니다."

맹계자가 물었다.

"함께 술을 마신다면, 누구에게 먼저 술을 따릅니까?"

공도자가 대답했다.

"먼저 동네 어른에게 술을 따릅니다."

맹계자가 말했다.

"마음 속으로는 큰형을 공경하면서 동네 어른에게 예를 취하니, 의는 결국 외재적인 것이요 내심에서 우러나는 것이 아니라는 것을 알 수 있습니다."

공도자가 대답하지 못하고, 맹자에게 와서 말했다.

맹자가 말했다.

"'숙부를 공경합니까? 아니면 동생을 공경합니까?'라고 하면 그는 '숙부를 공경합니다'라고 할 것이요, '동생이 만약 제사를 받는 대리인이 되면 누구를 공경합니까?'라고 하면 그는 '동생을 공경합니다'라고 할 것이다. 네가 이에 '그렇다면 왜 숙부를 공경한다고 했습니까?'라고 하면 그는 '동생이 마땅히 공경을 받아야 할 자리에 있기 때문입니다'라고 할 것이요, 그럼 너도 '동네의 어른이 마땅히 먼저 술을 따라 주어야 할 자리에 있기 때문입니다. 평상시에 공경하는 것은 형에 있고, 잠시의 공경은 동네의 어른에 있습니다'라고 하면 된다."

맹계자가 듣고 또 말했다.

"숙부도 공경하고, 동생도 공경하니, 결국 의는 외재적인 것이요, 내심에서 나온 것이 아닙니다."

공도자가 말했다.

"겨울에 뜨거운 국을 마시고 여름에 시원한 물을 마시니, 그렇다면 마시고 먹는 것도 역시 외재적인 것입니까?"

○ 의가 내재적인가 아니면 외재적인가에 대해 맹계자, 공도자, 맹자 등이 문답한 것이다. '제사를 받는 대리인'은 원문에서 '시尸'를 옮긴 것으로, 고대에 제사를 지낼 때는 위패나 신주가 없었고 초상도 쓰지 않았으며, 어린아이를 제사받는 대리인으로 앉혔다.

孟季子問公都子曰: "何以謂義內也?"
맹계자문공도자왈 하이위의내야

曰: "行吾敬, 故謂之內也."
왈 행오경 고위지내야

"鄕人長於伯兄一歲, 則誰敬?"
향인장어백형일세 즉수경

曰: "敬兄."
왈 경형

"酌則誰先?"
작즉수선

曰: "先酌鄕人."
왈 선작향인

"所敬在此, 所長在彼, 果在外, 非由內也."
소경재차 소장재피 과재외 비유내야

公都子不能答, 以告孟子.
공도자불능답 이고맹자

孟子曰: "敬叔父乎? 敬弟乎? 彼將曰, '敬叔父.' 曰, '弟爲尸, 則誰敬?' 彼將曰,
맹자왈 경숙부호 경제호 피장왈 경숙부 왈 제위시 즉수경 피장왈

'敬弟.' 子曰, '惡在其敬叔父也?' 彼將曰, '在位故也.' 子亦曰, '在位故也.
경제 자왈 오재기경숙부야 피장왈 재위고야 자역왈 재위고야

庸敬在兄, 斯須之敬在鄕人.'"
용경재형 사수지경재향인

季子聞之, 曰: "敬叔父則敬, 敬弟則敬, 果在外, 非由內也."
계자문지 왈 경숙부즉경 경제즉경 과재외 비유내야

公都子曰: "冬日則飮湯, 夏日則飮水, 然則飮食亦在外也?"
공도자왈 동일즉음탕 하일즉음수 연즉음식역재외야

06

공도자가 말했다.

“고자는 ‘본성은 선량한 것도 없고, 선량하지 않은 것도 없다’고 하고, 또 어떤 사람은 ‘본성은 선량하게 될 수도 있고, 선량하지 않게 될 수도 있다. 그러므로 주나라 때 문왕과 무왕이 흥하자 백성이 선량한 쪽으로 나아갔고, 주나라 때 유왕幽王과 여왕厲王이 흥하자 백성이 포악한 쪽으로 나아갔다’고 하고, 또 어떤 사람은 ‘어떤 사람은 본성이 선량하고, 어떤 사람은 본성이 선량하지 않다. 그러므로 요와 같은 성인이 군주가 되어서도 상象과 같이 좋지 않은 백성이 있었고, 고수와 같은 나쁜 부친이었어도 순과 같은 좋은 아들이 있었고, 주紂와 같은 악한 조카가 있어서 군주가 되었어도 미자계微子啓, 왕자 비간 같은 어진 사람이 있었다’고 합니다. 지금 선생님은 본성이 선량하다고 말씀하시니, 그렇다면 앞에 말한 그들이 모두 틀렸습니까?”

맹자가 말했다.

“천성의 자질로 보자면 선량하게 될 수 있으니, 이것이 내가 말하는 사람의 본성은 선량하다는 것이다. 어떤 사람이 선량하지 않은 것은 그의 자질에 죄를 돌릴 수 없다. 측은지심은 사람마다 모두 있고, 수오지심은 사람마다 모두 있고, 공경지심은 사람마다 모두 있고, 시비지심은 사람마다 모두 있다. 측은지심은 인仁에 속하고, 수오지심은 의義에 속하고, 공경지심은 예禮에 속하고, 시비지심은 지智에 속한다. 이 인의예지는 밖에서 나에게 준 것이 아니라 내가 본래 지니고 있던 것이다. 탐색하지 않았을 뿐이다. 그러므로 '일단 찾으면 얻을 수 있고, 일단 버리면 잃을 것이다'라고 했다. 두 배, 다섯 배 심지어 무수한 배수로 차이가 나는 것은 인성의 본질을 충분히 발휘하지 못했기 때문이다.

《시경》에서 '세상 백성 태어나니, 저마다에 규율 있어. 평상 규율 잘 지켜서, 좋은 품덕 잘 이루네'라고 했다. 공자는 '이 시의 작자는 정말 도를 아는구나! 사물이 있으면 저마다 규율이 있고, 백성은 변하지 않는 규율을 지켜서, 뛰어난 품덕을 좋아한다'라고 했다."

○ 사람의 본성에 대한 세 가지 주장을 언급하고 있다. 본성은 백지 상태와 같아서 태어난 이후 환경에 따라 달라진다는 것이 고자의 주장이고, 미리 정해져서 태어난다고 하는 것이 혹자의 주장이며, 원래는 누구나 선한 본성을 타고난다는 것이 맹자의 주장이다.

公都子曰:"告子曰:'性無善無不善也.' 或曰:'性可以爲善, 可以爲不善;
공도자왈 고자왈 성무선무불선야 혹왈 성가이위선 가이위불선

是故文武興, 則民好善; 幽厲興, 則民好暴.' 或曰:'有性善, 有性不善;
시고문무흥 즉민호선 유려흥 즉민호폭 혹왈 유성선 유성불선

是故以堯爲君而有象; 以瞽瞍爲父而有舜; 以紂爲兄之子, 且以爲君,
시고이요위군이유상 이고수위부이유순 이주위형지자 차이위군

而有微子啓•王子比干.' 今曰'性善', 然則彼皆非與?"
이유미자계 왕자비간 금왈성선 연즉피개비여

孟子曰:"乃若其情, 則可以爲善矣, 乃所謂善也. 若夫爲不善, 非才其罪也.
맹자왈 내약기정 즉가이위선의 내소위선야 약부위불선 비재기죄야

惻隱之心, 人皆有之; 羞惡之心, 人皆有之; 恭敬之心, 人皆有之; 是非之心,
측은지심 인개유지 수오지심 인개유지 공경지심 인개유지 시비지심

人皆有之. 惻隱之心, 仁也; 羞惡之心, 義也; 恭敬之心, 禮也; 是非之心, 智也.
인개유지 측은지심 인야 수오지심 의야 공경지심 례야 시비지심 지야

仁義禮智, 非由外鑠我也, 我固有之也, 弗思耳矣. 故曰, '求則得之, 舍則失之.'
인의례지 비유외삭아야 아고유지야 불사이의 고왈 구즉득지 사즉실지

或相倍蓰而無算者, 不能盡其才者也. 詩曰, '天生蒸民, 有物有則. 民之秉彝,
혹상배사이무산자 불능진기재자야 시왈 천생증민 유물유칙 민지병이

好是懿德.' 孔子曰: '爲此詩者, 其知道乎! 故有物必有則; 民之秉夷也,
호시의덕 공자왈 위차시자 기지도호 고유물필유칙 민지병이야

故好是懿德.'"
고호시의덕

07

맹자가 말했다.

"풍년이 들면 소년 자제 대부분이 나태하고, 흉년이 들면 소년 자제 대부분이 흉폭하다. 천생의 자질이 이렇게 다른 것이 아니라 환경이 그들의 심정을 나쁘게 변하게 했기 때문이다.

보리로 비유해 본다면 씨 뿌리고 김 매는데, 땅이 똑같고 뿌리고 심은 때가 똑같다면, 무럭무럭 자라서 하지 쯤에 이르면 모두 성숙할 것이다. 다른 것이 있다 해도, 그건 땅이 비옥하고 척박한가, 강우량이 많고 적은가, 사람의 공이 부지런한가 게으른가에서 나오는 것이다.

같은 부류의 사물은 대체로 모두 같다. 왜 유독 사람 문제에 대해서만 회의하는가? 성인도 우리와 같은 부류이다. 용자는 일찍이 '발 모양을 보지 않고 짚신을 짠다 해도, 광주리를 짜지는 않으리라는 것을 나는 알고 있다'라고 말한 적이 있다. 짚신이 비슷한 것은 사람의 발이 대체로 같기 때문이다.

입은 맛에 대해 같은 기호가 있어서, 역아易牙는 앞서서 이 기호를 얻은 사람이다. 만약 입이 맛을 느끼는 것이 사람마다 달라서, 개나 말과 인류가 본질상 다른 만큼 다르다면, 무엇을 기준으로 천하 사람이 모두 역아의 입맛을 따르려고 하겠느냐? 일단 맛을 따지자면 천하 사람들이 모두 역아와 같기를 기대하니, 이는 천하 사람의 미각이 대체로 같다는 것을 말해 준다. 귀도 역시 이와 같다. 일단 소리를 따지면, 천하 사람들이 모두 사광과 같기를 기대한다. 이는 천하 사람의 청각이 대체로 같다는 것을 말해 준다. 눈 역시 이와 같다. 일단 자도子都를 말하면, 그가 아름답다는 것을 모르는 사람이 천하에 없다. 자도가 아름다운 것을 알지 못하는 사람은 눈이 없는 사람이다.

그러므로 입은 맛에 대해 같은 기호가 있고, 귀는 소리에 대해 같은 청각이 있고, 눈은 생김새에 대해 같은 미감이 있다. 마음에 이르러서만 유독 같은 점이 없겠느냐? 마음이 같은 점이 무엇이냐? 리理요, 의義다. 성인은 일찌감치 우리 내심의 같은 의리를 이해했다. 그러므로 의리가 내 마음을 기쁘게 하는 것은 마치 돼지 개 소 양의 고기가 우리의 입맛에 맞는 것과 같다."

○ 사람이 환경에 따라 달라진다는 것은 맹자도 인정했다. 그러나 그렇다고 해서 본성이 완전히 백지 상태인 것은 아니며, 선한 본성을 타고났지만 제대로 발양하지 않아 가려지기 때문이라고 보았다. 역아는 요리를 잘 하기로 유명했고, 자도는 가장 잘 생긴 사람이라고 한다.

孟子曰:"富歲, 子弟多賴; 凶歲, 子弟多暴,
맹자왈 부세 자제다뢰 흉세 자제다폭

非天之降才爾殊也, 其所以陷溺其心者然也. 今夫麰麥, 播種而耰之, 其地同,
비천지강재이수야 기소이함닉기심자연야 금부모맥 파종이우지 기지동

樹之時又同, 浡然而生, 至於日至之時, 皆熟矣. 雖有不同, 則地有肥磽,
수지시우동 발연이생 지어일지지시 개숙의 수유부동 즉지유비교

雨露之養, 人事之不齊也. 故凡同類者, 擧相似也, 何獨至於人而疑之?
우로지양 인사지부제야 고범동류자 거상사야 하독지어인이의지

聖人, 與我同類者. 故龍子曰:'不知足而爲屨, 我知其不爲蕢也.'
성인 여아동류자 고룡자왈 부지족이위구 아지기불위괴야

屨之相似, 天下之足同也. 口之於味, 有同耆也; 易牙先得我口之所耆者也.
구지상사 천하지족동야 구지어미 유동기야 역아선득아구지소기자야

如使口之於味也, 其性與人殊, 若犬馬之與我不同類也,
여사구지어미야 기성여인수 약견마지여아부동류야

則天下何耆皆從易牙之於味也? 至於味, 天下期於易牙,
즉천하하기개종역아지어미야 지어미 천하기어역아

是天下之口相似也. 惟耳亦然. 至於聲, 天下期於師曠, 是天下之耳相似也.
시천하지구상사야 유이역연 지어성 천하기어사광 시천하지이상사야

惟目亦然. 至於子都, 天下莫不知其姣也. 不知子都之姣者,
유목역연 지어자도 천하막부지기교야 부지자도지교자

無目者也. 故曰, 口之於味也, 有同耆焉; 耳之於聲也, 有同聽焉; 目之於色也,
무목자야 고왈 구지어미야 유동기언 이지어성야 유동청언 목지어색야

有同美焉. 至於心, 獨無所同然乎? 心之所同然者何也? 謂理也, 義也.
유동미언 지어심 독무소동연호 심지소동연자하야 위리야 의야

聖人先得我心之所同然耳. 故理義之悅我心, 猶芻豢之悅我口."
성인선득아심지소동연이 고리의지열아심 유추환지열아구

08

맹자가 말했다.

"우산牛山의 수목은 일찍이 아주 아름다웠다. 그런데 대도시 교외에서 자라는 바람에 도끼와 자귀로 늘 찍어 댔으니, 무성할 수 있겠느냐? 그것들은 물론 밤낮으로 성장하고 있고 빗물과 이슬방울이 적셔 주어서, 새로운 가지와 어린 싹이 자라나지 않는 것은 아니지만, 소와 양을 풀어놓자 그렇게 민둥민둥하게 변했다. 모두 그 민둥민둥한 모양을 보고, 이 산에는 일찍이 큰 수목이 있었던 적이 없다고 여기겠지만, 이것이 설마 산의 본성이란 말이냐?

비록 사람이라도 마찬가지라, 어느 누구에게 인의의 마음이 없을까? 사람이 선량한 마음을 상실한 것 역시 마치 도끼와 나무의 관계와 같으니, 매일매일 가서 찍어 대는데 무성할 수 있겠느냐? 밤낮으로 숨을 쉬고, 날이 막 밝을 때 청명한 기운을 접하며, 좋고 나쁜 것이 사람과 가까운 점이 조금 있다. 그러다 다음 날 낮이 되면 하는 행위가 또 그것들을 소멸시킨다. 반복해서 소멸되면 밤 동안 자라난 선한 것이 존재할 수 없다. 밤 동안 자라난 선한 것이 존재할 수 없으면, 금수와의 차이가 멀지 않게 되는 것이다. 어떤 사람이 금수와 같은 것을 보고, 그에게 일찍이 선량한 자질이 없었다고 여기지만, 그게 어찌 그 사람의 본성이겠느냐?

그러므로 만약 양분을 얻으면 생장하지 않는 것이 없고, 양분을 잃으면 소멸하지 않는 것이 없다. 공자는 '그것을 잡으면 존재하고, 그것을 버리면 잃으리라. 나오고 들어가는 것이 일정한 때가 없고, 또한 어디로 가고 어디서 오는지 모른다'고 했으니, 이는 사람의 마음을 가리켜 말한 것이다."

○ 우산을 비유로 들어 인간의 본성을 설명했다. 우산은 제나라 수도 임치 남쪽 근교에 있어서 사람들이 많이 찾아가서 남벌하여, 울창했던 숲이 민둥산으로 변했다. 밤 동안 자라나는 기운이 낮 동안 훼손되는 기세를 당해 내지 못했기 때문이다. 사람의 본성도 이와 같아, 타고난 선한 본성이 지켜지지 않으면 점점 악한 모습만 드러나게 된다는 말이다.

孟子曰:"牛山之木嘗美矣, 以其郊於大國也,
맹자왈 우산지목상미의 이기교어대국야

斧斤伐之, 可以爲美乎? 是其日夜之所息, 雨雲之所潤, 非無萌櫱之生焉,
부근벌지 가이위미호 시기일야지소식 우운지소윤 비무맹얼지생언

牛羊又從而牧之, 是以若彼濯濯也. 人見其濯濯也, 以爲未嘗有材焉,
우양우종이목지 시이약피탁탁야 인견기탁탁야 이위미상유재언

此豈山之性也哉? 雖存乎人者, 豈無仁義之心哉? 其所以放其良心者,
차기산지성야재 수존호인자 기무인의지심재 기소이방기량심자

亦猶斧斤之於木也, 旦旦而伐之, 可以爲美乎? 其日夜之所息, 平旦之氣,
역유부근지어목야 단단이벌지 가이위미호 기일야지소식 평단지기

其好惡與人相近也者幾希, 則其旦晝之所爲, 有梏亡之矣. 梏之反覆,
기호오여인상근야자기희 즉기단주지소위 유곡망지의 곡지반복

則其夜氣不足以存; 夜氣不足以存, 則其違禽獸不遠矣. 人見其禽獸也,
즉기야기부족이존 야기부족이존 즉기위금수불원의 인견기금수야

而以爲未嘗有才焉者, 是豈人之情也哉? 故苟得其養, 無物不長; 苟失其養,
이이위미상유재언자 시기인지정야재 고구득기양 무물부장 구실기양

無物不消. 孔子曰:'操則存, 舍則亡; 出入無時, 莫知其鄉.' 惟心之謂與?"
무물불소 공자왈 조즉존 사즉망 출입무시 막지기향 유심지위여

09

맹자가 말했다.

"왕이 총명하지 않은 것을 이상하게 여길 것이 없다. 비록 세상에서 가장 잘 자라는 식물이 있다 해도, 하루 동안 빛을 쬐게 하고 열흘 동안 차게 하면 더 이상 자랄 수 있는 것이 없다. 내가 왕과 만난 횟수 또한 너무 적다. 내가 물러나 집에 있어서 빛을 쬐지 못하게 한 것이 극에 달했는데, 비록 싹이 트려는 것이 있다고 해도 어떻게 도와줄 수 있겠느냐?

마치 바둑을 두는 것과 같으니, 단지 작은 기술에 불과하지만 온 마음을 집중하고 뜻을 모으지 않으면 잘 배울 수 없다. 혁추弈秋는 전국에서 바둑을 가장 잘 두는 고수이다. 혁추더러 두 사람을 가르치라고 했는데, 한 사람은 온 마음을 집중하고 뜻을 모아 오직 혁추의 말만 들었다. 다른 한 사람은 듣긴 들었지만 마음속으로는 홍곡鴻鵠이 날아다녀서 활을 당겨 쏘곤 하여, 비록 함께 배웠지만 실력은 달랐다. 이는 지혜가 달라서 그랬을까? 그런 것이 아니다."

○ 타고난 본성을 잃지 않기 위해서는 끊임없이 수련해야 한다. 바둑 고수 혁추가 두 사람에게 바둑을 가르쳐서 결과가 다르게 나온 것을 예로 들어 전심전력 수양하는 것의 중요성을 얘기했다.

孟子曰:"無或乎王之不智也. 雖有天下易生之物也,
맹자왈 무혹호왕지부지야 수유천하이생지물야

一日暴之, 十日寒之, 未有能生者也. 吾見亦罕矣, 吾退而寒之者至矣,
일일폭지 십일한지 미유능생자야 오견역한의 오퇴이한지자지의

吾如有萌焉何哉? 今夫奕之爲數, 小數也; 不專心致志, 則不得也.
오여유맹언하재 금부혁지위수 소수야 부전심치지 즉부득야

奕秋, 通國之善奕者也. 使奕秋誨二人奕, 其一人專心致志, 惟奕秋之爲聽.
혁추 통국지선혁자야 사혁추회이인혁 기일인전심치지 유혁추지위청

一人雖聽之, 一心以爲有鴻鵠將至, 思援弓繳而射之, 雖與之俱學, 弗若之矣.
일인수청지 일심이위유홍곡장지 사원궁격이사지 수여지구학 불약지의

爲是其智弗若與? 曰: 非然也."
위시기지불약여 왈 비연야

10

맹자가 말했다.

"생선은 내가 좋아하는 것이요, 곰 발바닥도 내가 좋아하는 것이다. 두 가지를 한꺼번에 가질 수 없으면, 생선을 포기하고 곰 발바닥을 택하려고 한다. 생명은 내가 좋아하는 것이요, 의리도 내가 좋아하는 것이다. 두 가지를 한꺼번에 가질 수 없다면, 생명을 포기하고, 의리를 취하려고 한다.

생명도 내가 좋아하는 것인데, 생명보다 더욱 심하게 좋아하는 것이 있으니, 그러므로 구차하게 살기를 꾀하는 일을 하지 않는다. 죽음도 내가 싫어하는 것인데, 죽음보다 더욱 심하게 싫어하는 것이 있으니, 그러므로 어떤 화는 피하지 않는 것이다. 만약 사람들이 좋아하는 것이 생명보다 더한 것이 없다면, 생존을 도모할 수 있는 어떤 방법인들 사용하지 않겠느냐?

만약 사람들이 싫어하는 것이 죽음보다 더한 것이 없다면, 화를 피할 수 있는 어떤 일인들 하지 않겠느냐? 이것을 따라 행하면 생존을 얻을 수 있다고 할지라도 하지 않으며, 이것을 따라 행하면 화를 면할 수 있다고 할지라도 하지 않으니, 이로 볼 때 생명보다 좋아할 만한 가치가 있고 죽음보다 싫어하는 것이 또한 있다는 것을 알 수 있다. 이런 마음은 단지 현인만이 가지고 있는 것이 아니라, 사람마다 모두 가지고 있으되, 현인은 그것을 보존할 수 있을 뿐인 것이다.

한 그릇의 밥과 한 사발의 국을 먹으면 살 수 있고 못 먹으면 죽는다고 해도, 욕하면서 주면 길을 지나가는 굶주린 사람조차 받지 않을 것이요, 발로 차서 주면 거지조차 좋아하지 않을텐데, 만 종鍾의 봉록을 예의에 맞는지 여부도 따지지 않고 흔쾌히 받는 사람이 있다. 만 종의 봉록이 나에게 무슨 좋은 것이 있느냐? 저택이 화려하고 처첩이 시중들고 가난하고 고통받는 사람들이 내게 감격하게 하기 위해서인가?

과거에는 차라리 죽을지언정 받지 않더니 오늘은 저택의 화려함을 위해 받고, 과거에는 차라리 죽을지언정 받지 않더니 오늘은 처첩이 시중들게 하기 위해 받고, 과거에는 차라리 죽을지언정 받지 않더니 오늘은 가난하고 고통받는 사람들이 감격하게 하기 위해 받으니, 이런 것들을 그만둘 수 없단 말이냐? 이런 것을 두고 본성을 잃었다고 하는 것이다."

○ 사람에게는 생명보다 추구하는 가치가 있어서, 이를 위해서는 구차하게 살려 하지 않고, 죽음보다 싫어하는 가치가 있어서, 이를 피하려면 차라리 죽음을 맞을 수도 있다는 말이다.

孟子曰, "魚, 我所欲也, 熊掌亦我所欲也; 二者不可得兼, 舍魚而取熊掌者也.
맹자왈 어 아소욕야 웅장역아소욕야 이자불가득겸 사어이취웅장자야

生亦我所欲也, 義亦我所欲也; 二者不可得兼, 舍生而取義者也.
생역아소욕야 의역아소욕야 이자불가득겸 사생이취의자야

生亦我所欲, 所欲有甚於生者, 故不爲苟得也; 死亦我所惡, 所惡有甚於死者,
생역아소욕 소욕유심어생자 고불위구득야 사역아소오 소오유심어사자

故患有所不辟也. 如使人之所欲莫甚於生, 則凡可以得生者, 何不用也?
고환유소불피야 여사인지소욕막심어생 즉범가이득생자 하불용야

使人之所惡莫甚於死者, 則凡可以辟患者, 何不爲也? 由是則生而有不用也,
사인지소오막심어사자 즉범가이피환자 하불위야 유시즉생이유불용야

由是則可以辟患而有不爲也, 是故所欲有甚於生者, 所惡有甚於死者.
유시즉가이피환이유불위야 시고소욕유심어생자 소오유심어사자

非獨賢者有是心也, 人皆有之, 賢者能勿喪耳. 一簞食, 一豆羹,
비독현자유시심야 인개유지 현자능물상이 일단사 일두갱

得之則生, 弗得則死, 嘑爾而與之, 行道之人弗受, 蹴爾而與之, 乞人不屑也.
득지즉생 불득즉사 호이이여지 행도지인불수 축이이여지 걸인불설야

萬鍾則不辯禮義而受之. 萬鍾於我何加焉? 爲宮室之美•妻妾之奉•
만종즉불변례의이수지 만종어아하가언 위궁실지미 처첩지봉

所識窮乏者得我與? 鄕爲身死而不受, 今爲宮室之美爲之; 鄕爲身死而不受,
소식궁핍자득아여 향위신사이불수 금위궁실지미위지 향위신사이불수

今爲妻妾之奉爲之; 鄕爲身死而不受, 今爲所識窮乏者得我而爲之,
금위처첩지봉위지 향위신사이불수 금위소식궁핍자득아이위지

是亦不可以已乎? 此之謂失其本心."
시역불가이이호 차지위실기본심

11

맹자가 말했다.

"인仁은 사람의 마음이요, 의義는 사람의 길이다. 길을 버리고 가지 않고, 마음을 잃어버리고 찾을 줄 모르니, 정말 슬프구나! 사람이 닭이나 개를 잃어버리면 가서 찾을 것을 알면서, 마음을 잃어버린 것은 가서 찾을 것을 깨닫지 못한다. 학문의 길에는 다른 것이 없으니, 바로 잃어버린 마음을 되찾아 오는 것이다."

○ 누구나 타고났지만 점점 잃어버린 마음을 되찾는 것이 사람의 길이라는 말이다.

孟子曰:"仁, 人心也, 義, 人路也. 舍其路而弗由, 放其心而不知求, 哀哉!
맹자왈 인 인심야 의 인로야 사기로이불유 방기심이부지구 애재

人有鷄犬放, 則知求之; 有放心而不知求. 學問之道無他, 求其放心而已矣."
인유계견방 즉지구지 유방심이부지구 학문지도무타 구기방심이이의

12

맹자가 말했다.

"아름드리 오동나무나 가래나무는 만약 살리려고 하면 어떻게 키우면 되는지 모두 안다. 그런데 자기 자신에 이르러서는 어떻게 키우는지 모른다. 설마 자기를 사랑한다고 하면서 오동나무나 가래나무를 사랑하는 것만도 못하단 말이냐? 정말로 너무나 생각이 없구나."

○ 나무는 어떻게 키울지 알면서, 마음은 어떻게 키울지 모르니, 통탄스럽기 짝이 없다는 말이다.

孟子曰:"拱把之桐梓, 人苟欲生之, 皆知所以養之者. 至於身,
맹자왈 공파지동재 인구욕생지 개지소이양지자 지어신

而不知所以養之者, 豈愛身不若桐梓哉? 弗思甚也."
이부지소이양지자 기애신불약동재재 불사심야

13

공도자가 물었다.

"모두 같은 사람인데, 어떤 사람은 군자요 어떤 사람은 소인인 것은 무슨 까닭입니까?"

맹자가 대답했다.

"몸의 중요한 기관이 필요로 하는 것을 만족시킬 것을 추구하는 사람은 군자요, 몸의 다음으로 중요한 기관의 욕망을 만족시킬 것을 추구하는 사람은 소인이다."

공도자가 물었다.

"모두 같은 사람인데, 어떤 사람은 중요 기관이 필요로 하는 것을 만족시키려 하고, 어떤 사람은 다음으로 중요한 기관의 욕망을 만족시키려고 하는 것은 또 무슨 까닭입니까?"

맹자가 대답했다.

"귀와 눈 같은 기관은 생각을 할 수 없으므로 외물에 가려진다. 일단 외물과 접촉하면 그것에 이끌려 길을 잃는다. 마음이라는 기관은 생각하는 일을 맡고 있어, 일단 생각하면 얻을 수 있고, 생각하지 않으면 얻을 수 없다. 이 기관은 하늘이 특별히 우리 인류에게 준 것이다. 따라서 먼저 중요한 기관을 세우면 다음으로 중요한 기관이 빼앗아 갈 수 없다. 이렇게 하여 군자가 된다."

○ 군자와 소인의 차이는 추구하는 것의 경중과 대소를 가릴 줄 아는 차이에서 온다.

公都子問曰:“鈞是人也, 或爲大人, 或爲小人, 何也?”
공도자문왈 균시인야 혹위대인 혹위소인 하야

孟子曰:“從其大體爲大人, 從其小體爲小人.”
맹자왈 종기대체위대인 종기소체위소인

曰:“鈞是人也, 或從其大體, 或從其小體, 何也?”
왈 균시인야 혹종기대제 혹공지소체 하야

曰:“耳目之官不思, 而蔽於物, 物交物, 則引之而已矣. 心之官則思, 思則得之,
왈 이목지관불사 이폐어물 물교물 즉인지이기의 심지관즉사 사즉득지

不思則不得也. 此天之所與我者. 先立乎其大者, 則其小者不能奪也.
불사즉부득야 차천지소여아자 선립호기대자 즉기소자불능탈야

此爲大人而已矣.”
차위대인이이의

14

맹자가 말했다.

"자연적 작위가 있고, 사회적 작위가 있다. 인의충신仁義忠信은 피로함과 권태함이 없이 선을 좋아하니, 이것이 자연적 작위이다. 공경대부公卿大夫는 사회적 작위이다. 옛날 사람들은 자연적 작위를 수양하면 이에 사회적 작위가 따랐다. 지금 사람들은 자연적 작위를 수양하여 사회적 작위를 추구한다. 사회적 작위를 얻고 나면 자연적 작위를 버린다. 그것은 너무 어리석은 것으로, 결국 사회적 작위마저 잃게 될 것이다."

○ 수양하고 추구하는 것의 순서가 있으니, 먼저 수양하고 추구해야 하는 것은 인의충신이라는 말이다.

孟子曰:"有天爵者,有人爵者.仁義忠信,樂善不倦,此天爵也;公卿大夫,
맹자왈 유천작자 유인작자 인의충신 락선불권 차천작야 공경대부

此人爵也.古之人修其天爵,而人爵從之.今之人修其天爵,以要人爵;
차인작야 고지인수기천작 이인작종지 금지인수기천작 이요인작

既得人爵,而棄其天爵,則惑之甚者也,終亦必亡而已矣."
기득인작 이기기천작 즉혹지심자야 종역필망이이의

15

맹자가 말했다.

"인仁이 불인不仁을 이길 수 있는 것은 마치 물이 불을 끌 수 있는 것과 같다. 지금 인을 행한다는 사람은 마치 한잔의 물로 한 수레 장작의 불길을 잡으려고 하는 것과 같다. 불길이 꺼지지 않자, 물은 불을 끌 수 없다고 하니, 이런 사람들은 또한 아주 불인한 사람과 같아서, 결국 그들이 행한 그 약간의 인마저 모두 잃게 될 것이다."

○ 인을 조금 행해보고 안 된다고 하는 것은 아주 적은 물로 큰불을 끄려는 것과 같다는 말이다.

孟子曰: "仁之勝不仁也,
맹자왈 인지승불인야

猶水勝火. 今之爲仁者, 猶以一杯水救一車薪之火也; 不熄, 則謂之水不勝火,
유수승화 금지위인자 유이일배수구일거신지화야 불식 즉위지수불승화

此又與於不仁之甚者也, 亦終必亡而已矣."
차우여어불인지심자야 역종필망이이의

16

맹자가 말했다.

"오곡은 농작물 중에서 좋은 품종이다. 만약 잘 익지 못하면 도리어 제미稊米나 패자稗子만도 못하다. 인仁 역시 그것을 잘 익게 하는 것에 있을 뿐이다."

○ 아무리 좋은 곡식도 잘 재배해야 하듯이 인도 잘 가꿔야 한다는 말이다.

孟子曰:"五穀者,種之美者也;苟爲不熟,不如荑稗.
맹자왈 오곡자 종지미자야 구위불숙 불여이패

夫仁,亦在乎熟之而已矣."
부인 역재호숙지이이의

17

맹자가 말했다.

"예羿가 사람들에게 활쏘기를 가르칠 때는 반드시 활을 가득 당겼고, 배우는 사람 역시 반드시 과녁에 뜻을 둔다. 이름난 목공이 사람을 가르칠 때는 반드시 규구規矩에 따를 것이요, 배우는 사람 역시 반드시 규구에 따라야 한다."

○ 가르치고 배울 때는 반드시 기준과 규범을 세워야 한다는 말이다.

孟子曰: "羿之敎人射, 必志於彀, 學者亦必志於彀. 大匠誨人必以規矩,
맹자왈 예지교인사 필지어구 학자역필지어구 대장회인필이규구

學者亦必以規矩."
학자역필이규구

제12편

고자 하

(告子)

01

임任나라 사람이 옥려자屋廬子에게 물었다.

"예禮와 먹을 것 중 어느 것이 중요합니까?"

옥려자 대답했다.

"예가 중요합니다."

임나라 사람이 물었다.

"아내를 구하는 것과 예 중 어느 것이 중요합니까?"

옥려자가 대답했다.

"예가 중요합니다."

임나라 사람이 물었다.

"예를 따라 먹을 것을 찾으면 굶어 죽고, 예를 따르지 않고 먹을 것을 찾으면 얻어먹을 수 있더라도 꼭 예를 따라야 합니까? 친영례親迎禮를 따르면 아내를 구하지 못하고, 친영례를 따르지 않으면 아내를 구할 수 있더라도 꼭 친영례를 따라야 합니까?"

옥려자가 대답하지 못하고, 다음날 추나라로 가서 맹자에게 이 내용을 말했다.

맹자가 말했다.

"그것에 대답하기가 뭐가 그리 어렵느냐? 밑바탕 높이가 일치하는지 재보지 않고 단지 꼭대기만 비교하면, 한 치 두께 나무 조각도 산처럼 뾰족한 누각보다 높게 할 수 있다. 쇠가 깃털보다 무겁다고 해서, 한 푼 무게 쇠가 큰 수레에 가득 실은 깃털보다 무거울 수 있겠느냐? 먹는 것의 중요한 점과 예의 사소한 절목을 비교하면, 어찌 먹는 것이 중요하지 않겠느냐? 혼인의 중요한 점과 예의 사소한 절목과 비교하면, 어찌 아내를 구하는 것이 중요하지 않겠느냐?

너는 가서 이렇게 말해라. '형의 팔을 비틀어 먹을 것을 빼앗으면 먹을 것을 얻을 수 있고, 비틀지 않으면 먹을 것을 얻을 수 없다면 형의 팔을 비틀겠습니까? 동쪽 이웃 담을 기어올라 여자를 안아 오면 아내를 구할 수 있고, 가서 안아 오지 않으면 아내를 구할 수 없다면, 가서 안아 오겠습니까?'"

○ 임나라는 지금의 산둥山東 제녕濟寧에 있었다. 옥려자는 맹자의 제자이다. 임나라 사람의 질문에 옥려자는 말문이 막혀서 다음날 당장 추나라로 맹자를 찾아가 물어본 것이다. 맹자는 임나라 사람이 비교 대상의 경중을 따지지 않아서 옥려자가 대답하기 곤란했다고 보았다.

任人有問屋廬子曰:"禮與食孰重?"
임인유문옥려자왈 예여식숙중

曰:"禮重."
왈 예중

"色與禮孰重?"
색여예숙중

曰:"禮重."
왈 예중

曰:"以禮食, 則飢而死; 不以禮食, 則得食, 必以禮乎? 親迎, 則不得妻; 不親迎,
왈 이례식 즉기이사 불이례식 즉득식 필이례호 친영 즉부득처 불친영

則得妻, 必親迎乎?"
즉득처 필친영호

屋廬子不能對, 明日之鄒以告孟子.
옥려자불능대 명일지추이고맹자

孟子曰:"於答是也, 何有? 不揣其本, 而齊其末, 方寸之木可使高於岑樓.
맹자왈 어답시야 하유 불췌기본 이제기말 방촌지목가사고어잠루

金重於羽者, 豈謂一鉤金與一輿羽之謂哉? 取食之重者與禮之輕者而比之,
금중어우자 기위일구금여일여우지위재 취식지중자여례지경자이비지

奚翅食重? 取色之重者與禮之輕者而比之, 奚翅色重?
해시식중 취색지중자여례지경자이비지 해시색중

往應之曰: '紾兄之臂而奪之食, 則得食; 不紾, 則不得食, 則將紾之乎?
왕응지왈 진형지비이탈지식 즉득식 부진 즉부득식 즉장진지호

踰東家牆而摟其處子, 則得妻; 不摟, 則不得妻; 則將摟之乎?'"
유동가장이루기처자 즉득처 불루 즉부득처 즉장루지호

02

조교曹交가 물었다.

"사람은 모두 요순이 될 수 있다고 하셨다는데, 그런 말씀 하신 적이 있습니까?"

맹자가 대답했다.

"그렇습니다."

조교가 말했다.

"제가 듣자 하니 문왕은 키가 일 장丈이었고, 탕은 구 척尺이었다고 합니다. 지금 저는 키가 구 척 사 촌寸이나 되는데 밥을 먹는 것밖에 모릅니다. 어떻게 하면 되겠습니까?"

맹자가 말했다.

"그게 무슨 상관이 있겠습니까? 단지 실천하기만 하면 될 것입니다. 만약 어떤 사람이 자기는 병아리 한 마리도 들지 못한다고 하면, 힘이 전혀 없는 사람입니다. 만약 삼천 근을 들 수 있다고 하면, 아주 힘센 사람입니다. 그렇다면 천하장사 오획吳獲이 드는 무게를 들 수 있으면, 그 역시 오획인 것입니다.

사람이 어찌 해내지 못할 것을 근심하겠습니까? 단지 하지 않을 뿐이지요. 윗사람 뒤에서 천천히 걸으면 '공손하다[悌]'고 하고, 빨리 걸어서 윗사람 앞으로 나서면 공손하지 않다고 합니다. 천천히 걷는 것을 사람이 어찌 할 수 없겠습니까? 단지 그렇게 하지 않을 뿐이지요. 요순의 도 역시 효孝와 제悌에 불과할 뿐입니다. 귀하께서 요의 옷을 입고 요의 말을 하고 요가 했던 행실을 하면, 바로 요입니다. 귀하께서 걸의 옷을 입고 걸의 말을 하고 걸이 했던 행실을 하면, 바로 걸입니다."

조교가 말했다.

"제가 추나라 왕을 뵙고 묵을 곳을 빌려서, 선생님 문하에서 공부하기를 염원합니다."

맹자가 말했다.

"도는 큰길과 같으니, 어찌 이해하기 어렵겠습니까? 사람들이 찾지 않는 것이 염려될 따름입니다. 귀하께서 돌아가 찾아보시면, 스승은 얼마든지 많이 있습니다."

○ 사람들이 요순처럼 되지 않는 것은 못하는 것이 아니라 안 하는 것임을 말했다. 그 방법은 무슨 거창하거나 심오한 것이 아니라, 일상에서 효와 제를 실천하고 끊임없이 확충하면 된다는 말이다. 오획은 옛날에 기운 센 사람의 대명사로 쓰였다.

曹交問曰:"人皆可以爲堯舜, 有諸?"
조교문왈 인개가이위요순 유저

孟子曰:"然."
맹자왈 연

"交聞文王十尺, 湯九尺, 今交九尺四寸以長, 食粟而已, 如何則可?"
교문문왕십척 탕구척 금교구척사촌이장 식속이이 여하즉가

曰:"奚有於是? 亦爲之而已矣. 有人於此, 力不能勝一匹雛, 則爲無力人矣;
왈 해유어시 역위지이이의 유인어차 력불능승일필추 즉위무력인의

今曰擧百鈞, 則爲有力人矣. 然則擧烏獲之任, 是亦爲烏獲而已矣.
금왈거백균 즉위유력인의 연즉거오획지임 시역위오획이이의

夫人豈以不勝爲患哉? 弗爲耳. 徐行後長者謂之弟, 疾行先長者謂之不弟.
부인기이불승위환재 불위이 서행후장자위지제 질행선장자위지부제

夫徐行者, 豈人所不能哉? 所不爲也. 堯舜之道, 孝弟而已矣. 子服堯之服,
부서행자 기인소불능재 소불위야 요순지도 효제이이의 자복요지복

誦堯之言, 行堯之行, 是堯而已矣. 子服桀之服, 誦桀之言, 行桀之行,
송요지언 행요지행 시요이이의 자복걸지복 송걸지언 행걸지행

是桀而已矣."
시걸이이의

曰:"交得見於鄒君, 可以假館, 願留而受業於門."
왈 교득견어추군 가이가관 원류이수업어문

曰:"夫道若大路然, 豈難知哉? 人病不求耳. 子歸而求之, 有餘師."
왈 부도약대로연 기난지재 인병불구이 자귀이구지 유여사

03

송경宋牼이 초나라에 가는 도중 석구石丘 지방에서 맹자와 마주쳤다.

맹자가 물었다.

"선생은 어디로 가실 작정이십니까?"

송경이 대답했다.

"진秦나라와 초나라가 교전하고 있다고 들었습니다. 제가 가서 초나라 왕을 만나 병사를 철수하도록 설득할 작정입니다. 만약 초나라 왕이 듣지 않으면, 저는 가서 진나라 왕을 만나 병사를 철수하도록 설득할 작정입니다. 두 국왕 중 저와 생각이 맞는 국왕이 있을 것입니다."

맹자가 말했다.

"제가 너무 상세하게 묻지는 않겠고, 그저 대의만 알고 싶은데, 귀하는 어떻게 설득하겠습니까?"

송경이 대답했다.

"저는 교전하는 것은 불리하다고 말할 작정입니다."

맹자가 말했다.

"귀하의 뜻은 아주 좋습니다만, 귀하의 방법은 안 됩니다. 귀하가 이익이라는 것을 이용하여 진나라 왕과 초나라 왕을 설득하면, 진나라 왕과 초나라 왕은 이익이 있다는 것으로 인하여 기뻐하면서 군사 행동을 멈출 것이요, 이는 삼군의 군대가 철군을 즐거워하고 이익에 기뻐하도록 하는 것입니다. 신하가 되어서 이익을 추구하는 마음을 품고 군주를 섬기고, 자식이 되어서 이익을 추구하는 마음을 품고 부모를 모시고, 동생이 되어서 이익을 추구하는 마음을 품고 형을 섬긴다면, 이는 군신, 부자, 형제 사이에 인의를 버리고 이익을 추구하는 마음으로 서로 상대하게 하는 것이니, 그러고도 망하지 않은 경우는 없었습니다.

만약 귀하께서 인의를 가지고 진나라 왕과 초나라 왕을 설득하면, 진나라 왕과 초나라 왕은 인의로 인하여 기뻐하면서 삼군의 군대를 철수할 것이요, 이는 삼군의 군대가 철군을 즐거워하고 인의를 좋아하도록 하는 것입니다. 신하가 되어서 인의를 가지고 군주를 섬기고, 자식이 되어서 인의를 가지고 부모를 섬기고, 동생이 되어서 인의를 품고 형을 섬기면, 이는 군신, 부자, 형제 사이에 모두 이익의 관념을 버리고 인의를 품고 서로를 대하는 것입니다. 이와 같이 하고서도 국가가 덕정으로 천하를 통일하지 않은 경우는 없었습니다. 왜 꼭 이익을 말하려고 하십니까?"

○ 송경은《장자莊子》〈천하편天下篇〉과《순자荀子》〈비십이자편非十二子篇〉에서 송연宋鈃으로 나오고《한비자韓非子》〈현학편顯學篇〉에서 송영宋榮으로 나오는 사람이라고 한다.
송경도 당시에 전쟁을 반대한 사람으로 보이는데, 다만 맹자가 보기에 전쟁을 하지 않도록 설득하는 방법이 달랐기 때문에 이와 같이 반론한 것이다. 맹자는 '어떻게 하면 유리하다, 혹은 이익이다'라는 말로 상대방을 설득하면, 상대방은 결국 이익을 따지는 관점에서 선택하고 결정할 것이기 때문에 도리에 맞지 않다고 본 것이다.

宋牼將至楚, 孟子遇於石丘, 曰: "先生將何之?"
송경장지초 맹자우어석구 왈 선생장하지

曰: "吾聞秦楚構兵, 我將見楚王說而罷之. 楚王不悅, 我將見秦王說而罷之.
왈 오문진초구병 아장견초왕세이파지 초왕불열 아장견진왕세이파지

二王我將有所遇焉."
이왕아장유소우언

曰: "軻也請無問其詳, 願聞其指. 說之將何如?"
왈 가야청무문기상 원문기지 세지장하여

曰: "我將言其不利也."
왈 아장언기불리야

曰: "先生之志則大矣, 先生之號則不可. 先生以利說秦楚之王,
왈 선생지지즉대의 선생지호즉불가 선생이리세진초지왕

秦楚之王悅於利, 以罷三軍之師, 是三軍之士樂罷而悅於利也.
진초지왕열어리 이파삼군지사 시삼군지사락파이열어리야

爲人臣者懷利以事其君, 爲人子者懷利以事其父,
위인신자회리이사기군 위인자자회리이사기부

爲人弟者懷利以事其兄, 是君臣•父子•兄弟終去仁義, 懷利以相接,
위인제자회리이사기형 시군신 부자 형제종거인의 회리이상접

然而不亡者, 未之有也. 先生以仁義說秦楚之王, 秦楚之王悅於仁義,
연이불망자 미지유야 선생이인의세진초지왕 진초지왕열어인의

而罷三軍之師, 是三軍之士樂罷而悅於仁義也. 爲人臣者懷仁義以事其君,
이파삼군지사 시삼군지사락파이열어인의야 위인신자회인의이사기군

爲人子者懷仁義以事其父, 爲人弟者懷仁義以事其兄, 是君臣•父子•
위인자자회인의이사기부 위인제자회인의이사기형 시군신 부자

兄弟去利, 懷仁義以相接也, 然而不王者, 未之有也. 何必曰利?"
형제거리 회인의이상접야 연이불왕자 미지유야 하필왈리

04

맹자가 추나라에 있을 때, 계임季任이 임나라에 남아 국정을 대신하면서 맹자에게 예물을 보내 사귀고자 했다. 맹자는 예물은 받고 답례하지 않았다. 맹자가 평륙에 있을 때, 저자가 제나라 경상이 되어서, 예물을 보내 맹자와 사귀고자 했다. 맹자는 예물은 받고 답례하지 않았다. 얼마 후, 맹자가 추나라에서 임나라로 가는 길에는 계임을 방문했는데, 평륙에서 제나라 수도에 가는 길에는 저자를 방문하지 않았다.

옥려자가 신이 나서 "나는 선생님의 갈림길을 찾았다"라고 말하며 물었다.

"선생님께서 임나라에 가실 때는 계임을 방문하시고, 제나라 수도에 가실 때는 저자를 방문하지 않으셨는데, 저자는 단지 경상이기 때문입니까?"

"아니다. 《서경》에서 말한 적이 있다. '향헌享獻의 예에서 중요한 것은 의례 절차이다. 만약 의례 절차가 충분하지 않다면, 비록 예물이 많아도 향헌이 없다고 밖에 할 수 없다. 향헌하는 사람의 마음이 결코 향헌에 있지 않았기 때문이다.' 그가 향헌을 완성하지 않았기 때문이다."

옥려자가 매우 기뻐했다. 누군가 그 일을 옥려자에게 물었다. 옥려자는 "계자는 직접 추나라에 갈 수 없었고, 저자는 직접 평륙에 갈 수 있었기 때문이다"라고 말했다.

○ 계자는 추나라에 갈 수 있는 형편이 아니어서 맹자를 직접 찾

아가지 못하고 예물만 보냈고, 저자는 추나라에 갈 수 있었으면서도 직접 맹자를 찾아가지 않고 예물만 보냈기 때문에 맹자는 계자에게는 답례 인사를 하러 가고, 저자에게는 답례 인사를 하러 가지 않은 것이다.

孟子居鄒, 季任爲任處守, 以幣交, 受之而不報. 處於平陸, 儲子爲相, 以幣交,
맹자거추 계임위임처수 이폐교 수지이불보 처어평륙 저자위상 이폐교

受之而不報. 他日, 由鄒之任, 見季子; 由平陸之齊, 不見儲子. 屋廬子喜曰:
수지이불보 타일 유추지임 견계자 유평륙지제 불견저자 옥려자희왈

"連得間矣." 問曰: "夫子之任, 見季子; 之齊, 不見儲子, 爲其爲相與?"
련득간의 문왈 부자지임 견계자 지제 불견저자 위기위상여

曰: "非也. 書曰: '享多儀, 儀不及物曰不享, 惟不役志于享.' 爲其不成享也."
왈 비야 서왈 향다의 의불급물왈불향 유불역지우향 위기불성향야

屋廬子悅. 或問之. 屋廬子曰: "季子不得之鄒, 儲子得之平陸."
옥려자열 혹문지 옥려자왈 계자부득지추 저자득지평륙

05

순우곤이 말했다.

"명예와 공적을 중시하는 것은 제세구민하기 위한 것이요, 명예와 공적을 경시하는 것은 독선기신하기 위한 것입니다. 선생님께서는 제나라 삼경三卿의 하나가 되어, 위로 군왕을 보필하고 아래로 신민을 구제하는 명예와 공적을 세운 것이 없어서 떠나려 하니, 어진 사람은 원래 이렇습니까?"

맹자가 말했다.

"비천한 직위에 처해 있으면서, 자기의 현명한 처지에서 어리석은 사람을 섬기지 않은 사람이 있으니, 바로 백이입니다. 다섯 차례 탕에게 갔다가 다섯 차례 걸에게 간 사람이 있으니, 바로 이윤입니다. 악한 군주를 싫어하지 않고 미천한 직위를 거절하지 않은 사람이 있으니, 바로 류하혜입니다. 세 사람 행위는 같지 않지만 총체적 방향은 같습니다. 무엇이 같은가? 바로 인仁입니다. 군자는 오직 인이면 될 뿐이니, 왜 꼭 같아야 하겠습니까?"

순우곤이 말했다.

"노나라 목공 때 공의자公儀子가 나라의 정치를 주관하고 자류子柳와 자사가 신하로 조정에 있었지만, 노나라가 깎이고 약해지는 것이 더욱 심해졌습니다. 현인이 국가에 조금도 도움이 안 되는 것이 이와 같지요!"

맹자가 말했다.

"우나라는 백리해百里奚를 등용하지 않아 멸망했고, 진나라 목공은 백리해를 등용해 패업을 이루었습니다. 현인을 등용하지 않으면 멸망에 이를 것이니, 깎이는 것은 그나마 낫습니다."

순우곤이 말했다.

"옛날 왕표王豹가 기수淇水 옆에서 살고 있을 때 강 서쪽 사람들이 모두 노래를 잘 불렀고, 면구緜駒가 고당高唐에서 살고 있을 때 제나라 서부 지방에서 모두 노래를 잘 불렀고, 화주華周와 기량杞梁의 처가 남편을 위하여 통곡하여, 국가의 풍속을 고쳤습니다. 안에 무엇이 있으면 반드시 밖으로 표현됩니다. 어떤 일에 종사하는데도 공적이 보이지 않는 것을 저는 일찍이 본 적이 없습니다. 따라서 오늘날에는 현인이 없습니다. 만약 현인이 있다면 제가 분명히 알았을 것입니다."

맹자가 말했다.

"공자가 노나라 사구司寇를 지낼 때 신임을 받지 못했고, 함께 제사를 지내러 갔는데 제육을 보내오지 않자 총총히 떠났습니다. 공자를 모르는 사람은 공자가 제육을 다투다 떠났다고 생각하고, 공자를 아는 사람은 노나라가 예를 잃었기 때문에 떠났다고 여깁니다. 공자는 스스로 작은 죄명을 만들어 떠나려고 하였으며, 마음대로 떠나려고 하지 않았습니다. 원래 일반 사람들은 군자의 행위를 잘 이해하지 못합니다."

○ 삼경은 상경上卿 아경亞卿 하경下卿이라는 설도 있고, 상相 장將 객경客卿이라는 설도 있다. 백이, 이윤, 류하혜는 앞에서도 언급되었다. 맹자는 이들이 각자 선택한 처세 방법은 달랐지만 인을 추구한 점은 같았다고 평가했다.

淳于髡曰:“先名實者, 爲人也; 後名實者, 自爲也. 夫子在三卿之中,
순우곤왈 선명실자 위인야 후명실자 자위야 부자재삼경지중

名實未加於上下而去之, 仁者固如此乎?”
명실미가어상하이거지 인자고여차호

孟子曰:“居下位, 不以賢事不肖者, 伯夷也; 五就湯, 五就桀者, 伊尹也;
맹자왈 거하위 불이현사불초자 백이야 오취탕 오취걸자 이윤야

不惡汙君, 不辭小官者, 柳下惠也. 三子者不同道, 其趨一也. 一者何也? 曰,
불오오군 불사소관자 류하혜야 삼자자부동도 기추일야 일자하야 왈

仁也. 君子亦仁而已矣, 何必同?”
인야 군자역인이이의 하필동

曰:“魯繆公之時, 公儀子爲政, 子柳子思爲臣, 魯之削也滋甚; 若是乎,
왈 로목공지시 공의자위정 자류자사위신 로지삭야자심 약시호

賢者之無益於國也!”
현자지무익어국야

曰:“虞不用百里奚而亡, 秦穆公用之而覇. 不用賢則亡, 削何可得與?”
왈 우불용백리해이망 진목공용지이패 불용현즉망 삭하가득여

曰:“昔者王豹處於淇, 而河西善謳; 緜駒處於高唐, 而齊右善歌;
왈 석자왕표처어기 이하서선구 면구처어고당 이제우선가

華周杞梁之妻善哭其夫而變國俗. 有諸內, 必形諸外. 爲其事而無其功者,
화주기량지처선곡기부이변국속 유저내 필형저외 위기사이무기공자

髡未嘗覩之也. 是故無賢者也; 有則髡必識之.”
곤미상도지야 시고무현자야 유즉곤필식지

曰:“孔子爲魯司寇, 不用, 從而祭, 燔肉不至, 不稅冕而行. 不知者以爲爲肉也,
왈 공자위로사구 불용 종이제 번육부지 불세면이행 부지자이위위육야

其知者以爲爲無禮也. 乃孔子則欲以微罪行, 不欲爲苟去. 君子之所爲,
기지자이위위무례야 내공자즉욕이미죄행 불욕위구거 군자지소위

衆人固不識也.”
중인고불식야

06

맹자가 말했다.

“춘추오패는 삼왕三王의 입장에서 보면 죄인이다. 지금의 제후는 오패의 입장에서 보면 또한 죄인이다. 지금의 대부는 지금의 제후의 입장에서 보면 또한 죄인이다.

천자가 제후의 국가를 순시하는 것을 순수라고 하고, 제후가 천자를 조회하는 것을 술직이라고 한다. 천자의 순수는 봄에 밭을 갈고 씨 뿌리는 상황을 살펴 부족한 사람을 도와주고, 가을에 수확 상황을 살펴 모자라는 사람을 구제하는 것이었다. 어느 나라의 경계에 들어가서, 땅이 잘 개간되었고, 밭 작업도 아주 잘했고, 노인이 풍족하게 봉양받고, 현자가 존귀하게 되고, 뛰어난 인재가 조정에 있으면 상을 주되, 그 상은 땅으로 했다. 그런데 어느 나라의 경계에 들어가서, 땅이 황폐하고, 노인이 버림받고, 현자가 임용되지 않고, 돈과 재물을 긁어모으는 사람이 조정에 있으면, 벌을 주어 꾸짖었다.

제후의 술직의 경우, 한 번 조회하지 않으면 작위를 강등하고, 두 차례 조회하지 않으면 땅을 삭감하고, 세 차례 조회하지 않으면 군대를 출동시켰다. 따라서 천자가 무력을 사용하는 것은 ‘토討’이지 ‘벌伐’이 아니며, 제후가 무력을 사용하는 것은 ‘벌伐’이지 ‘토討’가 아니다. 오패는 일부 제후를 끼고 일부 제후를 공격한 사람이다. 그래서 오패는 삼왕의 입장에서 보자면 죄인이라고 하는 것이다.

오패는 제나라 환공이 가장 대단했다. 규구葵丘에서의 일 차회맹에서 희생을 묶고 맹약을 맺되 삽혈하지는 않았다. 첫 번째 맹약은 불효한 사람을 주벌하고, 태자를 폐립하지 않고, 첩을 처로 세우지 않는 것이었다. 두 번째 맹약은 현인을 존귀하게 여기고, 인재를 육성하고, 덕이 있는 사람을 드러내는 것이었다. 세 번째 맹약은 노인을 공경하고, 어린아이를 사랑하고, 귀빈과 여행객에게 태만히 굴지 않는 것이었다. 네 번째 맹약은 선비의 관직은 세습하지 않고, 공가公家의 직무는 겸임하지 않으며, 인재를 임용할 때는 반드시 합당해야 하며, 독단적으로 대부를 살육하지 않는 것이었다. 다섯 번째 맹약은 도처에 둑을 쌓아서는 안 되며, 이웃 나라가 양식을 구매하는 것을 금지하지 않으며, 상을 주고 보고하지 않으면 안 된다는 것이었다. 마지막으로, 회맹에 참여한 제후는 맹약이 결정된 이후에 옛날의 우호적인 관계를 회복했다. 그런데 지금의 제후는 모두 이 다섯 가지 금령을 위반하고 있다. 그러므로 오늘의 제후는 오패의 입장에서 보자면 죄인이라고 하는 것이다.

군주의 악행을 신하가 조장하면 죄행이 작다. 하지만 군주의 악행에 신하가 영합하면 죄행은 정말 크다. 그런데 지금의 대부는 모두 군주의 악행에 영합한다. 그러므로 지금의 대부는 제후의 입장에서 보자면 죄인이라는 것이다."

○ 하·상·주 삼대의 삼왕, 주나라 이후 춘추시대의 오패, 당시 전국시대의 제후 이 세 부류에 대한 맹자의 평가이다. 춘추오패는 삼왕에게 죄인이고, 전국시대 제후가 춘추오패에게 죄인이라는 말은 세월이 흐를수록 도덕이 점점 땅에 떨어졌다는 말이다. 삼

왕시대에는 성인이 천자의 자리에 올라서 천하의 질서가 자리를 잡았고, 오패시대에는 강력한 무력을 내세워 천하의 질서를 유지했으며, 전국시대에 이르러서는 질서가 무너져 약육강식의 시대가 되었기 때문이다.

孟子曰:"五霸者, 三王之罪人也;
맹자왈 오패자 삼왕지죄인야

今之諸侯, 五霸之罪人也; 今之大夫, 今之諸侯之罪人也. 天子適諸侯曰巡狩,
금지제후 오패지죄인야 금지대부 금지제후지죄인야 천자적제후왈순수

諸侯朝於天子曰述職. 春省耕而補不足, 秋省斂而助不給. 入其疆, 土地辟,
제후조어천자왈술직 춘성경이보부족 추성렴이조불급 입기강 토지벽

田野治, 養老尊賢, 俊傑在位, 則有慶; 慶以地. 入其疆, 土地荒蕪, 遺老失賢,
전야치 양로존현 준걸재위 즉유경 경이지 입기강 토지황무 유로실현

掊克在位, 則有讓. 一不朝, 則貶其爵; 再不朝, 則削其地; 三不朝, 則六師移之.
부극재위 즉유양 일부조 즉폄기작 재부조 즉삭기지 삼부조 즉륙사이지

是故天子討而不伐, 諸侯伐而不討. 五霸者, 摟諸侯以伐諸侯者也, 故曰,
시고천자토이불벌 제후벌이불토 오패자 루제후이벌제후자야 고왈

五霸者, 三王之罪人也. 五霸, 桓公爲盛. 葵丘之會, 諸侯束牲載書而不歃血.
오패자 삼왕지죄인야 오패 환공위성 규구지회 제후속생재서이불삽혈

初命曰, 誅不孝, 無易樹子, 無以妾爲妻. 再命曰, 尊賢育才, 以彰有德.
초명왈 주불효 무역수자 무이첩위처 재명왈 존현육재 이창유덕

三命曰, 敬老慈幼, 無忘賓旅. 四命曰, 士無世官, 官事無攝, 取士必得,
삼명왈 경로자유 무망빈려 사명왈 사무세관 관사무섭 취사필득

無專殺大夫. 五命曰, 無曲防, 無遏糴, 無有封而不告. 曰, 凡我同盟之人,
무전살대부 오명왈 무곡방 무알적 무유봉이불고 왈 범아동맹지인

旣盟之後, 言歸于好. 今之諸侯皆犯此五禁, 故曰, 今之諸侯, 五霸之罪人也.
기맹지후 언귀우호 금지제후개범차오금 고왈 금지제후 오패지죄인야

長君之惡其罪小, 逢君之惡其罪大. 今之大夫皆逢君之惡, 故曰, 今之大夫,
장군지악기죄소 봉군지악기죄대 금지대부개봉군지악 고왈 금지대부

今之諸侯之罪人也."
금지제후지죄인야

07

노나라에서 신자愼子를 장군으로 삼으려고 하자, 맹자가 말했다.

"백성을 가르치지 않고 백성을 동원해 전쟁을 한다면, 이런 것을 가리켜 바로 백성에게 재앙을 가져다주는 것이라고 한다. 백성에게 재앙을 가져다주는 사람은 요순시대에도 용납되지 않았다. 한차례 싸워 제나라를 이겨서 남양南陽을 얻는다고 해도, 이는 안 되는 일이다."

신자가 발끈하여 기분이 나빠서 말했다.

"저는 그 말씀을 이해하지 못하겠습니다."

맹자가 말했다.

"내가 네게 분명히 말하마. 천자의 토지는 가로 세로의 길이가 천 리이다. 만약 천 리가 되지 않으면, 제후를 접대할 수 없다. 제후의 토지는 가로 세로의 길이가 백 리이다. 만약 백 리가 되지 않으면, 역대로 전하는 예법 제도를 받들어 지킬 수 없다. 주공이 노魯에 책봉을 받았을 때, 마땅히 토지가 가로 세로 백 리가 되어야 했다. 그런데 토지가 부족한 것은 아니었지만 백 리보다 적었다. 태공은 제나라에 책봉을 받았는데, 마땅히 토지가 가로 세로 백 리가 되어야 했다. 토지가 결코 부족한 것은 아니었지만, 백 리보다 적었다.

지금 노나라는 백 리 길이와 넓이의 다섯 배가 되는데, 만약 성주 명왕이 흥기했다면 노나라의 토지가 줄었겠느냐? 아니면 늘었겠느냐? 병력을 사용하지 않고 그냥 저 나라에서 가져다가 이 나라에 주는 것을 어진 사람은 하지 않는데, 하물며 사람을 죽여 토지를 구하겠느냐? 군자가 군왕을 섬기는 것은 오직 한결같은 마음으로 그가 바른 길을 가게 이끌어 인에 뜻을 두도록 하면 된다."

○ 신자는 용병에 능했던 것으로 보인다. 맹자는 신자가 장군으로 임용되면 전쟁을 일삼아 토지를 늘리는 것에만 힘쓸 것이기 때문에 백성에게 재앙이 될 것이라고 한 것이다.

魯欲使愼子爲將軍. 孟子曰: "不敎民而用之, 謂之殃民. 殃民者,
로욕사신자위장군 맹자왈 불교민이용지 위지앙민 앙민자

不容於堯舜之世. 一戰勝齊, 遂有南陽, 然且不可."
불용어요순지세 일전승제 수유남양 연차불가

愼子勃然不悅曰: "此則滑釐所不識也."
신자발연불열왈 차즉활리소불식야

曰: "吾明告子. 天子之地方千里; 不千里, 不足以待諸侯.
왈 오명고자 천자지지방천리 불천리 부족이대제후

諸侯之地方百里; 不百里, 不足以守宗廟之典籍. 周公之於封魯, 爲方百里也;
제후지지방백리 불백리 부족이수종묘지전적 주공지어봉로 위방백리야

地非不足, 而儉於百里. 太公之封於齊也, 亦爲方百里也; 地非不足也,
지비부족 이검어백리 태공지봉어제야 역위방백리야 지비부족야

而儉於百里. 今魯方百里者五, 子以爲有王者作, 則魯在所損乎, 在所益乎?
이검어백리 금로방백리자오 자이위유왕자작 즉로재소손호 재소익호

徒取諸彼以與此, 然且仁者不爲, 況於殺人以求之乎? 君子之事君也,
도취저피이여차 연차인자불이 황어살인이구지호 군자지사군야

務引其君以當道, 志於仁而已."
무인기군이당도 지어인이기

08

맹자가 말했다.

"오늘날 군주를 섬기는 사람은 모두 '나는 군주를 위해 토지를 개척하고, 창고가 가득 차게 할 수 있다'고 말한다. 오늘날 이른바 좋은 신하라고 하는 자는 옛날이라면 백성을 해치는 자이다. 군주가 도덕을 향하지 않고 인仁에 뜻이 없는데 재물이 풍족하게 해주니, 이는 하걸에게 재물이 풍족하게 해주는 것과 같다.

'나는 군주를 위해 동맹국을 결성하여, 싸울 때마다 반드시 이길 수 있다'고 한다. 오늘날 이른바 좋은 신하라고 하는 자는 옛날이라면 백성을 해치는 자이다. 군주가 도덕을 향하지 않고 인에 뜻이 없는데 군주를 위해 열심히 전쟁을 치르려 하니, 이는 하걸을 도와주는 것과 같다.

오늘날의 이런 길을 따라 가고, 오늘날의 이런 풍속 기풍을 개혁하지 않으면, 모든 천하를 준다 해도 하루라도 안정되게 앉아 있지 못할 것이다."

○ 덕으로 통치하는 것에는 뜻이 없고, 오로지 전쟁을 통해 영토를 늘리는 것에만 혈안이 되어 있는 군주와 신하를 비판한 말이다.

孟子曰:"今之事君者皆曰,'我能爲君辟土地, 充府庫.'
맹자왈 금지사군자개왈 아능위군벽토지 충부고

今之所謂良臣, 古之所謂民賊也. 君不鄕道, 不志於仁, 而求富之, 是富桀也.
금지소위량신 고지소위민적야 군불향도 부지어인 이구부지 시부걸야

'我能爲君約與國, 戰必克.' 今之所謂良臣, 古之所謂民賊也. 君不鄕道,
아능위군약여국 전필극 금지소위량신 고지소위민적야 군불향도

不志於仁, 而求爲之强戰, 是輔桀也. 由今之道, 無變今之俗, 雖與之天下,
부지어인 이구위지강전 시보걸야 유금지도 무변금지속 수여지천하

不能一朝居也."
불능일조거야

09

노나라가 악정자에게 국정을 맡기려고 했다.

맹자가 말했다.

"내가 이 소식을 듣고 기뻐서 잠을 자지 못했다."

공손추가 물었다.

"악정자는 굳셉니까?"

맹자가 말했다.

"아니다."

공손추가 물었다.

"총명하고 사려깊습니까?"

맹자가 말했다.

"아니다."

공손추가 물었다.

"듣고 아는 것이 많습니까?"

맹자가 말했다.

"아니다."

공손추가 물었다.

"그런데 왜 기뻐서 잠을 주무시지 못하셨습니까?"

맹자가 말했다.

"그의 사람됨이 선한 말 듣기를 좋아한다."

공손추가 물었다.

"선한 말 듣기를 좋아하기만 하면 충분합니까?"

맹자가 말했다.

"선한 말 듣기를 좋아하면 천하도 충분히 다스릴 수 있는데, 하물며 노나라를 다스리는 것은 말할 것도 없다. 선한 말 듣기를 좋아하면 사방 사람들이 모두 천 리 밖에서도 달려와 선한 말을 그에게 해줄 것이요, 선한 말 듣기를 좋아하지 않으면 누가 무슨 말을 하면 '아, 아! 나는 이미 알고 있어'라고 할 것이다. '아, 아!' 거리는 소리와 안색은 사람을 천 리 밖으로 거절하는 것이다. 인재가 천 리 밖에서 머무르고 가까이 오지 않으면 참언하고 아첨하는 사람들만 올 것이다. 참언하고 아첨하는 사람들과 함께 있으면서 국가를 잘 운영하려고 한다면, 할 수 있겠느냐?"

○ 선한 말 듣기를 좋아하는 악정자가 노나라 국정을 맡게 되었다는 소식에 맹자가 기뻐한 것이다. 공손추는 악정자가 굳센지, 총명하고 사려깊은지, 듣고 아는 것이 많은지 물었지만, 맹자는 오직 선한 말 듣기를 좋아하는 것만으로도 국정을 잘 운영할 수 있다고 말했다.

魯欲使樂正子爲政. 孟子曰: "吾聞之, 喜而不寐."
로욕사악정자위정 맹자왈 오문지 희이불매

公孫丑曰: "樂正子强乎?"
공손추왈 악정자강호

曰: "否."
왈 부

"有知慮乎?"
유지려호

曰: "否."
왈 부

"多聞識乎?"
다문식호

曰:“否.”
왈 부

“然則奚爲喜而不寐?”
연즉해위희이불매

曰:“其爲人也好善.”
왈 기위인야호선

“好善足乎?”
호선족호

曰:“好善優於天下, 而況魯國乎?
왈 호선우어천하 이황로국호

夫苟好善, 則四海之內皆將輕千里而來告之以善; 夫苟不好善, 則人將曰,
부구호선 즉사해지내개장경천리이래고지이선 부구불호선 즉인장왈

‘訑訑, 予旣已知之矣.’ 訑訑之聲音顔色距人於千里之外. 士止於千里之外,
이이 여기기지지의 이이지성음안색거인어천리지외 사지어천리지외

則讒諂面諛之人至矣. 與讒諂面諛之人居, 國欲治, 可得乎?”
즉참첨면유지인지의 여참첨면유지인거 국욕치 가득호

10

진자가 "고대의 군자는 어떠하면 나와서 관직을 했습니까?"라고 물었다.

맹자가 말했다.

"관직에 나아가는 상황에 세 가지가 있고, 관직을 떠나가는 상황에 세 가지가 있습니다. 영접하는 것이 예의 있고 공경스러우며 제언을 실행하려고 한다면 관직에 나아갑니다. 예의는 비록 사그라들지 않았지만 제언이 실행되지 않는다면 떠납니다. 그다음 단계로, 비록 제언을 실행하지는 않지만, 영접하는 것이 예의 있고 공경스러우면 관직에 나아갑니다. 예의가 사그라들면 떠납니다. 가장 아래 단계는 아침에 먹을 것이 없고 저녁에 먹을 것이 없어 굶주려서 방을 나설 수도 없는 지경인데, 군주가 그것을 알고 '나는 그의 학설을 실행할 수도 없고 그의 말을 듣지도 않겠지만, 그가 내 땅에서 배를 곯게 하는 것은 나의 수치이다'라고 하면서 구제한다면, 이 역시 받아들일 수는 있으나, 죽음을 면하는 것일 뿐입니다."

○ 관직에 나가는 동기가 세 가지이니, 선비의 주장을 정치에 반영하는 경우, 선비의 주장을 정치에 반영하지는 않지만 선비를 예우하는 경우, 선비를 예우하지는 않지만 선비의 생계를 해결해 주려는 경우가 있다는 말이다.

陳子曰:"古之君子何如則仕?"
진자왈 고지군자하여즉사

孟子曰:“所就三, 所去三. 迎之致敬以有禮; 言, 將行其言也,
맹자왈 소취삼 소거삼 영지치경이유례 언 장행기언야

則就之. 禮貌未衰, 言弗行也, 則去之. 其次, 雖未行其言也, 迎之致敬以有禮,
즉취지 례모미쇠 언불행야 즉거지 기차 수미행기언야 영지치경이유례

則就之, 禮貌衰, 則去之. 其下, 朝不食, 夕不食, 飢餓不能出門戶, 君聞之,
즉취지 례모쇠 즉거지 기하 조불식 석불식 기아불능출문호 군문지

曰, ‘吾大者不能行其道, 又不能從其言也, 使飢餓於我土地, 吾恥之.’ 周之,
왈 오대자불능행기도 우불능종기언야 사기아어아토지 오치지 주지

亦可受也, 免死而已矣.”
역가수야 면사이이의

11

맹자가 말했다.

"순은 밭두렁 사이에서 발탁되었고, 부열傅說은 성벽 쌓는 작업 도중 기용되었고, 교격은 어염魚鹽 작업 도중 기용되었고, 관이오管夷吾는 감옥에 갇혀 있다가 기용되었고, 손숙오孫叔敖는 바닷가에서 기용되었고, 백리해는 인신매매 시장에서 기용되었다.

그러므로 하늘이 장차 어떤 사람에게 중대한 임무를 맡기려고 하면, 반드시 먼저 그의 마음을 고뇌하게 하고, 그의 근골을 피곤하게 하고, 그의 위장을 굶주리게 하고, 그의 신체를 곤경에 처하게 하고, 그의 행위 하나하나가 뜻대로 되지 못하게 한다. 이렇게 그의 마음을 움직이고 참을성을 키워서, 그가 할 수 없었던 것들을 할 수 있게 한다.

사람은 항상 과오가 있고 나서야 바르게 고칠 수 있고, 마음이 고통스럽고 생각이 막혀야 분발해서 창조할 수 있으며, 낯빛으로 드러내고 말로 토해 내야 사람들이 이해할 수 있다. 안으로는 본받을 만한 신하나 인물이 없고, 밖으로는 적국과 외환이 없으면, 그 나라는 늘 망한다. 그러고 나서야 우환 속에서 오히려 살아나고 안락 속에서 오히려 죽어 가는 것을 알게 된다."

○ 순, 부열, 교격, 관이오, 손숙오, 백리해 등은 모두 갖은 고생을 하던 중 발탁된 사람들이다. 이들을 통해 보면, 하늘이 장차 누구에게 큰일을 맡기려고 하면 먼저 그 사람에게 큰 시련을 주어 더

욱 굳세게 견디게 한다는 말이다.

《사기史記》의 〈은본기殷本紀〉 기록에 따르면, 무정이 밤에 잠을 자다가 꿈속에서 성인을 만났는데, 이름이 열이라고 했다. 꿈속에서 본 얼굴을 백관 중에서 찾았으나 모두 아니었다. 이에 성 밖까지 가서 여기저기 찾아보게 하여, 부험傅險에서 열을 찾았다. 이 때 열은 형벌로 부험에서 성벽을 쌓다가 무정에게 발견된 것이다.

孟子曰:"舜發於畎畝之中, 傅說擧於版築之間, 膠鬲擧於魚鹽之中,
맹자왈 순발어견무지중 부열거어판축지간 교역거어어염지중

管夷吾擧於士, 孫叔敖擧於海, 百里奚擧於市. 故天將降大任於是人也,
관이오거어사 손숙오거어해 백리해거어시 고천장강대임어시인야

必先苦其心志, 勞其筋骨, 餓其體膚, 空乏其身, 行拂亂其所爲,
필선고기심지 로기근골 아기체부 공핍기신 행불란기소위

所以動心忍性, 曾益其所不能. 人恒過, 然後能改; 困於心, 衡於慮, 而後作;
소이동심인성 증익기소불능 인항과 연후능개 곤어심 형어려 이후작

徵於色, 發於聲, 而後喩. 入則無法家拂士, 出則無敵國外患者, 國恒亡.
징어색 발어성 이후유 입즉무법가불사 출즉무적국외환자 국항망

然後知生於憂患而死於安樂也."
연후지생어우환이사어안락야

12

맹자가 말했다.

"가르치는 것에도 많은 방식이 있다. 내가 가르치는 것을 달가워하지 않는 것 역시 가르침의 일종이다."

○ 상대방을 별로 가르치고 싶지 않은 눈치를 보여서 상대방이 분발하게 하는 것을 불설지교회不屑之教誨라고 한다. 분발해서 공부하면 무엇보다 높은 효과를 거두게 된다. 따라서 이것도 가르치는 방법의 하나라는 말이다.

孟子曰:"教亦多術矣, 予不屑之教誨也者, 是亦教誨之而已矣."
맹자왈 교역다술의 여불설지교회야자 시역교회지이이의

제13편

진심 상

(盡心)

01

맹자가 말했다.

"선량한 본심을 확장하면 본성을 이해할 수 있다. 본성을 이해하면 천명을 이해할 수 있다. 본심을 보존하고 본성을 배양하는 것이 바로 천명을 대하는 방법이다. 단명하든 장수하든 다를 것 없으니, 오직 심신을 수양하고 기다리는 것이 천명을 이루는 길이다."

○ 사람은 누구나 인격을 완성할 가능성을 타고났다는 것이 맹자의 입장이다. 그래서 타고난 본심을 보존하고 확충하는 것이 사람의 길이다.

孟子曰: "盡其心者, 知其性也. 知其性, 則知天矣. 存其心, 養其性,
맹자왈 진기심자 지기성야 지기성 즉지천의 존기심 양기성

所以事天也. 殀壽不貳, 修身以俟之, 所以立命也."
소이사천야 요수불이 수신이사지 소이립명야

02

맹자가 말했다.

"천명 아닌 것이 없다. 바른 천명을 순리로 받아들인다. 그러므로 천명을 이해하는 사람은 무너질 위험이 있는 담장 아래 서지 않는다. 힘을 다해 도를 행하고 죽는 사람이 받는 것이 바른 천명이요, 질곡에 갇혀서 죽는 사람이 받는 것은 바른 천명이 아니다."

○ 어떤 것에 갇히거나 얽매여서 살지 않고 천명을 이해하고 도를 행하는 삶을 살아야 한다.

孟子曰: "莫非命也, 順受其正; 是故知命者不立乎巖墻之下. 盡其道而死者,
맹자왈 막비명야 순수기정 시고지명자불립호암장지하 진기도이사자

正命也; 桎梏死者, 非正命也."
정명야 질곡사자 비정명야

03

맹자가 말했다.

"찾으면 얻고 버리면 잃는다면, 이러한 추구는 얻는 것에 유익하다. 찾는 것이 내게 있기 때문이다. 찾는 것에 방법이 있고 얻는 것에 운명이 있다면, 이러한 추구는 얻는 것에 무익하다. 찾는 것이 밖에 있기 때문이다."

○ 아무리 추구해도 얻는 지 여부가 내게 달린 게 아니라면 추구하는 것이 무익하다는 말이다.

孟子曰:"求則得之, 舍則失之, 是求有益於得也, 求在我者也. 求之有道,
맹자왈 구즉득지 사즉실지 시구유익어득야 구재아자야 구지유도

得之有命, 是求無益於得也, 求在外者也."
득지유명 시구무익어득야 구재외자야

04

맹자가 말했다.

"만물이 모두 내게 갖추어져 있다. 자신을 돌아보아서 성실하다면 이보다 큰 즐거움이 없다. 충서의 도를 힘써 행하면 인仁을 찾으려고 할 때 이보다 가까운 길이 없다."

○ 내게 모든 것이 갖추어져 있으니 밖에서 구하려고 하지 말라는 말이다.

孟子曰:"萬物皆備於我矣. 反身而誠, 樂莫大焉. 强恕而行, 求仁莫近焉."
맹자왈 만물개비어아의 반신이성 락막대언 강서이행 구인막근언

05

맹자가 말했다.

"사람은 수치가 없을 수 없다. 수치가 없는 수치야말로 정말 수치를 모르는 것이다."

○ 사람은 수치가 없을 수 없으니, 수치가 없다고 자만하면 수치를 모르는 것이라는 말이다.

孟子曰:"人不可以無恥, 無恥之恥, 無恥矣."
맹자왈 인불가이무치 무치지치 무치의

06

맹자가 말했다.

"수치는 사람에게 중대하다. 기발한 지모로 일을 교묘하게 꾸미는 사람은 수치를 쓸 곳이 없다. 다른 사람만 못함을 수치로 여기지 않으면, 어떻게 다른 사람을 따라갈 수 있겠느냐?"

○ 다른 사람만 못함을 수치로 여겨서 그와 같을 것을 추구해야 한다는 말이다.

孟子曰:"恥之於人大矣, 爲機變之巧者, 無所用恥焉. 不恥不若人,
맹자왈 치지어인대의 위기변지교자 무소용치언 불치불약인

何若人有?"
하약인유

07

맹자가 말했다.

"옛날 현명한 왕은 선善을 좋아하고 자기 권세를 잊었다. 옛날 현명한 인물 또한 어찌 그렇지 않았겠는가! 자기 길을 가는 것을 즐거워하고 다른 사람의 권세를 잊었기 때문에 왕과 귀족이더라도 공경과 예의를 극진히 갖추지 않으면 현명한 인물을 자주 만날 수 없었다. 만나는 것조차 자주 할 수 없었는데, 하물며 신하로 삼을 수 있었겠느냐?"

○ 현명한 인재를 영입하려면 왕과 귀족들은 자기의 지위와 권세를 잊고 공경과 예의를 갖추어 인재를 소중히 여긴다는 것을 보여 주어야 한다는 말이다.

孟子曰: "古之賢王好善而忘勢; 古之賢士何獨不然? 樂其道而忘人之勢,
맹자왈 고지현왕호선이망세 고지현사하독불연 락기도이망인지세

故王公不致敬盡禮, 則不得亟見之. 見且猶不得亟, 而況得而臣之乎?"
고왕공불치경진례 즉부득극견지 견차유부득극 이황득이신지호

08

맹자가 송구천宋勾踐에게 말했다.

“귀하는 각국 군주에게 유세하는 것을 좋아하십니까? 제가 귀하에게 유세에 대하여 말해 보겠습니다. 남이 나를 이해해도 스스로 즐거워하고, 남이 나를 이해하지 않아도 스스로 즐거워하는 것입니다.”

송구천이 말했다.

“어떻게 해야 스스로 즐거워할 수 있습니까?”

맹자가 대답했다.

“덕을 숭상하고 의를 좋아하면, 스스로 즐거워할 수 있습니다. 그러므로 선비는 곤궁할 때 의를 잃어버리지 않고, 뜻을 얻었을 때 도를 떠나지 않습니다. 곤궁할 때 의를 잃어버리지 않으므로 스스로 즐거워하고, 뜻을 얻었을 때 도를 떠나지 않으므로 백성이 실망하지 않습니다. 옛날 사람들은 뜻을 얻으면 백성에게 혜택을 베풀고, 뜻을 얻지 못하면 개인의 품덕을 수양함으로써 세상 사람들에게 드러났습니다. 곤궁하면 독선기신獨善其身했고, 영달하면 겸선천하兼善天下했습니다.”

○ 송구천이 어떤 사람인지는 알 수 없다. 세상에 나오지 않을 때는 독선기신 하고 세상에 나와서 영달하면 겸선천하 하는 것이 선비의 자세라고 했다.

孟子謂宋勾踐曰: 子好遊乎? 吾語子遊. 人知之, 亦囂囂; 人不知, 亦囂囂.”
맹자위송구천왈 자호유호 오어자유 인지지 역효효 인부지 역효효

曰:"何如斯可以囂囂矣?"
왈 하여사가이효효의

曰:"尊德樂義, 則可以囂囂矣. 故士窮不失義, 達不離道. 窮不失義,
왈 존덕락의 즉가이효효의 고사궁불실의 달불리도 궁불실의

故士得己焉; 達不離道, 故民不失望焉. 古之人, 得志, 澤加於民; 不得志,
고사득기언 달불리도 고민불실망언 고지인 득지 택가어민 부득지

修身見於世. 窮則獨善其身, 達則兼善天下."
수신견어세 궁즉독선기신 달즉겸선천하

09

맹자가 말했다.

"한韓·위魏 두 대부의 재산과 부귀를 주더라도 담담히 여긴다면 일반 사람을 훨씬 뛰어넘는 것이다."

○ 원문에서 '한위지가韓魏之家'라고 한 것을 보면 춘추시대 진나라 대부로서의 한·위를 말한 것으로 보인다. 진나라가 한·위·조 세 나라로 분리 독립하면서 전국시대가 시작되었다.

孟子曰:"附之以韓魏之家, 如其自視欿然, 則過人遠矣."
맹자왈 부지이한위지가 여기자시감연 즉과인원의

10

맹자가 말했다.

"백성의 편안함을 추구한다는 원칙하에 백성을 부리면, 비록 고생스러워도 원망하지 않는다. 백성을 살리려는 원칙하에 사람을 죽이면, 비록 죽음을 당할지라도 죽이는 사람을 원망하지 않는다."

○ 형벌을 가하는 것은 형벌이 없게 하기 위함이고, 죽임으로써 죽임을 멈춘다는 말과 같다.

孟子曰:"以佚道使民, 雖勞不怨. 以生道殺民, 雖死不怨殺者."
맹자왈 이일도사민 수로불원 이생도살민 수사불원살자

11

맹자가 말했다.

"패도 정치를 하는 군주의 백성은 희희낙락하며, 왕도 정치를 하는 군주의 백성은 유유자적하다. 죄인을 죽여도 원망하지 않고, 이익을 얻어도 대가로 받아들이지 않고, 백성이 매일 좋은 쪽으로 발전해도 누구의 공인지 모른다.

성인이 지나간 곳이면 사람들이 감화를 받고, 머무른 곳에서 보이는 작용은 더욱 신비하여서, 위로는 하늘과 아래로는 땅과 함께 운행하니, 어찌 사소한 도움이라고 할 수 있겠느냐?"

○ 성인의 감화는 미치지 않는 곳이 없다는 말이다.

孟子曰:"覇者之民驩虞如也, 王者之民皞皞如也. 殺之而不怨, 利之而不庸,
맹자왈 패자지민환우여야 왕자지민호호여야 살지이불원 리지이불용

民日遷善而不知爲之者. 夫君子所過者化, 所存者神, 上下與天地同流,
민일천선이부지위지자 부군자소과자화 소존자신 상하여천지동류

豈曰小補之哉?"
기왈소보지재

12

맹자가 말했다.

"어진 덕의 언어는 어진 음악만큼 사람의 마음에 깊이 파고들지 못하고, 좋은 정치는 좋은 교육만큼 민심을 얻지 못한다. 좋은 정치는 백성이 두려워하고, 좋은 교육은 백성이 사랑한다. 좋은 정치는 백성의 재부를 얻고, 좋은 교육은 백성의 마음을 얻는다."

○ 말보다 음악이 사람의 마음에 더 파고들고, 정치로 재단하는 것보다 교육으로 감화하는 것이 백성의 마음을 얻게 된다는 말이다.

孟子曰:"仁言不如仁聲之入人深也, 善政不如善教之得民也. 善政, 民畏之;
맹자왈 인언불여인성지입인심야 선정불여선교지득민야 선정 민외지

善教, 民愛之. 善政得民財, 善教得民心."
선교 민애지 선정득민재 선교득민심

13

맹자가 말했다.

"사람이 배우지 않고도 할 수 있는 것이 양능良能이요, 생각하지 않고도 알 수 있는 것이 양지良知이다. 두세 살 아이는 부모를 사랑하지 않는 아이가 없고, 자라서는 윗사람을 공경할 줄 모르는 경우가 없다. 부모를 친애하는 것이 인仁이요, 형장兄長을 공경하는 것이 의義이다. 다른 원인이 있는 것이 아니라, 인과 의는 천하에 두루 통하기 때문이다."

○ 양능은 배우지 않고도 갖게 되는 능력이고, 양지는 익히지 않고도 갖게 되는 지혜이다. 맹자는 양능과 양지를 잘 보존하고 발현할 것을 주장했다.

孟子曰:"人之所不學而能者, 其良能也; 所不慮而知者, 其良知也.
맹자왈 인지소불학이능자 기양능야 소불려이지자 기양지야

孩提之童無不知愛其親者, 及其長也, 無不知敬其兄也. 親親, 仁也; 敬長,
해제지동무불지애기친자 급기장야 무불지경기형야 친친 인야 경장

義也; 無他, 達之天下也."
의야 무타 달지천하야

14

맹자가 말했다.

"순이 깊은 산속에서 살 때, 집에는 오직 나무와 돌만 있었고 밖에 나가면 오직 사슴과 돼지만 있어서, 깊은 산 속의 야인과 다른 점이 거의 없었다. 일단 좋은 말 한마디 듣고 좋은 행실 한 가지 보기에 이르자, 마치 장강과 황하의 물길을 튼 것처럼 콸콸 흘러 막을 수 없었다."

○ 순이 산속에서 살 때는 야인과 다를 바 없었지만, 좋은 말을 듣고 좋은 행실을 보게 되자 장강과 황하의 물꼬가 트인 것처럼 막을 수 없는 기세로 도덕을 갖추었다는 말이다.

孟子曰:"舜之居深山之中, 與木石居, 與鹿豕遊,
맹자왈 순지거심산지중 여목석거 여록시유

其所以異於深山之野人者幾希; 及其聞一善言, 見一善行, 若決江河,
기소이이어심산지야인자기희 급기문일선언 견일선행 약결강하

沛然莫之能禦也."
패연막지능어야

15

맹자가 말했다.

"하지 않을 일을 하지 않고, 원하지 않는 것을 원하지 않고, 그러면 될 따름이다."

○ 하면 안 되는 일은 하지 않고, 원하지 않는 일은 원하지 않으면 된다는 말이다.

孟子曰: "無爲其所不爲, 無欲其所不欲, 如此而已矣."
맹자왈 무위기소불위 무욕기소불욕 여차이이의

16

맹자가 말했다.

"사람이 도덕, 지혜, 기술, 지식이 있는 것은 항상 재난과 근심이 있기 때문이었다. 오직 고립된 신하, 서얼의 자식만이 항상 경각심을 가지고 두려워하고 환난을 고려하는 것이 깊다. 그래서 사리에 통달한다."

○ 재난과 근심을 겪음으로써 고난을 극복하고 사리에 통달하는 자신을 발견하게 된다.

孟子曰:"人之有德慧術知者, 恒存乎疢疾. 獨孤臣孽子, 其操心也危,
맹자왈 인지유덕혜술지자 항존호진질 독고신얼자 기조심야위

其慮患也深, 故達."
기려환야심 고달

17

맹자가 말했다.

"군주를 섬기는 사람이 있으니, 그 군주를 섬기면서 오직 군주가 좋아하는 것만 맞추는 사람이요, 사직을 안정시키는 신하가 있으니, 사직을 안정시키는 것을 기쁨으로 삼는 사람이요, 하늘의 백성이 있으니, 영달하여 도를 천하에 행할 수 있고 나서 실행하는 사람이요, 대인大人이 있으니, 자기를 바르게 하여 사물이 바르게 되는 사람이다."

○ 자기를 바르게 하여 사물이 바르게 되는 사람을 대인이라고 했다.

孟子曰: "有事君人者, 事是君則爲容悅者也; 有安社稷臣者,
맹자왈 유사군인자 사시군즉위용열자야 유안사직신자

以安社稷爲悅者也; 有天民者, 達可行於天下而後行之者也; 有大人者,
이안사직위열자야 유천민자 달가행어천하이후행지자야 유대인자

正己而物正者也."
정기이물정자야

18

맹자가 말했다.

"군자에게는 세 가지 즐거움이 있다. 그러나 천하의 왕 노릇하는 것은 포함되어 있지 않다. 부모 모두 건강하고 형제가 탈 없는 것이 첫 번째 즐거움이요, 고개 들어 하늘에 부끄러움이 없고 고개 숙여 사람에게 부끄러움이 없는 것이 두 번째 즐거움이요, 천하의 영재를 만나 가르치는 것이 세 번째 즐거움이다. 군자에게는 세 가지 즐거움이 있다. 그러나 천하의 왕 노릇하는 것은 포함되어 있지 않다."

○ 천하의 왕 노릇하는 것은 군자의 세 가지 즐거움에 포함되지 않는다는 말을 두 번 하여 강조했다.

孟子曰:"君子有三樂, 而王天下不與存焉. 父母俱存, 兄弟無故,
맹자왈 군자유삼락 이왕천하불여존언 부모구존 형제무고

一樂也; 仰不愧於天, 俯不怍於人, 二樂也; 得天下英才而教育之, 三樂也.
일락야 앙불괴어천 부부작어인 이락야 득천하영재이교육지 삼락야

君子有三樂, 而王天下不與存焉."
군자유삼락 이왕천하불여존언

19

맹자가 말했다.

"넓은 영토 많은 백성을 가지는 것은 군자가 바라는 것이다. 그러나 즐거움은 그 속에 있지 않다. 천하의 중앙에 서서 사해의 백성을 안정시키는 것을 군자는 즐거워한다. 그러나 본성은 그 속에 있지 않다. 군자의 본성은 그의 이상이 천하에 두루 통해도 이로 인해 더해지지 않고, 곤궁하게 은거해도 이로 인해 감소되지 않으니, 본분이 이미 정해졌기 때문이다.

군자의 본성은 인의예지가 마음속에 뿌리내려, 피어나는 신색이 순수하고 조화롭고 따스하고 윤기가 있어, 그것이 얼굴에 드러나고 어깨 등에 비추어져 사지에 이르니, 사지의 동작은 말이 필요 없다."

○ 인의예지가 뿌리내리면 신색과 얼굴도 따스하고 윤기 있게 변한다는 말이다.

孟子曰:"廣土衆民, 君子欲之, 所樂不存焉; 中天下而立, 定四海之民,
맹자왈 광토중민 군자욕지 소락부존언 중천하이립 정사해지민

君子樂之, 所性不存焉. 君子所性, 雖大行不加焉, 雖窮居不損焉, 分定故也.
군자락지 소성부존언 군자소성 수대행불가언 수궁거불손언 분정고야

君子所性, 仁義禮智根於心, 其生色也睟然, 見於面, 盎於背, 施於四體,
군자소성 인의례지근어심 기생색야수연 견어면 앙어배 시어사체

四體不言而喩."
사체불언이유

20

맹자가 말했다.

"밭 갈고 씨 뿌리는 것을 잘하고 세금 징수를 경감해 주면, 백성을 풍족하게 할 수 있다. 때에 맞춰 먹고 예에 따라 소비하면, 재물을 이루 다 쓸 수 없을 것이다. 백성은 물과 불이 없으면 생존할 수 없다. 황혼 무렵 남의 집 문을 두드려 물과 불을 구하러 왔다고 하면, 주지 않는 경우가 없으니, 왜 그럴까? 물과 불은 아주 많기 때문이다. 성인이 천하를 다스리면 양식이 마치 물과 불처럼 풍족하게 한다. 양식이 물과 불처럼 많은데, 어질지 않은 백성이 어디 있겠느냐?"

○ 백성이 어질기를 바란다면 농사지을 시기를 빼앗지 말고, 세금을 과하게 징수하지 말아서 풍족하게 해주어야 한다는 말이다.

孟子曰:"易其田疇, 薄其稅斂, 民可使富也. 食之以時, 用之以禮,
맹자왈 이기전주 박기세렴 민가사부야 식지이시 용지이례

財不可勝用也. 民非水火不生活, 昏暮叩人之門戶求水火, 無弗與者, 至足矣.
재불가승용야 민비수화불생활 혼모고인지문호구수화 무불여자 지족의

聖人治天下, 使有菽粟如水火. 菽粟如水火, 而民焉有不仁者乎?"
성인치천하 사유숙속여수화 숙속여수화 이민언유불인자호

21

맹자가 말했다.

"공자는 동산東山에 올라가 노나라가 작다는 것을 느꼈고, 태산泰山에 올라가 천하가 작다는 것을 느꼈다. 그러므로 드넓은 바다를 본 적 있는 사람은 다른 물을 인정하기 어려우며, 성인의 문하에서 공부한 적이 있는 사람은 다른 말을 인정하기 어렵다. 물을 보는 것에 방법이 있으니, 반드시 그 장활한 물결을 보아야 한다. 해와 달은 모두 빛이 있어서 조그만 틈이라도 반드시 비춘다. 흐르는 물은 움푹한 곳을 채우지 않고는 앞으로 흐르지 않는다. 군자가 도에 뜻을 두면, 일정한 성취가 없으면 통달할 수 없다."

○ 동산에 올라가서야 노나라가 작다는 것을 느끼듯, 태산에 올라가서야 천하가 작다는 것을 느끼듯, 바다를 보아야 냇물이 작다는 것을 느끼듯, 성인의 도를 접하고서야 성인의 도가 위대하다는 것을 깨닫게 된다는 말이다.

孟子曰:"孔子登東山而小魯, 登太山而小天下, 故觀於海者難爲水,
맹자왈 공자등동산이소로 등태산이소천하 고관어해자난위수

遊於聖人之門者難爲言. 觀水有術, 必觀其瀾. 日月有明, 容光必照焉.
유어성인지문자난위언 관수유술 필관기란 일월유명 용광필조언

流水之爲物也, 不盈科不行; 君子之志於道也, 不成章不達."
류수지위물야 불영과불행 군자지지어도야 불성장부달

22

맹자가 말했다.

"닭이 울면 일어나 열심히 선을 행하는 사람은 순과 같은 부류이다. 닭이 울면 일어나 열심히 이익을 추구하는 사람은 척蹠과 같은 부류이다. 순과 척의 구분을 알려면 다른 것이 없으니 이利를 추구하느냐 선善을 추구하느냐 다를 뿐이다."

○ 천하의 성인 순도 천하의 도적 척도 열심히 추구하는 것은 마찬가지다. 무엇을 추구하느냐가 문제인 것이다.

孟子曰: "雞鳴而起, 孳孳爲善者, 舜之徒也; 雞鳴而起, 孳孳爲利者, 蹠之徒也.
맹자왈 계명이기 자자위선자 순지도야 계명이기 자자위리자 척지도야

欲知舜與蹠之分, 無他, 利與善之間也.
욕지순여척지분 무타 리여선지간야

23

맹자가 말했다.

"양자楊子는 위아爲我 학설을 주장하여, 솜털 하나를 뽑으면 천하에 이로움이 있다 해도, 하려고 하지 않았다. 묵자墨子는 겸애兼愛 학설을 주장하여, 머리가 다 빠지도록 갈고, 걸어서 다리가 망가져도, 오직 천하에 이로움만 있다면 무엇이든 했다. 자막子莫은 중도中道를 취했다. 중도를 취하면 거의 된 것이다. 그러나 중도를 취해도 만약 융통성이 없으면, 변통을 모르고 한 가지에 집착하게 된다. 한 가지에 집착하는 것을 싫어하는 것은 인의의 길에 해를 끼치기 때문이요, 오직 한 가지만 잡고 나머지는 폐기하기 때문이다."

○ 양자의 위아주의와 묵자의 겸애주의는 모두 극단으로 나갔기 때문에 맹자는 이를 반대했으며, 중도와 융통을 취할 것을 주장했다.

孟子曰: "楊子取爲我, 拔一毛利而天下, 不爲也. 墨子兼愛, 摩頂放踵利天下,
맹자왈 양자취위아 발일모리이천하 불위야 묵자겸애 마정방종리천하

爲之. 子莫執中. 執中爲近之. 執中無權, 猶執一也. 所惡執一者, 爲其賊道也,
위지 자막집중 집중위근지 집중무권 유집일야 소오집일자 위기적도야

擧一而廢百也."
거일이폐백야

24

맹자가 말했다.

"배고픈 사람은 어떤 음식이라도 맛있다고 느끼고, 목마른 사람은 어떤 음료수라도 달다고 느낀다. 이들이 음료수와 음식의 정상적인 맛을 알 수 없는 것은 배고픔과 목마름의 해를 입었기 때문이다. 단지 입과 혀와 배에만 배고프고 목마른 해가 있겠느냐? 사람의 마음에도 이런 해가 있다. 만약 사람들이 배고픔과 목마름의 해로 인해 마음의 해까지 파급되지 않는다면 남에 미치지 못하는 것이 걱정거리가 되지 않는다."

○ 배고픔과 목마름에 시달려서 마음이 쉽게 기울지 않을 수 있다면 성인의 경지에 도달하지 못한다고 걱정할 필요가 없다는 말이다.

孟子曰:"飢者甘食, 渴者甘飮, 是未得飮食之正也, 飢渴害之也.
맹자왈 기자감식 갈자감음 시미득음식지정야 기갈해지야

豈惟口腹有飢渴之害? 人心亦皆有害. 人能無以飢渴之害爲心害,
기유구복유기갈지해 인심역개유해 인능무이기갈지해위심해

則不及人不爲憂矣."
즉불급인불위우의

25

맹자가 말했다.

"어떤 일을 하는 것은 비유하자면 우물을 파는 것과 같다. 예닐곱 장丈 깊이까지 파도 샘물이 보이지 않으면, 이는 폐정廢井이다."

○ 예닐곱 장을 파도 우물이 나오지 않으면 폐정이란 것을 알아야 한다는 말이다.

孟子曰:"有爲者辟若掘井, 掘井九軔而不及泉, 猶爲棄井也."
맹자왈 유위자비약굴정 굴정구인이불급천 유위기정야

26

맹자가 말했다.

"요순이 인의를 실행한 것은 본성에 의하여 자연스러움을 따른 것이요, 탕왕과 무왕은 몸소 체험하고 노력하여 행했으며, 오패는 빌어다가 쓴 것이다. 오랫동안 빌어다가 쓰고 끝내 돌려주지 않았으니, 그들이 원래 가졌던 것이 아님을 어떻게 알겠는가?"

○ 오패는 힘으로 인을 가장했다고 맹자는 평가했다. 세상의 질서를 잡기는 했지만 무력을 동원했기 때문이다.

孟子曰: "堯舜, 性之也; 湯武, 身之也; 五覇, 假之也. 久假而不歸,
맹자왈 요순 성지야 탕무 신지야 오패 가지야 구가이불귀

惡知其非有也."
오지기비유야

27

공손추가 말했다.

"이윤은 '내가 불순한 사람과 가까이하기를 원하지 않아서 태갑을 동읍桐邑으로 쫓아내니, 백성이 크게 기뻐했다. 태갑이 현명해져서 다시 왕위를 회복하게 하니, 백성이 크게 기뻐했다'라고 했습니다. 현인이 신하가 되어, 군왕이 현명하지 않으면, 원래 쫓아내도 되는 것입니까?"

맹자가 말했다.

"이윤과 같은 마음이 있으면 괜찮지만, 이윤과 같은 마음이 없으면 찬탈이다."

○ 이윤이 현명하지 않은 왕을 쫓아냈던 것은 오직 백성을 위하는 마음에서였다는 말이다.

公孫丑曰: "伊尹曰: '予不狎于不順, 放太甲于桐, 民大悅. 太甲賢, 又反之,
공손추왈 이윤왈 여불압우불순 방태갑우동 민대열 태갑현 우반지

民大悅.' 賢者之爲人臣也, 其君不賢, 則固可放與?"
민대열 현자지위인신야 기군불현 즉고가방여

孟子曰: "有伊尹之志, 則可; 無伊尹之志, 則簒也."
맹자왈 유이윤지지 즉가 무이윤지지 즉찬야

28

공손추가 말했다.

"《시경》에서 '공밥을 먹지 않네'라고 했습니다. 그런데 군자는 농사도 짓지 않으면서 밥을 먹습니다. 왜입니까?"

맹자가 대답했다.

"나라에 군자가 있어서, 군왕이 군자를 등용하면, 평안하고, 풍요롭고, 존귀하고, 명예로울 것이요, 소년 자제가 그를 믿고 따를 것이요, 부모에 효도하고 윗사람을 공경하고 마음을 정성되게 하여 신의를 지킬 것이다. '공밥을 먹지 않는 것'에 이보다 더 한 것이 있단 말이냐?"

○ 군자가 등용되면 나라가 평화롭고 백성이 풍요롭게 되니, 군자는 공밥을 먹는 것이 아니란 말이다.

公孫丑曰: "詩曰: '不素餐兮'. 君子之不耕而食何也?"
공손추왈 시왈 불소찬혜 군자지불경이식하야

孟子曰: "君子居是國也, 其君用之, 則安富尊榮; 其子弟從之, 則孝悌忠信.
맹자왈 군자거시국야 기군용지 즉안부존영 기자제종지 즉효제충신

'不素籑兮', 孰大於是?"
불소찬혜 숙대어시

29

왕자점王子墊이 물었다.

"선비[士]는 무슨 일을 합니까?"

맹자가 대답했다.

"선비는 자기 의지를 고상하게 합니다."

왕자점이 물었다.

"어떻게 해야 자기 의지를 고상하게 할 수 있습니까?"

맹자가 대답했다.

"인仁과 의義를 행하는 것뿐입니다. 죄 없는 사람을 하나라도 죽이는 것은 인이 아닙니다. 자기 것이 아닌데 가지는 것은 의가 아닙니다. 거주할 곳이 어디 있습니까? 바로 인입니다. 가야 할 길이 어디 있습니까? 바로 의입니다. 인에 거주하고 의를 따르면, 대인이 되는 것은 다 갖추어진 것입니다."

○ 인을 집으로 삼고 의를 길로 삼아서 거주하고 따라가야 한다는 말이다.

王子墊問曰: "士何事?"
왕자점문왈 사하사

孟子曰: "尙志."
맹자왈 상지

曰: "何謂尙志?"
왈 하위상지

曰: "仁義而已矣. 殺一無罪非仁也, 非其有而取之非義也. 居惡在? 仁是也;
왈 인의이이의 살일무죄비인야 비기유이취지비의야 거오재 인시야

路惡在? 義是也. 居仁由義, 大人之事備矣."
로오재 의시야 거인유의 대인지사비의

30

맹자가 말했다.

"불합리하게 제나라를 주면 진중자는 받지 않을 것이라고 하면 사람들이 모두 믿을 것이다. 이것은 한 그릇의 밥과 한 사발의 국을 사양한 의義일 뿐이다. 사람의 잘못은 친척과 군신의 상하를 무시한 것보다 더 큰 것이 없다. 그가 작은 의리를 지키는 것을 보고 그가 큰 의리가 있다고 믿다니, 어찌 그럴 수 있느냐?"

○ 《등문공 하》에 진중자 이야기가 나온다. 실제로 진중자에게 제나라를 준 것은 아니고, 여기서는 가정하여 한 말이다.

孟子曰:"仲子, 不義與之齊國而弗受, 人皆信之, 是舍簞食豆羹之義也.
맹자왈 중자 불의여지제국이불수 인개신지 시사단사두갱지의야

人莫大焉亡親戚君臣上下. 以其小者信其大者, 奚可哉?"
인막대언망친척군신상하 이기소자신기대자 해가재

31

도응桃應이 물었다.

"순이 천자가 되고, 고요가 법관이 되었는데, 만약 고수가 사람을 죽였으면, 어떻게 해야 합니까?"

맹자가 대답했다.

"체포한다."

도응이 물었다.

"그러면 순이 못하게 하지 않겠습니까?"

맹자가 대답했다.

"순이 어떻게 못하게 할 수 있겠느냐? 받아들여야 하리라."

도응이 물었다.

"그러면 순은 어떻게 해야 합니까?"

맹자가 대답했다.

"순은 천자의 지위를 버리는 것을 헌신짝 버리는 것처럼 보았다. 몰래 아버지를 등에 업고 도망하여, 바닷가를 따라가 자리를 잡고 종신토록 즐겁게 살면서, 즐거워하면서 세상사는 모두 잊을 것이다."

○ 고수가 살인을 저질렀다면 순은 신하 고요가 부친을 잡아들이는 것을 막지는 않겠지만, 몰래 아버지를 등에 업고 도망하여 숨어서 살 것이라는 말이다.

桃應問曰: "舜爲天子, 皐陶爲士, 瞽瞍殺人, 則如之何?"
도응문왈 순위천자 고요위사 고수살인 즉여지하

孟子曰:“執之而已矣.”
맹자왈 집지이이의

“然則舜不禁與?”
연즉순불금여

曰:“夫舜惡得而禁之? 夫有所受之也.”
왈 부순오득이금지 부유소수지야

“然則舜如之何?”
연즉순여지하

曰:“舜視棄天下猶棄敝蹝也. 竊負而逃, 遵海濱而處, 終身訢然, 樂而忘天下.”
왈 순시기천하유기폐사야 절부이도 준해빈이처 종신흔연 락이망천하

32

맹자가 범읍范邑에서 제나라 수도에 갔다. 멀리 제나라 왕의 아들을 보고 탄식하며 말했다.

"환경이 기질을 바꾸고, 양생이 체질을 바꾸니, 환경은 정말 중요하구나! 모두 사람의 아들이 아니더냐!"

또 말했다. "왕자의 거처, 거마, 복장이 대부분 다른 사람과 같다. 그런데 왕자는 왜 저렇게 늠름할까? 바로 거주하는 환경이 그렇게 만드는 것이다. 하물며 천하에서 가장 넓은 거처인 '인仁'을 자기가 살아야 할 곳으로 삼은 사람은 어떠하겠는가! 노나라 군주가 송나라에 가서 송나라 동남쪽 성문 아래에서 소리치자, 문지기가 '이분은 우리 왕이 아닌데, 어쩌면 이렇게 목소리가 우리 왕과 비슷할까?'라고 말했다고 한다. 이는 다른 까닭이 없으니, 살아온 환경이 서로 비슷하기 때문이다."

○ 사람의 외모와 기질이 환경의 영향을 받으니, '인'을 자기가 살아야 할 곳으로 삼아야 한다는 말이다.

孟子自范之齊, 望見齊王之子, 喟然嘆曰: "居移氣, 養移體, 大哉居乎!
맹자자범지제 망견제왕지자 위연탄왈 거이기 양이체 대재거호

夫非盡人之子與?"
부비진인지자여

孟子曰: "王子宮室·車馬·衣服多與人同, 而王子若彼者, 其居使之然也;
맹자왈 왕자궁실 거마 의복다여인동 이왕자약피자 기거사지연야

況居天下之廣居者乎? 魯君之宋, 呼於垤澤之門. 守者曰: '此非吾君也,
황거천하지광거자호 로군지송 호어질택지문 수자왈 차비오군야

何其聲之似我君也?' 此無他, 居相似也."
하기성지사아군야 차무타 거상사야

33

맹자가 말했다.

"먹여 살리되 사랑하지 않으면 돼지를 기르는 것과 같고, 사랑하되 공경하지 않으면 개나 말을 키우는 것과 같다. 공경하는 마음은 예물을 보내기 전에 갖추어야 하는 것이다. 단지 공경의 형식만 있고 공경의 실질이 없다면, 군자는 이런 허위와 가식의 예절에 구속되지 않는다."

○ 허위와 가식의 예에 구속되지 말고 공경의 마음을 견지하라는 말이다.

孟子曰:"食而弗愛, 豕交之也; 愛而不敬, 獸畜之也. 恭敬者, 幣之未將者也.
맹자왈 식이불애 시교지야 애이불경 수축지야 공경자 폐지미장자야

恭敬而無實, 君子不可虛拘."
공경이무실 군자불가허구

34

제나라 선왕宣王이 상복 입는 기간을 단축하려고 했다.

공손추가 말했다.

"일 년 동안 상복을 입는 것이 상복을 완전히 입지 않는 것보다는 그래도 낫지 않습니까?"

맹자가 말했다.

"이는 마치 누가 자기 형의 팔을 비틀고 있는데, 네가 그 사람더러 천천히 비틀라고 말하는 것과 같다. 오직 효제의 도리를 가르치면 될 뿐이다."

왕자 중에 모친이 돌아가셔서, 왕자의 사부가 몇 달 동안 상복을 입을 것을 청했다. 공손추가 물었다.

"이와 같은 경우는 어떻습니까?"

맹자가 대답했다.

"이는 왕자가 삼 년 상기를 완전히 채우려고 하는데 할 수 없기 때문이다. 그렇다면 비록 하루를 더 입는다고 해도 상복을 입지 않는 것보다는 좋은 것이다. 상복 입는 것을 막는 사람이 없는데 도리어 자기가 스스로 상복을 입지 않는 사람에게 말했던 것이다."

○ 제나라 선왕은 상복 입는 기간을 단축할 이유가 없는데 단축하려고 하였고, 왕자 모친상에 왕자의 사부는 상복을 입지 않아도 되기 때문에 각각 다른 경우라고 본 것이다.

齊宣王欲短喪. 公孫丑曰: "爲朞之喪, 猶愈於已乎?"
제선왕욕단상 공손추왈 위기지상 유유어기호

孟子曰: "是猶或紾其兄之臂, 子謂之姑徐徐云爾, 亦教之孝悌而已矣."
맹자왈 시유혹진기형지비 자위지고서서운이 역교지효제이기의

王子有其母死者, 其傅爲之請數月之喪. 公孫丑曰: "若此者何如也?"
왕자유기모사자 기부위지청수월지상 공손추왈 약차자하여야

曰: "是欲終之而不可得也. 雖加一日愈於已, 謂夫莫之禁而弗爲者也."
왈 시욕종지이불가득야 수가일일유어기 위부막지금이불위자야

35

맹자가 말했다.

"군자의 교육 방식에 다섯 가지가 있다. 때에 맞춰 오는 비가 만물을 적시는 듯한 것이 있고, 품덕을 완성하게 하는 것이 있고, 재능을 배양하는 것이 있고, 의문을 풀어 주는 것이 있고, 또한 유풍과 여운을 후세 사람들이 사숙하게 하는 것이 있다. 이 다섯 가지가 군자의 교육 방식이다."

○ 교육의 여러 형태에 대해 말했다.

孟子曰: "君子之所以教者五: 有如時雨化之者, 有成德者, 有達財者,
맹자왈 군자지소이교자오 유여시우화지자 유성덕자 유달재자

有答問者, 有私淑艾者. 此五者, 君子之所以教也."
유답문자 유사숙애자 차오자 군자지소이교야

36

공손추가 물었다.

"도는 높습니다. 좋습니다. 그런데 마치 하늘에 오르는 것과 같아서, 닿지 못할 듯합니다. 어찌하여 올라갈 희망을 가질 수 있도록 하여 사람들이 매일 노력하게 하지 않습니까?"

맹자가 말했다.

"위대한 장인은 졸렬한 기술자 때문에 줄과 먹을 고치거나 폐기하지 않으며, 예羿는 졸렬한 사수 때문에 활 당기는 표준을 변경하지 않는다. 군자는 활을 가득 당기고 화살을 쏘지는 않으면서 시험해 보려는 모양을 취한다. 길 가운데 서 있으면 능력 있는 자는 따라온다."

○ 공손추는 도를 실현하는 것이 하늘에 오르려고 하는 것처럼 높고 어려워 보이므로 모두가 희망을 가지고 노력할 수 있도록 쉬운 길을 보여줄 수 없는지 물었다. 맹자는 아무리 그래도 마냥 쉽게 보여줄 방법이 없으니, 선각자가 성실하게 실행하여 후생들이 따라오게 해야 한다고 말했다.

公孫丑曰:"道則高矣, 美矣, 宜若登天然, 似不可及也;
공손추왈 도즉고의 미의 의약등천연 사불가급야

何不使彼爲可幾及而日孶孶也?"
하불사피위가기급이일자자야

孟子曰:"大匠不爲拙工改廢繩墨, 羿不爲拙射變其彀率. 君子引而不發,
맹자왈 대장불위졸공개폐승묵 예불위졸사변기구률 군자인이불발

躍如也. 中道而立, 能者從之."
약여야 중도이립 능자종지

37

맹자가 말했다.

"천하에 도道가 있으면 도가 나를 위해 시행되고, 천하에 도가 없으면 내가 도를 위해 희생한다. 남에게 맞추기 위해 도를 희생한다는 것은 듣지 못했다."

○ 천하에 도가 있으면 내가 주체적으로 도를 행할 수 있고, 천하에 도가 없으면 도를 행할 수 없으니 도를 위해 나를 희생하게 된다는 말이다.

孟子曰:"天下有道, 以道殉身; 天下無道, 以身殉道; 未聞以道殉乎人者也."
맹자왈 천하유도 이도순신 천하무도 이신순도 미문이도순호인자야

38

공도자가 말했다.

"등경滕更이 선생님 문하에 있을 때, 마땅히 예로 대할 서열에 있는 것 같았습니다. 그런데 그에게 대꾸를 하지 않으셨으니, 왜 그러셨습니까?"

맹자가 말했다.

"자기 권세와 지위를 믿고 와서 물어보고, 자기 능력을 믿고 와서 물어보고, 자기 나이가 많은 것을 믿고 와서 물어보고, 자기 공로가 있음을 믿고 와서 물어보고, 친분이 있다는 것을 믿고 와서 물어보면, 나는 모두 대꾸하지 않았다. 등경은 그중 두 가지가 있었다."

○ 등경은 등나라의 왕족이라는 설이 있다. 맹자는 다섯 가지 질문 태도에는 대꾸하지 않았는데, 등경에게는 그중 두 가지가 있었다는 말이다.

公都子曰: "滕更之在門也, 若在所禮, 而不答, 何也?"
공도자왈 등경지재문야 약재소례 이부답 하야

孟子曰: "挾貴而問, 挾賢而問, 挾長而問, 挾有勳勞而問, 挾故而問,
맹자왈 협귀이문 협현이문 협장이문 협유훈로이문 협고이문

皆所不答也. 滕更有二焉."
개소부답야 등경유이언

39

맹자가 말했다.

"군자는 만물을 아끼되 인仁으로 대하지는 않으며, 백성을 인으로 대하되 친애하지는 않는다. 군자는 가까운 사람을 친애하고 백성을 인애하며, 백성을 인애하고 만물을 아낀다."

○ 군자는 만물을 아끼고, 백성을 인으로 대한다는 말이다.

孟子曰: "君子之於物也, 愛之而弗仁; 於民也, 仁之而弗親. 親親而仁民,
맹자왈 군자지어물야 애지이불인 어민야 인지이불친 친친이인민

仁民而愛物."
인민이애물

제14편

진심 하

(盡心)

01

맹자가 말했다.

"양나라 혜왕은 정말 어질지 않구나! 어진 사람은 자기가 사랑하는 사람을 대하는 은덕을 미루어 자기가 사랑하지 않는 사람에게 미치게 하고, 어질지 않은 사람은 자기가 사랑하지 않는 자에게 입혔던 화를 미루어 자기가 사랑하는 사람에게 미치게 한다."

공손추가 물었다.

"무엇을 말씀하시는 것입니까?"

"양나라 혜왕은 땅을 빼앗으려는 이유로 백성을 내몰아 전쟁을 일으켜 죽게 하고, 들판에 시체가 드러나 뼈와 살이 문드러지도록 했다. 전쟁에서 크게 지고 다시 싸우려 하는데 이기지 못할까 염려하여, 자기가 사랑하는 자제를 내몰아 죽음을 다해 싸우게 하니, 이런 것을 두고 자기가 사랑하지 않는 자에게 입혔던 화를 미루어 자기가 사랑하는 사람에게 미치게 한다고 한 것이다."

○ 맹자는 영토를 확장한다는 명목으로 백성을 동원하여 전쟁을 일으키는 것을 반대했다.

孟子曰:"不仁哉梁惠王也! 仁者以其所愛及其所不愛,
맹자왈 불인재량혜왕야 인자이기소애급기소불애

不仁者以其所不愛及其所愛."
불인자이기소불애급기소애

公孫丑問曰:"何謂也?"
공손추문왈 하위야

"梁惠王以土地之故, 糜爛其民而戰之, 大敗, 將復之, 恐不能勝,
량혜왕이토지지고 미란기민이전지 대패 장부지 공불능승

故驅其所愛子弟以殉之, 是之謂以其所不愛及其所愛也."
고구기소애자제이순지 시지위이기소불애급기소애야

02

맹자가 말했다.

"어떤 이가 '나는 전쟁할 때 진을 잘 펼치고, 전쟁을 잘 한다'고 하는 사람이 있다. 이는 사실 큰 죄이다. 군주가 인仁을 좋아하면, 천하에 적이 없다. (탕이) 남쪽을 토벌하자 북쪽이 원망하고, 동쪽을 토벌하자 서쪽이 원망하며, '왜 우리에게 먼저 오지 않는가?'라고 했다. 주나라 무왕이 은나라를 토벌할 때 전차 삼백 대에 용사 삼천 명이 있었다. 무왕은 은나라 백성들에게 말했다. '두려워하지 말라, 나는 너희들을 평안하게 하려고 온 것이지 너희들과 적이 되려는 것이 아니다.' 그러자 마치 언덕이 무너지듯 백성들이 이마가 땅에 닿도록 고개를 조아렸다. '토벌한다'는 의미의 '정征'의 뜻은 바르게 한다는 '정正'의 뜻으로, 사람마다 모두 자기를 바르게 해주기를 바랐으니, 어찌 전쟁을 할 필요가 있었겠느냐?"

○ 탕이 걸을 공격한 것은 걸의 폭정을 바로잡기 위한 것이어서 걸의 백성이 오히려 환영했다는 말이다.

孟子曰:"有人曰,'我善爲陳, 我善爲戰.' 大罪也. 國君好仁, 天下無敵焉.
맹자왈 유인왈 아선위진 아선위진 대죄야 국군호인 천하무적언

南面而征, 北狄怨; 東面而征, 西夷怨, 曰:'奚爲後我?' 武王之伐殷也,
남면이정 북적원 동면이정 서이원 왈 해위후아 무왕지벌은야

革車三百兩, 虎賁三千人. 王曰:'無畏! 寧爾也, 非敵百姓也.' 若崩厥角稽首.
혁거삼백량 호분삼천인 왕왈 무외 녕이야 비적백성야 약붕궐각계수

征之爲言正也, 各欲正己也, 焉用戰?"
정지위언정야 각욕정기야 언용전

03

맹자가 말했다.

"순이 건량을 먹고 야채를 먹을 때는 종신토록 그렇게 지내려는 것 같았다. 천자가 되자 마갈麻葛로 만든 홑옷을 입고, 비파를 뜯기도 하고, 요의 두 딸이 모셨는데, 마치 원래 그랬던 것 같았다."

○ 순은 어떤 처지에 놓여도 마치 원래 그랬던 듯 적절하게 적응했다는 것이다.

孟子曰:"舜之飯糗茹草也, 若將終身焉; 及其爲天子也, 被袗衣, 鼓琴, 二女果,
맹자왈 순지반구여초야 약장종신언 급기위천자야 피진의 고금 이녀과

若固有之."
약고유지

04

맹자가 말했다.

"내가 오늘에서야 비로소 남의 친한 사람을 살육하는 것이 엄중하다는 것을 알겠다. 남의 아버지를 죽이면 그 역시 나의 아버지를 죽일 것이요, 남의 형을 죽이면 그 역시 나의 형을 죽일 것이다. 그렇게 된다면 자기가 죽인 것이 아니더라도 자기가 죽인 것과 다를 것이 없다."

○ 내가 남의 부형을 죽이고 남이 그 복수로 나의 부형을 죽이면 결국 나의 부형을 내가 죽인 것이나 마찬가지이니, 사람을 죽이는 것은 참으로 엄중하다는 말이다.

孟子曰: "吾今而後知殺人親之重也: 殺人之父, 人亦殺其父; 殺人之兄,
맹자왈 오금이후지살인친지중야 살인지부 인역살기부 살인지형

人亦殺其兄. 然則非自殺之也, 一間耳."
인역살기형 연즉비자살지야 일간이

05

맹자가 말했다.

"옛날에 관문을 설치한 것은 잔인하고 포악한 행위를 막기 위해서였다. 오늘날 관문을 설치한 것은 잔인하고 포악한 행위를 실행하기 위해서이다."

○ 옛날에는 외적을 방어하고 백성을 보호하기 위해 관문을 설치했는데, 이제는 세금을 뜯어내고 괴롭히기 위해서 설치한다는 말이다.

孟子曰: "古之爲關也, 將以禦暴; 今之爲關也, 將以爲暴."
맹자왈 고지위관야 장이어폭 금지위관야 장이위폭

06

맹자가 말했다.

"자기 자신이 도道에 따라 행하지 않으면 처자에게는 더욱 행해지지 않을 것이다. 도로 사람을 시키지 않으면 처자에게는 더욱 시키지 못할 것이다."

○ 자신도 도를 따라 행하고, 남을 시킬 때도 도로 시켜야 한다는 말이다.

孟子曰:"身不行道, 不行於妻子; 使人不以道, 不能行於妻子."
맹자왈 신불행도 불행어처자 사인불이도 불능행어처자

07

맹자가 말했다.

“이익이 풍족한 사람은 흉년이 들어도 궁핍을 당하지 않고, 도덕이 고상한 사람은 난세에도 미혹당하지 않을 것이다.”

○ 이익이 풍족하다는 것은 흉년을 대비해 충분히 쌓아 두었다는 것이다.

孟子曰:“周于利者凶年不能殺, 周于德者邪世不能亂.”
맹자왈 주우리자흉년불능살 주우덕자사세불능란

08

맹자가 말했다.

"이름을 좋아하는 사람은 전차 천 대를 가진 국가도 양보할 수 있지만, 양보를 받을만한 대상이 아니면 한 광주리의 밥과 한 그릇의 국을 양보하려 해도 좋아하지 않는 안색이 얼굴에 나타날 것이다."

○ 양보하는 것도 크고 작은 것을 막론하고 받을 만한 사람이 아니면 양보하지 않는다는 말이다.

孟子曰:"好名之人能讓千乘之國, 苟非其人, 簞食豆羹見於色."
맹자왈 호명지인능양천승지국 구비기인 단사두갱견어색

09

맹자가 말했다.

"어질고 현명한 사람을 신임하지 않으면 국가는 텅 비게 되고, 예의가 없으면 상하가 혼란스러워지고, 좋은 정치가 없으면 국가의 재정이 부족하게 된다."

○ 무엇이 텅 비게 된다는 것인지 확실하지 않다.

孟子曰:"不信仁賢, 則國空虛; 無禮義, 則上下亂; 無政事, 則財用不足."
맹자왈 불신인현 즉국공허 무례의 즉상하란 무정사 즉재용부족

10

맹자가 말했다.

"어질지 않고서 나라를 얻은 자는 있었지만, 어질지 않고서 천하를 얻은 자는 없었다."

○ 어질지 않고서 나라를 얻을 수는 있을지 모르겠으나, 천하를 얻을 수는 없다는 말이다.

孟子曰:"不仁而得國者, 有之矣; 不仁而得天下者, 未之有也."
맹자왈 불인이득국자 유지의 불인이득천하자 미지유야

11

맹자가 말했다.

"백성이 소중하고, 사직이 그다음이고, 군주는 가장 덜 소중하다. 그러므로 백성의 마음을 얻으면 천자가 되고, 천자의 마음을 얻으면 제후가 되고, 제후의 마음을 얻으면 대부가 된다. 제후가 사직을 위태롭게 하면 다시 바꿔 세운다. 희생이 이미 살찌고 장성하였고, 제수도 깨끗하게 준비했고, 또한 알맞은 때에 제사를 지냈는데도 가뭄과 홍수를 당하면, 사직을 다시 바꿔 세운다."

○ 소중한 정도를 따지자면 백성, 사직, 군주의 순서로 덜 소중하다는 말이다.

孟子曰:"民爲貴, 社稷次之, 君爲輕. 是故得乎丘民而爲天子,
맹자왈 민위귀 사직차지 군위경 시고득호구민이위천자

得乎天子爲諸侯, 得乎諸侯爲大夫. 諸侯危社稷, 則變置. 犧牲旣成,
득호천자위제후 득호제후위대부 제후위사직 즉변치 희생기성

粢盛旣絜, 祭祀以時, 然而旱乾水溢, 則變置社稷."
자성기혈 제사이시 연이한건수일 즉변치사직

12

맹자가 말했다.

"성인은 백대의 스승이다. 백이와 류하혜가 바로 그런 사람이다. 그러므로 백이의 기풍을 들으면 탐욕이 지칠 줄 모르는 사람도 청렴하게 되고, 나약한 사람도 누구에게나 굽히지 않으며 홀로 서는 의지가 있게 된다. 류하혜의 기풍을 들으면 각박한 사람도 두텁게 되고, 흉금이 협소한 사람도 관대하게 된다. 그들은 백대 이전에 발분하였으되, 백대 이후에 듣고도 감동하고 분발하지 않은 사람이 없다. 성인이 아니면 이와 같을 수 있겠느냐? 하물며 직접 훈도를 받은 사람은 어떠했겠느냐?"

○ 백이와 류하혜는 백대 이후에도 사람들을 발분시키는 성인이라는 말이다.

孟子曰:"聖人, 百世之師也, 伯夷•柳下惠是也. 故聞伯夷之風者, 頑夫廉,
맹자왈 성인 백세지사야 백이 류하혜시야 고문백이지풍자 완부렴

懦夫有立志; 聞柳下惠之風者, 薄夫敦, 鄙夫寬. 奮乎百世之上, 百世之下,
나부유립지 문류하혜지풍자 박부돈 비부관 분호백세지상 백세지하

聞者莫不興起也. 非聖人而能若是乎? 而況於親炙之者乎?"
문자막불흥기야 비성인이능약시호 이화어친자지자호

13

맹자가 말했다.

"'인仁'이란 바로 '인人'이다. 합하여 말하면 '도道'이다."

○ 한자 '인仁'과 '인人'은 발음도 유사하고 의미도 관계있어, 사람이 가야 할 길을 말한다는 것이다.

孟子曰: "仁也者, 人也. 合而言之, 道也."
맹자왈 인야자 인여 합이언지 도야

14

맹자가 말했다.

"공자가 진陳나라 채蔡나라 사이에서 곤경을 당한 것은 두 나라 군신과 교왕이 없었기 때문이다."

○ 《논어》의 〈위령공衛靈公〉편에서 "진나라에서 양식이 떨어지고 따르는 자들이 병들어 일어나지 못했다"고 했다. 초나라에서 사람을 보내 공자를 초빙하여 공자가 가려고 했는데, 진나라와 채나라 대부들은 공자가 그들의 죄악상을 견책할까 염려해서 공자를 포위해 곤경에 처하게 했다고 한다.

孟子曰: "君子之戹於陳蔡之間, 無上下之交也."
맹자왈 군자지액어진채지간 무상하지교야

15

맥계貉稽가 말했다.

"저는 아주 나쁘다는 말을 듣습니다."

맹자가 말했다.

"상관없습니다. 사인은 그런 허튼 소리를 가장 싫어합니다. 《시경》에서 '근심 걱정 깊이깊이, 소인에게 미움을 받네'라고 하였으니, 공자가 이런 사람이라고 할 수 있습니다. 또한 '남의 원한 그대로요, 명성 또한 잃지 않네'라고 하였으니, 이는 문왕을 말한 것입니다."

○ 공자와 문왕은 남의 허튼 소리에 아랑곳하지 않고 자기 길을 갔다는 말이다.

貉稽曰:"稽大不理於口."
맥계왈 계대불리어구

孟子曰:"無傷也. 士憎玆多口. 詩云:'憂心悄悄, 慍于羣小.' 孔子也.
맹자왈 무상야 사증자다구 시운 우심초초 온우군소 공자야

'肆不殄厥慍, 亦不殞厥問.' 文王也."
사부진궐온 역불운궐문 문왕야

16

맹자가 말했다.

"현명한 사람은 자기가 훤히 아는 것으로 다른 사람이 훤히 알게 하려고 한다. 지금은 자기도 애매모호한 것으로 다른 사람이 훤히 알게 하려고 한다."

○ 자기가 먼저 잘 알고 난 다음에 다른 사람을 가르치는 것인데, 지금은 자기도 잘 모르면서 다른 사람을 가르치려고 한다는 말이다.

孟子曰:"賢者以其昭昭使人昭昭, 今以其昏昏使人昭昭."
맹자왈 현자이기소소사인소소 금이기혼혼사인소소

17

맹자가 고자에게 말했다.

"산언덕에 오솔길이 살짝 나 있는데, 항상 그 길로 다니면 큰 길로 변한다. 잠시라도 다니지 않으면 또 풀로 뒤덮여 막힌다. 지금 풀이 너의 마음까지 덮고 있다."

○ 길을 다니지 않으면 수풀로 뒤덮혀 길이 사라지듯 마음의 길도 닦지 않으면 사라진다는 말이다.

孟子謂高子曰:"山徑之蹊, 間介然用之而成路; 爲間不用, 則茅塞之矣.
맹자위고자왈 산경지혜 간개연용지이성로 위간불용 즉모색지의

今茅塞子之心矣."
금모색자지심의

18

제나라에 기근이 들었을 때, 진진이 맹자에게 말했다.

"나라 사람들이 모두 선생님께서 다시 제나라 왕에게 당棠 지방의 창고를 열어서 백성을 구제하라고 권하기를 원합니다. 아마 다시 그렇게 하실 수 없으시겠지요?"

맹자가 말했다.

"다시 그렇게 한다면 풍부인이 되는 것이다. 진나라에 풍부인이 있었다. 호랑이와 싸움을 잘했는데, 나중에 선한 사람으로 변했다. 한번은 야외에 갔는데, 많은 사람들이 호랑이를 쫓아가고 있었다. 호랑이가 산모퉁이를 등지고 서자 감히 접근하는 사람이 없었다. 사람들이 풍부인을 보고 걸음을 재촉하여 가서 맞이했다. 풍부인 역시 소매를 걷어붙이고 수레에서 내려왔다. 사람들이 모두 매우 기뻐했다. 그러나 선비들은 도리어 풍부인을 비웃었다."

○ 풍부인은 자기 기력이 예전 같지 않음을 생각하지 않고 호랑이를 잡으려고 무모하게 나서서 비웃음을 샀는데, 맹자는 자기 설득이 받아들여지지 않을 것을 알면서 나서지 않을 것이라는 말이다.

齊饑. 陳臻曰:"國人皆以夫子將復爲發棠, 殆不可復."
제기 진진왈 국인개이부자장부위발당 태불가부

孟子曰:"是爲馮婦也. 晉人有馮婦者, 善搏虎, 卒爲善士. 則之野,
맹자왈 시위풍부야 진인유풍부자 선박호 졸위선사 즉지야

有衆逐虎. 虎負嵎, 莫之敢攖. 望見馮婦, 趨而迎之. 馮婦攘臂下車. 衆皆悅之,
유중축호 호부우 막지감영 망견풍부 추이영지 풍부양비하거 중개열지

其爲士者笑之."
기위사자소지

19

맹자가 말했다.

"입은 맛있는 것을 먹고 싶어 하고, 눈은 아름다운 것을 보고 싶어 하고, 귀는 좋은 소리를 들고 싶어 하고, 코는 향기로운 것을 냄새 맡고 싶어 하고, 사지는 편안하고 싶어 하는 것이 천성이다. 그러나 운명에 달려 있으므로 군자는 필연적 천성이라고 여기지 않는다. 부모 자식 사이에서의 인仁, 군주 신하 사이에서의 의義, 빈객 주인 사이에서의 예禮, 현명한 자에게 있어서의 지智, 성인에게 있어서의 천도는 운명에 속하면서도 필연적인 천성이므로 군자는 운명에 속하는 것으로 여기지 않는다."

○ 입, 눈, 귀, 코, 사지가 천성적으로 선호하는 것은 있지만 원한다고 얻을 수 있는 것은 아니다. 인의예지는 타고난 천성이지만 사람의 의지에 따라서 지키기도 하고 지키지 못하기도 한다는 말이다.

孟子曰:"口之於味也, 目之於色也, 耳之於聲也, 鼻之於臭也, 四肢於安佚也,
맹자왈 구지어미야 목지어색야 이지어성야 비지어취야 사지어안일야

性也, 有命焉, 君子不謂性也. 仁之於父子也, 義之於君臣也, 禮之於賓主也,
성야 유명언 군자불위성야 인지어부자야 의지어군신야 례지어빈주야

知之於賢者也, 聖人之於天道也, 命也, 有性焉, 君子不謂命也."
지지어현자야 성인지어천도야 명야 유성언 군자불위명야

20

호생불해浩生不害가 물었다.

"악정자는 어떤 사람입니까?"

맹자가 대답했다.

"선인善人이고 신인信人이다."

호생불해가 물었다.

"어떤 것을 '선善'이라고 하고, 어떤 것을 '신信'이라고 합니까?"

맹자가 말했다.

"그렇게 되고 싶으면 '선'이라고 하고, 자기에게 있게 되면 '신'이라고 하고, 가득하게 되면 '미美'라고 하고, 가득하여 빛나게 되면 '대大'라고 하고, 가득하여 빛이 나서 화육하게 되면 '성聖'이라고 하고, 성스러워 헤아릴 수 없게 되면 '신神'이라고 한다. 악정자는 '호', '신' 두 가지는 중간 단계, 네 가지는 아래 단계에 속한다."

○ '선, 신, 미, 대, 성, 신' 여섯 가지 덕목을 풀이한 것이다. 호생불해는 이 중에서 두 가지가 중간 단계에 해당된다고 말했다.

浩生不害問曰:"樂正子何人也?"
호생불해문왈 악정자하인야

孟子曰:"善人也, 信人也."
맹자왈 선인야 신인야

"何謂善? 何謂信?"
하위선 하위신

曰:"可欲之謂善, 有諸己之謂信, 充實之謂美, 充實而有光輝之謂大,
왈 가욕지위선 유저기지위신 충실지위미 충실이유광휘지위대

大而化之之謂聖, 聖而不可知之之謂神. 樂正子, 二之中•四之下也."
대이화지지위성 성이불가지지지위신 오정자 이지중 사지하야

21

맹자가 말했다.

"묵적 일파를 떠나면 반드시 양주 일파로 귀의할 것이요, 양주 일파를 떠난 사람은 반드시 유가로 귀의할 것이다. 귀의하면 받아들일 따름이다. 오늘날 양주, 묵적 두 파와 변론하는 사람들은 마치 달아난 돼지를 쫓아가듯 하여, 이미 우리로 돌려보내고 나서도 또 다리를 묶으려고 한다."

○ 당시에 양주와 묵적을 추종하는 것이 유행한 듯하다. 이들을 추종하는 것을 심하게 말리려는 유가 사람들이 있어서 비판한 것으로 보인다.

孟子曰:"逃墨必歸於楊, 逃楊必歸於儒. 歸, 斯受之而已矣. 今之與楊•
맹자왈 도묵필귀어양 도양필귀어유 귀 사수지이이의 금지여양

墨辯者, 如追放豚, 旣入其苙, 又從而招之."
묵변자 여추방돈 기입기립 우종이초지

22

맹자가 말했다.

"옷감을 징수하는 부세가 있고, 곡식을 징수하는 부세가 있고, 인력을 징발하는 부세가 있다. 군자는 세 가지 중에서 한 가지만 채택하고, 나머지 두 가지는 채택하지 않는다. 만약 동시에 두 가지를 채택하면 백성 중에서 굶어 죽는 사람이 있을 것이요, 만약 동시에 세 가지를 채택하면 아버지가 아들을 돌보지 못하고 아들도 아버지를 돌보지 못한다."

○ 과중한 징세로 백성을 괴롭히면 안 된다는 말이다.

孟子曰: "有布縷之征, 粟米之征, 力役之征. 君子用其一, 緩其二.
맹자왈 유포루지정 속미지정 력역지정 군자용기일 완기이

用其二而民有殍, 用其三而父子離."
용기이이민유표 용기삼이부자리

23

맹자가 말했다.

"제후의 보배는 세 가지가 있다. 토지, 백성, 정치가 그것이다. 진주와 미옥을 보배로 여기면 그에게 반드시 재앙이 닥친다."

○ 제후는 보석을 보배로 여기지 말고 토지, 백성, 정치를 보배로 여겨야 한다는 말이다.

孟子曰:"諸侯之寶三. 土地•人民•政事. 寶珠玉者, 殃必及身."
맹자왈 제후지보삼 토지 인민 정사 보주옥자 앙필급신

24

맹자가 등나라에 가서 상궁上宮에서 묵었다. 삼던 짚신 한 켤레가 창가에서 보이지 않아, 상궁 사람이 찾아보았지만 찾지 못했다. 어떤 사람이 맹자에게 물었다.

"이렇게 된 것은 귀하를 따르던 사람이 그것을 감춘 것이지요?"

맹자가 말했다.

"당신은 그들이 짚신을 훔치러 왔다고 생각합니까?"

그 사람이 대답했다.

"아마 아니겠지요. 귀하는 교과 과정을 개설하고, 학생이 떠나가면 묻지 않고, 찾아오면 거절하지 않습니다. 오직 배우고자 하는 마음으로 오면 받아들입니다."

○ 상궁은 상급 숙소로 보인다. 상궁 사람은 맹자의 제자가 짚신을 가져간 것으로 의심했다. 맹자의 반문에, 만약 맹자의 제자가 가져갔다고 해도, 학생이 자기 의지에 따라 찾아오기도 하고 떠나가기도 하는 것이니, 맹자를 탓하지는 않는다고 말한 것이다.

孟子之滕, 館於上宮. 有業屨於牖上, 館人求之弗得. 或問之曰:
맹자지등 관어상궁 유업구어유상 관인구지불득 혹문지왈

"若是乎從者之廋也?" 曰: "子以是爲竊屨來與?"
약시호종자지수야 왈 자이시위절구래여

曰: "殆非也. 夫子之設科也, 往者不追, 來者不拒. 苟以是心至,
왈 태비야 부자지설과야 왕자불추 래자불거 구이시심지

斯受之而已矣."
사수지이이의

25

맹자가 말했다.

"사람은 모두 차마 하지 못하는 것이 있으니, 차마 하는 것에까지 그것을 확충하면, 바로 인仁이다. 사람은 모두 하지 않으려고 하는 것이 있으니, 하는 것에까지 그것을 확충하면, 바로 의義이다.

사람이 사람을 해치고 싶지 않은 마음을 확충할 수 있다면 인仁을 이루 다 쓸 수 없을 것이요, 사람이 굴을 파고 담을 넘는 일을 하지 않으려는 마음을 확충할 수 있다면 의를 이루 다 쓸 수 없을 것이요, 사람이 업신여김을 당하지 않으려는 실제 언행을 확충할 수 있으면 어디 간들 의에 맞지 않는 것이 없을 것이다.

어떤 사인이 있어서, 어떤 사람과 함께 얘기할 수 없는데 가서 함께 얘기하면, 이는 말로 유혹하여 자기가 이익을 취하기 좋게 하려는 것이요, 어떤 사람과 함께 얘기할 수 있는데 가서 그와 함께 얘기하지 않으면, 이는 침묵으로 유혹하여 자기가 이익을 취하기 좋게 하려는 것이니, 이런 것이 모두 굴을 파고 담을 넘는 유형에 속한다."

○ 차마 하지 못하는 마음을 확충하면 누구나 인과 의를 이룰 수 있다는 말이다.

孟子曰:"人皆有所不忍, 達之於其所忍, 仁也; 人皆有所不爲, 達之於其所爲,
맹자왈 인개유소불인 달지어기소인 인야 인개유소불위 달지어기소위

義也. 人能充無欲害人之心, 而仁不可勝用也; 人能充無穿踰之心,
의야 인능충무욕해인지심 이인불가승용야 인능충무천유지심

而義不可勝用也; 人能充無受爾汝之實, 無所往而不爲義也.
이의불가승용야 인능충무수이여지실 무소왕이불위의야

士未可以言而言, 是以言餂之也; 可以言而不言, 是以不言餂之也,
사미가이언이언 시이언첨지야 가이언이불언 시이불언첨지야

是皆穿踰之類也."
시개천유지류야

26

맹자가 말했다.

"말은 천근한데 뜻은 심원하면 좋은 말이요, 지키는 것은 간략한데 효과는 광대하다면 좋은 도이다. 군자가 말하는 것은 비록 늘상 보는 일이지만 도가 그 안에 있고, 군자가 지키는 것은 자기를 수양하는 것으로부터 시작하여 천하를 태평하게 한다. 어떤 사람의 병통은 자기 밭을 버리고 다른 사람의 밭을 가는 것에 있다. 다른 사람에게 요구하는 것은 아주 무겁고, 자기가 부담하는 것은 아주 가볍다."

○ 쉬우면서도 깊이가 있는 말이 좋은 말이요, 간략하면서도 효과가 광대한 것이 좋은 도라는 말이다. 군자는 자기에게 엄격하고 타인에게 관대해야 한다는 말이다.

孟子曰:"言近而指遠者, 善言也; 守約而施博者, 善道也. 君子之言也,
맹자왈 언근이지원자 선언야 수약이시박자 선도야 군자지언야

不下帶而道存焉; 君子之守, 修其身而天下平. 人病舍其田而芸人之田.
불하대이도존언 군자지수 수기신이천하평 인병사기전이운인지전

所求於人者重, 而所以自任輕."
소구어인자중 이소이자임경

27

맹자가 말했다.

“요와 순이 어진 덕을 행한 것은 본성에서 나온 것이요, 탕왕과 무왕은 수신修身을 통하여 본성을 회복한 이후 힘써 행한 것이다. 동작과 용모가 예에 맞지 않는 것이 없는 것이 미덕 중에서 가장 높은 것이다. 사람이 죽었을 때 곡하며 슬퍼하는 것은 산 사람들에게 보이기 위한 것이 아니다. 도덕에 따라서 행하고 예를 어기는 경우가 없는 것은 관직을 구하기 위한 것이 아니다. 말에 반드시 믿음이 있는 것은 나의 행위가 단정하다는 것을 사람들이 알리기 위한 것이 아니다. 군자는 법도에 따라 실행하고, 운명을 기다릴 뿐이다.”

○ 본성은 발현되기도 하고 수신을 통해 회복되기도 하는데, 매사 예에 맞는 것이 가장 높은 미덕이라는 말이다.

孟子曰:“堯舜, 性者也; 湯武, 反之也. 動容周旋中禮者, 盛德之至也.
맹자왈 요순 성자야 탕무 반지야 동용주선중례자 성덕지지야

哭死而哀, 非爲生者也. 經德不回, 非以干祿也. 言語必信, 非以正行也.
곡사이애 비위생자야 경덕불회 비이간록야 언어필신 비이정행야

君子行法, 以俟命而已矣.”
군자행법 이사명이이의

28

맹자가 말했다.

"제후에게 진언할 때 그를 가볍게 보아야 하며, 높고 높은 그 지위를 안중에 두어선 안 된다. 건물의 높이가 몇 길이나 된다든가, 처마의 넓이가 몇 자나 된다든가 하는 것을 내가 뜻을 얻더라도 추구하지 않는다. 맛있는 요리가 탁자 위에 가득하고, 시첩이 수백 명 있는 것을 내가 뜻을 얻더라도 추구하지 않는다. 술 마시며 쾌락을 즐기고, 말을 달려 사냥하고, 따르는 수레가 천 량이나 되는 것을 내가 뜻을 얻더라도 추구하지 않는다. 저쪽에게 있는 것은 모두 내가 하지 않는 것이요, 이쪽에게 있는 것은 모두 옛날 제도이다. 내가 어찌 이를 두려워하겠는가?"

○ 제후에게 진언하게 되더라도 지위와 권세에 주눅 들지 말고 당당하게 진언해야 한다는 것이다.

孟子曰: "說大人, 則藐之, 勿視其巍巍然. 堂高數仞, 榱題數尺, 我得志,
맹자왈 세대인 즉막지 물시기외외연 당고수인 최제수척 아득지

弗爲也. 食前方丈, 侍妾數百人, 我得志, 弗爲也. 般樂飮酒, 驅騁田獵,
불위야 식전방장 시첩수백인 아득지 불위야 반락음주 구빙전렵

後車千乘, 我得志, 弗爲也. 在彼者, 皆我所不爲也; 在我者, 皆古之制也,
후거천승 아득지 불위야 재피자 개아소불위야 재아자 개고지제야

吾何畏彼哉?"
오하외피재

29

맹자가 말했다.

"심성을 수양하는 가장 좋은 방법은 물질적 욕망을 줄이는 것이다. 사람됨이 욕망이 적으면, 비록 선한 본성이 상실되었다 하더라도 많이 상실되지는 않았을 것이요, 사람됨이 욕망이 많으면, 설령 선한 본성이 보존되었다고 해도 매우 적을 것이다."

○ 수양에서 가장 요구되는 것은 욕망이 없어야 한다는 것이다.

孟子曰:"養心莫善於寡欲. 其爲人也寡欲, 雖有不存焉者, 寡矣;
맹자왈 양심막선어과욕 기위인야과욕 수유부존언자 과의

其爲人也多欲, 雖有存焉者, 寡矣."
기위인야다욕 수유존언자 과의

30

증석이 고욤 먹는 것을 좋아하여, 증자는 고욤을 차마 먹지 않았다.

공손추가 물었다.

"다진 고기볶음과 고욤 중 어느 것이 맛있습니까?"

맹자가 대답했다.

"다진 고기볶음이 더 맛있지."

공손추가 또 물었다.

"그렇다면 증자는 왜 다진 고기볶음은 먹으면서 고욤은 먹지 않았습니까?"

맹자가 대답했다.

"다진 고기볶음은 모두가 좋아하고, 고욤은 몇몇 사람만 좋아하는 것이다. 마치 부모의 이름은 마땅히 휘諱해야 하지만, 성姓은 휘하지 않는 것과 같다. 성은 모두 같지만 이름은 그 한 사람뿐이기 때문이다."

○ 증자가 고욤을 먹지 않은 것은 부친인 증석이 좋아했기 때문이다. 마치 부모의 이름을 부르기를 피하듯이 부친이 좋아하는 음식을 먹지 않은 것이다.

曾晳嗜羊棗, 而曾子不忍食羊棗. 公孫丑問曰: "膾炙與羊棗孰美?"
증석기양조 이증자불인식양조 공손추문왈 회자여양조숙미

孟子曰: "膾炙哉!"
맹자왈 회자재

公孫丑曰:“然則曾子何爲食膾炙而不食羊棗?”
공손추왈 연즉증자하위식회자이불식양조

曰:“膾炙所同也, 羊棗所獨也. 諱名不諱姓, 姓所同也, 名所獨也.”
왈 회자소동야 양조소독야 휘명불휘성 성소동야 명소독야

31

만장이 물었다.

"공자께서는 진陳나라에서 '어찌 돌아가지 않으리오! 우리 학생들은 광간狂簡하고 진취進取하되 초심을 잃지 않았다'라고 하셨습니다. 공자께서는 진나라에서 왜 노나라의 광사狂士들을 떠올리셨습니까?"

맹자가 대답했다.

"공자는 '중용의 도를 행하는 자를 만나 함께 할 수 없다면 반드시 광견狂狷한 사람과 어울릴 것이니, 광자狂者는 나아가 취하고 견자狷者는 하지 않는 것이 있다'고 하셨다. 공자께서 어찌 중용의 도를 행하는 자와 어울리고 싶어 하지 않았겠느냐? 만난다고 기필할 수 없었기 때문에 차선책을 생각한 것이다."

만장이 물었다.

"묻겠습니다만, 어떠해야 광狂이라고 할 수 있습니까?"

맹자가 대답했다.

"금장琴張, 증석, 목피牧皮 같은 사람들이 공자께서 말씀하신 광한 사람이다."

만장이 물었다.

"왜 광이라고 하는 겁니까?"

맹자가 대답했다.

"뜻이 거창하여 입으로는 늘 '옛 사람이여, 옛 사람이여'라고 한다. 그러나 행실을 살펴보면 말과 맞지 않는다. 광자 또한 찾을 수 없으면, 나쁜 일을 하는 것을 달가워하지 않는 사람을 찾아 어울리려고 하는데, 그런 것을 '견猥'이라고 한다. 이 또한 차선책이다. 공자께서는 '내 집 대문 앞을 지나다니면서, 집에 들어오지 않아도 내가 서운하지 않은 사람은 오직 향원鄕原 뿐이다. 향원은 덕을 해치는 자이다'라고 하셨다."

만장이 물었다.

"어떤 사람을 향원이라고 할 수 있습니까?"

맹자가 대답했다.

"'어찌 이리 거창한가? 말하는 것이 행하는 것을 돌아보지 않고, 행하는 것이 말하는 것을 돌아보지 않으면서, 그저 '옛사람이여, 옛사람이여하고' 다니는 사람이다. 행동하는 것이 어찌 이리 주춤주춤한가? 이 세상에 태어나서 한세상을 살다 보면 선도 기약할 수 있다'고 하면서 은근히 세상에 잘 보이는 사람을 향원이라고 한다."

만장이 말했다.

"마을 사람 모두가 좋은 사람이라고 말하고, 가는 곳마다 좋은 사람이라고 하는데, 공자께서는 도덕을 해치는 사람이라고 본 것은 무엇 때문입니까?"

맹자가 말했다.

"그런 사람은 지적하려고 해도 무슨 큰 잘못을 예로 들 수 없고, 꾸짖으려고 해도 꾸짖을 만한 것도 없고, 그저 흐름에 어울리고 더러운 세상에 영합하여, 사람됨이 마치 충실하고 성실한 것 같고, 행실이 마치 청렴결백한 듯하여, 모두 그를 좋아하고 그 자신도 옳다고 여기지만, 그런 사람과 함께 요순의 도에 발을 들여놓을 수는 없다. 그러므로 도덕을 해치는 사람이라는 것이다.

공자께서도 외형은 비슷한 듯하지만 아닌 것을 싫어한다고 말씀하신 적 있다. 구미초狗尾艸를 싫어하니, 그것이 벼의 싹을 어지럽힐까 염려하기 때문이다. 잘 보이고 아첨하는 것을 싫어하니, 의義를 어지럽힐까 염려하기 때문이다. 말을 과장하는 것을 싫어하니, 믿음을 어지럽힐까 염려하기 때문이다. 정나라 음악을 싫어하니, 아악雅樂을 어지럽힐까 염려하기 때문이다. 자색紫色을 싫어하니, 홍색紅色을 어지럽힐까 염려하기 때문이다. 향원을 싫어하니, 도덕을 어지럽힐까 염려하기 때문이다.

군자는 일체의 사물이 평상의 정도에 돌아가게 하면 될 뿐이다. 평상의 정도가 바로잡히면 백성이 분발하여 일어나고, 백성이 분발하여 일어나면 사악함이 없게 된다."

○ 공자의 말을 빌려 가장 좋은 것은 중용의 도를 실천하는 사람과 어울리는 것이지만, 중용의 도를 실천하는 사람을 만나지 못하면 차선으로 광자나 견자와 어울린다고 말한 것이다. 광자는 뜻은 거창하지만 행실은 뜻에 미치지 않는 사람으로, 실천은 부족해도 뜻을 세울 줄은 아는 사람이다. 견자는 무언가 절대로 하지 않는 것이 있는 사람으로, 식견은 좁지만 실천력은 있는 사람이다.

가장 나쁜 경우는 향원이라고 했다. 언제 어떤 경우에나 두리뭉실하게 어울려서 굳이 꼬투리를 잡을 것이 없는 듯한 사람이다. 그래서 향원을 가장 멀리하라고 하였다.

萬章問曰:"孔子在陳曰:'盍歸乎來! 吾黨之小子狂簡, 進取, 不忘其初.'
만장문왈 공자재진왈 합귀호래 오당지소자광간 진취 불망기초

孔子在陳, 何思魯之狂士?"
공자재진 하사로지광사

孟子曰: "孔子'不得中道而與之, 必也狂獧乎! 狂者進取, 獧者有所不爲也'.
맹자왈 공자부득중도이여지 필야광견호 광자진취 견자유소불위야

孔子豈不欲中道哉? 不可必得, 故思其次也."
공자기불욕중도재 불가필득 고사기차야

"敢問何如斯可謂狂矣?"
감문하여사가위광의

曰: "如琴張·曾晳·牧皮者, 孔子之所謂狂矣."
왈 여금장 증석 목피자 공자지소위광의

"何以謂之狂也?"
하이위지광야

曰: "其志嘐嘐然, 曰, '古之人, 古之人.' 夷考其行, 而不掩焉者也.
왈 기지교교연 왈 고지인 고지인 이고기행 이불엄언자야

狂者又不可得, 欲得不屑不潔之士而與之, 是獧也, 是又其次也. 孔子曰:
광자우불가득 욕득불설불결지사이여지 시견야 시우기차야 공자왈

'過我門而不入我室, 我不憾焉者, 其惟鄕原乎! 鄕原, 德之賊也.'"
과아문이불입아실 아불감언자 기유향원호 향원 덕지적야

曰: "何如斯可謂之鄕原矣?"
왈 하여사가위지향원의

曰: "'何以是嘐嘐也? 言不顧行, 行不顧言, 則曰, 古之人,
왈 하이시교교야 언불고행 행불고언 즉왈 고지인

古之人. 行何爲踽踽凉凉? 生斯世也, 爲斯世也, 善斯可矣.' 閹然媚於世也者,
고지인 행하위우우량량 생사세야 위사세야 선사가의 엄연미어세야자

是鄕原也."
시향원야

萬子曰: "一鄕皆稱原人焉, 無所往而不爲原人, 孔子以爲德之賊, 何哉?"
만자왈 일향개칭원인원 무소왕이불위원인 공자이위덕지적 하재

曰: "非之無擧也, 刺之無刺也, 同乎流俗, 合乎汚世, 居之似忠信,
왈 비지무거야 자지무자야 동호류속 합호오세 거지사충신

行之似廉潔, 衆皆悅之, 自以爲是, 而不可與入堯舜之道, 故曰 '德之賊'
행지사렴결 중개열지 자이위시 이불가여입요순지도 고왈 덕지적

也. 孔子曰: 惡似而非者, 惡莠, 恐其亂苗也; 惡佞, 恐其亂義也; 惡利口,
야 공자왈 오사이비자 오유 공기란묘야 오녕 공기란의야 오리구

恐其亂信也; 惡鄭聲, 恐其亂樂也; 惡紫, 恐其亂朱也; 惡鄕原, 恐其亂德也.
공기란신야 오정성 공기란악야 오자 공기란주야 오향원 공기란덕야

君子反經而已矣. 經正, 則庶民興; 庶民興, 斯無邪慝矣."
군자반경이이의 경정 즉서민흥 서민흥 사무사특의

32

맹자가 말했다.

"요순으로부터 탕왕에 이르기까지 오백여 년인데, 우왕과 고요 같은 사람들은 직접 요순의 도를 보고 알았고, 탕왕 같은 사람은 요순의 도를 들어서 알았다. 탕왕으로부터 문왕에 이르기까지 또 오백 여 년인데, 이윤과 래주萊朱 같은 사람들은 도를 직접 보고 알았고, 문왕 같은 사람은 듣고서 알았다. 문왕으로부터 공자에 이르기까지 또 오백 여 년인데, 태공망太公望과 산의생散宜生 같은 사람들은 직접 보고 알았고, 공자 같은 사람은 단지 들어서 알았다. 공자로부터 오늘에 이르기까지 백여 년이 지났다. 성인과 떨어진 연대가 이처럼 멀지 않고, 성인이 살던 곳과 거리가 이처럼 가깝다. 그러나 계승하는 사람이 없다면 결국 계승하는 사람이 없을 뿐이로다."

○ 요순의 도를 우왕과 고요는 직접 보고 알았고 탕왕은 들어서 알았고, 탕왕의 도를 이윤과 래주는 직접 보고 알았고 문왕은 들어서 알았다. 문왕의 도를 태공망과 산의생은 직접 보고 알았고 공자는 들어서 알았다고 했다. 공자의 시대로부터 맹자의 시대까지는 얼마 지나지 않았다. 그래서 공자의 도를 이어서 밝힐 사명이 있음을 말했다.

孟子曰:"由堯舜至於湯, 五百有餘歲; 若禹•皐陶,
맹자왈 요요순지어탕 오백유여세 약우 고요

則見而知之; 若湯, 則聞而知之. 由湯至於文王, 五百有餘歲, 若伊尹•
즉견이지지 약탕 즉문이지지 유탕지어문왕 오백유여세 약이윤

萊朱, 則見而知之; 若文王, 則聞而知之. 由文王至於孔子, 五百有餘歲,
래주 즉견이지지 약문왕 즉문이지지 유문왕지어공자 오백유여세

若太公望•散宜生, 則見而知之; 若孔子, 則聞而知之. 由孔子而來至於今,
약태공망 산의생 즉견이지지 약공자 즉문이지지 유공자이래지어금

百有餘歲, 去聖人之世若此其未遠也, 近聖人之居若此其甚也,
백유여세 거성인지세약차기미원야 근성인지거약차기심야

然而無有乎爾, 則亦無有乎爾."
연이무유호이 즉역무유호이

처음 읽는 맹자

초판 1쇄 발행 2018년 6월 8일

지은이 맹자
옮긴이 홍승직

펴낸곳 (주)행성비
펴낸이 임태주

책임편집 박강민
디자인 정제소

편집팀 여미숙
마케팅팀 오창록
경영지원팀 임하늬

출판등록번호 제313-2010-208호
주소 서울시 마포구 토정로 222 한국출판콘텐츠센터 318호
대표전화 02-326-5913
팩스 02-326-5917
이메일 hangseongb@naver.com
홈페이지 www.planetb.co.kr

ISBN 979-11-87525-77-6 04150
978-89-97132-95-9 (set)

※ 값은 뒤표지에 있습니다. 잘못 만들어진 책은 구입하신 서점에서 교환해 드립니다.
※ 이 도서의 국립중앙도서관 출판예정도서목록(CIP)은 서지정보유통지원시스템 홈페이지(http://seoji.nl.go.kr)와 국가자료공동목록시스템(http://www.nl.go.kr/kolisnet)에서 이용하실 수 있습니다.(CIP제어번호: CIP2018013835)